重庆市出版专项资金资助

中国特色社会主义文化研究丛书

总主编 颜晓峰

民族复兴视野下的中国文化现代化

张光山 著

重庆出版集团 重庆出版社

社会主义现代化的文化之维

颜晓峰

党的十九大开启了全面建设社会主义现代化国家新征程，这是新中国成立后党带领人民不懈奋斗、建设现代化国家历史进程的一次伟大飞跃。现代化是全方位、多领域、各层次的变革和跃升，文化是社会结构的有机组成部分，全面现代化是包括文化在内的各个领域的现代化。现代化不仅是技术方式和生产方式的自然演进过程，也需要思想引领、精神激励、文化支持。文化是一个国家、一个民族的灵魂，也是国家现代化进程中的灵魂，全面建设社会主义现代化国家必须要有文化作为基础和保证。坚持和发展中国特色社会主义文化，强化社会主义现代化的文化之维，是建成富强民主文明和谐美丽的社会主义现代化强国的内在要求。

文化是全面建设社会主义现代化国家的重要领域

文化是经济、政治、社会等的反映，同时又是社会上层建筑的重要构成部分。随着社会形态的演变，文化在社会发展进步中的作用明显增强，国家文化软实力的分量越来越重。随着我们党对社会主义建设规律的认识加深，党的文化自觉达到新的高度，文化建设规模扩张、力度加大。

从“四个现代化”到全面现代化。新中国成立后，我们党开始了建设社会主义现代化国家的努力探索。党在社会主义建设总路线中就提出了促进农业和交通运输业的现代化，建立巩固的现代化国防。1954年召开的一届全国人大一次会议，明确提出建设现代化的工业、农业、交通运输业和国防目标。1964年召开的三届全国人大一次会议进一步提出，在不太长的历史时期内，把我国建设成为一个具有现代农业、现代工业、现代国防和现代科学技术的社会主义强国。改革开放后，邓小平在80年代伊始开宗明义：“我们从八十年代的第一年开始，就必须一天也不耽误，专心致志地、聚精会神地搞四个现代化建设。”[1]改革开放以来党的历次全国代表大会，都强调社会主义现代化建设，一以贯之地推进建设社会主义现代化国家新的长征。党的十八届三中全会明确提出推进国家治理体系和治理能力现代化，社会主义现代化增加了治理之维。党的十九大明确提出建设现代化经济体系，加快教育现代化，人与自然和谐共生的现代化，全面推进国防和军队现代化，等等。可以看出，党对社会主义现代化领域的认识，是一个不断拓展和深化的过程。

从“五位一体”总体布局看文化建设。“五位一体”构成了建设中国特色社会主义的主要领域，统筹推进“五位一体”总体布局构成了全面发展、相互支撑的系统格局。从提出建设社会主义精神文明，到提出建设中国特色社会主义文化，到提出建设社会主义文化强国；从提出坚持社会主义核心价值体系、培育社会主义核心价值观，到提出增强国家文化软实力、增强文化自信等，都反映了在改革开放、社会主义现代化的进程中，文化是与其他领域同等重要的领域，文化建设始终是不可或缺的内容。文化兴国运兴，文化强民族强。没有文化的血脉贯通，没有精神的力量支撑，就不能成其为中国特色社会主义。全面建设社会主义现代化国家，必然要求将文化建设的现代化纳入其中，使文化成为现代化的精神基因。

[1]《邓小平文选》(第二卷)，人民出版社1994年版，第241页。

从“三个自信”到“四个自信”。党的十八大强调坚持和发展中国特色社会主义道路、理论体系、制度，增强道路自信、理论自信、制度自信。党的十八大以来，习近平总书记进一步提出增强文化自信，指出“文化自信是一个国家、一个民族发展中更基本、更深沉、更持久的力量”[1]。这就从“三个自信”拓展为“四个自信”，提升了文化在中国特色社会主义“四个自信”中的独特地位。道路自信是以道路中蕴含的文化自信为基础的，理论自信是以对科学理论真理力量的文化信念为底蕴的，制度自信是以对建立制度的文化理念的自信为前提的。所以，文化自信是更基础、更广泛、更深厚的自信。与“四个自信”相适应，中国特色社会主义的基本内涵和基本结构，从道路、理论、制度“三位一体”拓展为道路、理论、制度、文化“四位一体”。没有高度的文化自信，没有文化的繁荣兴盛，就没有中华民族伟大复兴。

全面建设社会主义现代化国家包括文化现代化。文化建设是全面建设社会主义现代化国家的题中应有之义，习近平总书记在十九大报告中，将国家文化软实力明显增强作为基本实现社会主义现代化的重要目标，将物质文明、政治文明、精神文明、社会文明、生态文明全面提升作为全面建成社会主义现代化国家的基本目标。这就表明了全面建设社会主义现代化国家与文化建设密不可分，没有文化建设的现代化，就没有全面的现代化。文化现代化是一个历史范畴，是指在人类社会现代化的进程中，文化这种社会形式，也经历了一个自我更新、自我完善，适应现代化、跟随现代化、引领现代化，从而实现文化现代化的过程。文化现代化还是一个政治范畴，不同的社会形态有不同性质的现代化，不同的社会制度有不同内涵的文化现代化。现代化不是资本主义的专利，按照马克思、恩格斯的思想，社会主义现代化是人类社会现代化的高级阶段和高级形态。社会主义现代化包括各个领域的现代化，是社会主

[1] 习近平：《决胜全面建成小康社会　夺取新时代中国特色社会主义伟大胜利》，人民出版社2017年版，第23页。

义国家的奋斗目标，是中国共产党的不懈追求。可以说，建设社会主义先进文化，坚持倡导社会主义核心价值观，加快构建中国特色哲学社会科学体系，繁荣发展社会主义文艺，推动中华优秀传统文化创造性转化、创新性发展，建设具有强大凝聚力和引领力的社会主义意识形态等，都是社会主义文化现代化的标识，是社会主义现代化文化的内涵。

文化是全面建设社会主义现代化国家的精神支撑

现代化不仅是技术方式、生产方式和生活方式变迁的过程，而且是思维方式、行为方式、交往方式转变的过程。从近代以来的现代化进程看，一个国家实现现代化，不仅需要经济总量、军事力量等硬实力的提高，而且需要价值观念、思想文化等软实力的提高。文化是社会形态的鲜明特征和显著标识，是全面建设社会主义现代化国家的精神之维和思想之魂。

文化高扬社会主义现代化的思想旗帜。九十多年来中国共产党团结带领人民进行伟大社会革命的历史，同时也是建设与党的性质和宗旨相一致，与中国发展进步潮流相一致的先进文化的历史。新民主主义革命时期，党和人民创造了新民主主义文化，这就是无产阶级领导的人民大众的反帝反封建的文化，是民族的科学的大众的文化，是中华民族的新文化，由此成为新民主主义革命的思想旗帜。新民主主义文化犹如大海中的灯塔，对于动员广大人民群众投身于党领导的革命和战争事业，起到了强大的引领和激励作用。社会主义革命和建设时期，党和人民创立了社会主义文化，这就是以马克思列宁主义、毛泽东思想为指导，以共产主义理想和社会主义信念为灵魂，以社会主义道德为准则，以培养社会主义新人为己任的新文化。社会主义文化对于增强社会主义的凝聚力和向心力，塑造人民新的素质，推动社会主义事业发展，发挥了重大作用。新民主主义文化和社会主义文化，是中华民族实现从“东亚病夫”

到站起来的伟大飞跃的思想旗帜。改革开放新时期，党和人民创立了中国特色社会主义文化，是中国特色社会主义取得巨大成就、中华民族实现从站起来到富起来伟大飞跃的思想旗帜。进入中国特色社会主义新时代，在全面建设社会主义现代化国家的新征程中，在中华民族迎来从富起来到强起来的伟大飞跃中，中国特色社会主义文化同样是实现社会主义现代化的思想旗帜。

文化增强社会主义现代化的精神动力。全面建设社会主义现代化国家，是一场新的伟大社会革命。要将这场伟大社会革命进行到底，必须要有文化的支持。邓小平在党的十一届三中全会上指出，"实现四个现代化是一场深刻的伟大的革命"[1]，同时要求全党团结一致，同心同德，解放思想，开动脑筋，善于学习，善于重新学习。这就表明，新时期党和国家的中心工作是社会主义现代化，但如果思想不解放，思想僵化，一切从本本出发，社会主义现代化就不可能实现。可以说，真理标准问题大讨论和思想解放运动，是新时期建设社会主义现代化的思想发动和精神呼唤。党的十一届三中全会召开40年后，我国社会主义现代化站在新的历史起点上，开启全面建设社会主义现代化国家新征程，必须进行具有许多新的历史特点的伟大斗争。有效应对重大挑战、抵御重大风险、克服重大阻力、解决重大矛盾，包括坚决战胜一切在政治、经济、文化、社会等领域出现的困难与挑战，同时要求以伟大精神赢得伟大斗争。习近平主席在十三届全国人大一次会议上强调的伟大民族精神，实质上就是开启全面建设社会主义现代化国家新征程的精神动力。伟大民族精神是中华民族五千多年文明历史的强大精神动力，也是全面建成社会主义现代化强国的强大精神动力。

文化确立社会主义现代化的价值标准。坚持社会主义核心价值体系，是新时代坚持和发展中国特色社会主义基本方略的重要内容。我国的现代化被称为社会主义现代化，一个根本特征，就是坚持社会主义核

[1]《邓小平文选》（第二卷），人民出版社2014年版，第152页。

心价值体系，由此构成我国现代化的价值准则。坚持社会主义核心价值体系，包括坚持马克思主义，牢固树立共产主义远大理想和中国特色社会主义共同理想，培育和践行社会主义核心价值观，不断增强意识形态领域主导权和话语权，更好构筑中国精神、中国价值、中国力量，等等。社会主义核心价值体系，规定了社会主义现代化的基本性质，决定了中国特色社会主义现代化道路的前进方向，指明了全面建设社会主义现代化国家的价值导向。核心价值观是决定文化性质和方向的最深层次要素。习近平总书记在党的十九大报告中指出："社会主义核心价值观是当代中国精神的集中体现，凝结着全体人民共同的价值追求。"[1]可以说，社会主义核心价值观就是社会主义现代化的价值追求。社会主义核心价值观从价值观念转变为价值实践，就是社会主义现代化的建成。

文化厚植社会主义现代化的智力基础。文化建设包括发展文化事业和文化产业，建设教育强国，建设学习型社会，提高国民素质等。社会主义现代化是以全民族的精神文明大大提高、全社会的文化素养大大增强为条件的。经济落后建不成现代化，文化落后同样建不成现代化。在综合国力竞争中，科技竞争的基础是人才竞争，人才竞争的基础是教育竞争。没有教育的现代化，就没有国家的现代化。党的十九大提出加快教育现代化，表明了全面现代化，教育要先行，是为全面建设社会主义现代化国家提供人才队伍和智力资源，建好基础工程。新时代文化建设，既要加强思想道德建设，繁荣发展社会主义文艺，满足人民日益增长的美好精神生活需要，也要优先发展教育事业，发展素质教育，推进教育公平，办好继续教育。

[1] 习近平:《决胜全面建成小康社会　夺取新时代中国特色社会主义伟大胜利》，人民出版社2017年版，第42页。

中国特色社会主义文化是文化建设现代化的根本标识

改革开放40年来，中国特色社会主义的基本内涵不断丰富拓展，从道路、理论、制度到文化。中国特色社会主义文化，是在建设中国特色社会主义的实践过程中形成的根本文化成就。全面建设社会主义现代化国家，与之相适应、符合其需要的文化，就是中国特色社会主义文化；我们所说的文化现代化或现代化文化，就是中国特色社会主义文化。

中国特色社会主义文化是社会主义现代化的显著特征。中国特色社会主义文化积淀着中华民族最深层的精神追求，源自于中华民族五千多年文明历史所孕育的中华优秀传统文化，熔铸于党领导人民在革命、建设、改革中创造的革命文化和社会主义先进文化，代表着中华民族独特的精神标识。社会主义现代化与资本主义现代化相比，有着共同的内涵标准和文明形式，也有着独特的本质、特色和优势。中国特色社会主义文化，有着明显的民族特色，是中华民族五千多年文明历史的结晶，也是中国社会主义现代化的精神底蕴。中国特色社会主义文化，有着明显的政治属性，是中国特色社会主义道路、制度的思想形式，社会主义意识形态表明社会主义现代化文化的本质特征。中国特色社会主义文化，有着明显的现代属性，顺应历史潮流，走在时代前列，反映人民心声，吸收人类文化优秀成果，代表着先进文化的前进方向。在经济全球化时代，各个国家和民族可以生产和使用同样同质的科技产品，但不能接受同一种文化或信奉同一种宗教，文化有其独特内涵和价值。

中国特色社会主义文化是文化建设现代化的本质内容。从历史脉络看，中国特色社会主义文化融历史文化、当代文化、未来文化于一体，源远流长、根深叶茂，有着强大的生命力。从指导思想看，中国特色社会主义文化以马克思主义为指导，马克思主义是中国特色社会主义文化的灵魂，马克思主义中国化的成果，集中体现了中国特色社会主义文化的时代精神，注入了时代内涵。从发展维度看，中国特色社会主义文化面向现代化、面向世界、面向未来，这一文化内在地与现代化相契合，不仅不排斥而且是向往新世界新社会的；这一文化自觉地与世界相连接，不仅不封闭而且是开放包容的；这一文化前瞻地与未来相一致，不仅不停滞而且是构想创造美好愿景的。从基本属性看，中国特色社会主义文化是民族的科学的大众的文化，民族的文化保持了现代化的文化之根，科学的文化保证了现代化的文化之魂，大众的文化彰显了现代化的文化之本。从动力机制看，中国特色社会主义文化坚持创造性转化、创新性发展，这一转化和发展，既包括中华优秀传统文化在新时代的创造性转化、创新性发展，也包括革命文化、社会主义先进文化的创造性转化、创新性发展，从不停滞在同一个发展阶段和发展水平，与实践同行，与时代同步，与现代化同进。

中华优秀传统文化提供社会主义现代化的中国智慧。中华优秀传统文化是中国特色社会主义文化的牢固根基和有机构成，以其深厚的思想底蕴和长久的历史积淀，滋养着中国特色社会主义文化。中华优秀传统文化在走向社会主义现代化的今天，仍然是宝贵的思想富矿和有益的精神源泉。

革命文化赋予社会主义现代化的红色基因。中国共产党在带领人民进行新民主主义革命的艰辛实践中，形成了包含“革命理想高于天”的革命理想主义、“砍头不要紧，只要主义真”的革命英雄主义、“万水千山只等闲”的革命乐观主义、官兵一致的革命民主主义，“加强纪律性，革命无不胜”的纪律观念，热爱人民、依靠人民的群众路线等内容的革命文化。革命文化上承中华优秀传统文化，基于中国无产阶级和人民大众的革命性，下启社会主义先进文化，是中国特色社会主义文化形成发展的重要环节，是中国特色社会主义文化的重要组成部分。进入社会主义时期、中国特色社会主义新时期、中国特色社会主义新时代，党仍然在进行新的伟大社会革命，仍然需要保持和弘扬革命精神，仍然需要革命文化的营养。革命文化所蕴含的红色基因，并不仅仅是传统的，也是现代的，并不仅仅是革命战争年代的精神旗帜，也是实现社会主义现代化的精神财富。

社会主义先进文化引领社会主义现代化的前进方向。社会主义先进文化，是新中国成立后，党带领人民在社会主义革命和建设、改革开放新的伟大革命、新时代伟大社会革命的长期实践中，在传承光大中华优秀传统文化、革命文化的基础上，形成的反映社会主义本质要求、满足人民日益增长的美好精神生活需要、培养全面发展的社会主义新人的新型文化。社会主义先进文化是中国特色社会主义文化的本质内容和时代标识。社会主义先进文化，作为中国特色社会主义文化的主体部分，与社会主义现代化的文化高度契合、高度统一。社会主义先进文化，表明了社会主义现代化的文化是什么样的文化。建设以社会主义先进文化为核心的中国特色社会主义文化，就是社会主义文化现代化的发展方向。

为增强中国特色社会主义文化自信，推进中国特色社会主义文化研究，服务全面建设社会主义现代化国家新征程，重庆出版集团秉承高度的政治意识和文化意识，在党的十九大之后组织编写出版了“中国特色社会主义文化研究丛书”，从不同方面对中国特色社会主义文化进行深入解读。此套丛书乃出版界该领域传播之先行，为理论界该领域研究之硕果，谨以此文为丛书总序。

目录

导　论

中华民族是有着悠久历史的伟大民族。直至十七八世纪西方资产阶级革命和工业革命前，中国疆域辽阔、民族融合、文化绚烂，中华文明在很长时期内走在世界文明的前列，同时影响了西方文明的发展。然而，自1840年鸦片战争以来，中华民族面临“三千年未有之大变局”，一是在坚船利炮的威胁和凌辱下，民族危机日益深重；二是在“睁眼看世界”的震惊与觉醒中，中华传统文化与西方文化激烈碰撞，开始发生“新文明裂变”。正是在这种强大外力的推动和裹挟下，中国社会的农业生产被严重挤压，封建统治被列强奴役，传统文化受到威胁、面临挑战，残酷的现实逼迫着中国开始探索现代化的道路。从危亡到复兴，从传统到现代，从封闭到开放，在中国共产党的领导下，中国人民找到了适合自己的现代化道路，在民族复兴的伟大征程上大踏步前进。

一、时代呼唤文化现代化研究走向深入

2014年3月28日，习近平总书记在德国科尔伯基金会的演讲中强调，中国已经确定了未来发展目标，就是到2020年全面建成小康社会，到本世纪中叶建成富强、民主、文明、和谐的社会主义现代化国家。我们形象地把这个目标概括为实现中华民族伟大复兴的中国梦。[1]这表明，中华民族伟大复兴的实质内容是建成社会主义现代化国家。在这里，“两个一百年”的奋斗目标，历史地和中华民族伟大复兴联系在一起。实现中华民族伟大复兴，内在地包含了到本世纪中叶建成社会主义

[1] 习近平:《在德国科尔伯基金会的演讲》,《人民日报》2014年3月30日，第2版。

现代化国家，体现了目标指向一致性。

回顾中国近现代史，它是一部民族复兴的奋斗史。从1840年鸦片战争起，一直到今天，无数志士仁人和广大人民群众为了实现民族复兴的奋斗目标，先后举起了社会大同、求强求富、变法维新、三民主义等旗帜，发动了太平天国运动、洋务运动、戊戌变法、辛亥革命等社会变革，虽然都不同程度地推动了社会进步，但都以失败而告终。直到中国共产党坚持用马克思主义指导中国革命和建设实践，成功开辟了新民主主义革命道路、社会主义革命道路和中国特色社会主义发展道路，经历了曲折悲壮、波澜壮阔的革命和建设实践，带领中国人民在现代化道路上阔步前进，取得了世人瞩目的发展成就。在这里，中华民族伟大复兴与中国现代化进程也历史地联系在了一起，体现了发展过程一致性。

马克思主义唯物史观认为，文化在实践中产生，又反过来丰富和发展着实践。离开了民族复兴的伟大实践，文化现代化不仅毫无意义，而且也难以获得推进动力和实践支撑。在中华民族伟大复兴视野下考察中国文化现代化，就是要把文化置于全球化背景下，放到整个社会系统中来考虑，体现高度的文化自信，而不是就文化论文化的自我设计、自我服务、自我评价；就是要在经济、政治等诸多因素综合作用的视野下研究文化现代化进程，而不是给文化装上“面具”，单纯用经济或政治的发展逻辑对文化现代化进行选择和裁剪；就是要在马克思主义指导下，动员凝聚起推进中华民族伟大复兴伟业的磅礴力量，发展适应民族复兴需要的社会主义现代化文化，而不是搭建抽象虚无的、脱离群众的文化“空中楼阁”。

反观170余年以实现民族复兴为目标的中国现代化进程，面临和经历着西方现代化所不具有的特殊困难。文化的积淀与其保守的惰性成正比，而中华传统文化作为世界上最成熟稳定的农业文化类型，在向现代工业、信息文化转型过程中具有抗拒变迁的巨大惰性。同时，与西方现代化的“内发式”自然演进过程不同，中国是在外力裹挟下被动开启现代化大门的，扎根中国大地几千年的中华传统文化中缺乏主动向现代化转型的文化基础，致使中国的现代化转型缺乏内生动力。在外力裹挟和文化碰撞中，如何汲取西方现代化经验而走出一条自己的现代化道路，如何在中华传统文化创造性转化和创新性发展中催生现代化内生动力，是中国现代化面临的重大课题。

二、现代化与文化问题研究梳理

现代化与文化问题是20世纪80年代以来中国思想界、学术界的两大研究热点。这两个问题的交叉点是文化现代化问题。早在20世纪30年代，中国学者就开始讨论文化现代化；自20世纪90年代以来，文化现代化研究的文献开始增多；21世纪初，文化现代化研究的文献大量涌现。由于关于文化的定义界说不一，对现代化问题的认识理解多样，学术界从各个角度对文化现代化的阐释也观点纷呈。

（一）民族复兴的内涵

鸦片战争战败，既是中华民族百年屈辱史的开端，也是民族复兴的起点。而“中华民族复兴”观念的萌芽，则要追溯到孙中山先生等在清末时所喊出的“振兴中华”口号。中国共产党自觉肩负实现中华民族伟大复兴的历史重任，带领人民进行艰苦卓绝的革命、建设、改革伟大实践，是一项救国、兴国、强国，进而实现中华民族伟大复兴的完整事业。关于对民族复兴内涵的理解，目前国内学术界主要有以下五种：一是民族复兴就是中国人的现代化追求，即到21世纪中叶，在弘扬民族精神、坚持自主创新的基础上，学习借鉴当代社会各种文明成果，实现中国现代化；二是民族复兴就是要重现或再现历史辉煌，在经济、政治、文化、国防和国际影响力等方面，回到曾经世界领先的位置；三是民族复兴根本上是文化和文明的复兴，让中华五千年文明辉煌重现，通过扩大文化影响力来共享我们的价值观，促进世界共同发展，让中华民族重新傲然屹立于世界民族之林；四是民族复兴就是中华民族作为世界先进民族被普遍认可，在促进人类共同发展中发挥先进民族应有的作用；五是民族复兴就是要实现国家富强、民族振兴、人民幸福。这五个方面的理解，分别从不同的角度进入，相互之间并不是完全隔离的关系。要准确把握民族复兴的内涵，还要对我们党关于民族复兴内涵的有关论述作一简要梳理回顾。

我们党对民族复兴的认识理解，也有一个不断深化的过程，其内涵相互衔接并得到丰富和发展。毛泽东在谈到中国向何处去时认为，中国共产党为中国的政治、经济和文化革命的目的，在于建设一个政治上自由、经济上繁荣和“被新文化统治因而文明先进的中国”[1]。邓小平创造性地提出了我国现代化建设分“三步走”发展战略，对实现中华民族伟大复兴进行了具体的规划和部署。1990年会见外宾时，他明确表示：“党的十一届三中全会以后，我们集中力量搞四个现代化，着眼于振兴中华民族。”[2]江泽民在党的十六大上，把实现推进现代化建设、完成祖国统一、维护世界和平与促进共同发展这三大历史任务，在中国特色社会主义道路上实现中华民族的伟大复兴作为我们党的庄严使命。胡锦涛在党的十八大上明确指出，建设中国特色社会主义，总任务是实现社会主义现代化和中华民族伟大复兴，并提出了在中国共产党成立一百年时全面建成小康社会，在新中国成立一百年时建成富强、民主、文明、和谐的社会主义现代化国家的奋斗目标。习近平总书记把“两个一百年”奋斗目标概括为实现中华民族伟大复兴的中国梦，又对中国梦作了全面阐述：“实现中华民族伟大复兴的中国梦，就是要实现国家富强、民族振兴、人民幸福。”[3]在此基础上，我们研究民族复兴的科学内涵、精神实质、实

[1] 《毛泽东选集》(第二卷)，人民出版社1991年6月第2版，第663页。
[2] 《邓小平文选》(第三卷)，人民出版社1993年版，第357页。
[3] 习近平:《在第十二届全国人民代表大会第一次会议上的讲话》,《人民日报》2013年3月18日，第1版。

现路径、动力源泉等就有了比较清晰和权威的依据与参照。

（二）文化现代化的内涵

人类社会的文化现象纷繁多样，对文化的理解也存在差异。有学者统计认为，目前关于文化的定义可以归结为四类：关于“文化”的词源学的定义、从法国启蒙思想家到德国古典哲学再到现代西方文化哲学关于文化的定义、文化人类学的文化定义和马克思主义的文化定义。据20世纪80年代有关学者的统计，仅正式的文化定义就有360个以上。即使是马克思主义的文化定义，在不同国家对文化的理解阐释也纷繁多样。关于文化理解的复杂性可见一斑。因此，文化现代化研究首先面对的就是如何理解文化的内涵。在当代中国，人们对文化主要有六种不同的理解：一是文化是人类实践活动及其创造的成果的总和，主要包括行为文化、物质文化、制度文化和精神文化；二是文化是人类的活动及其活动方式；三是文化是人们在实践中创造的成果的总和，主要包括物质文化、制度文化和精神文化；四是文化是人们在实践中创造的精神成果的总和，主要包括知识、情感、习俗规范和信仰、信念等内容；五是文化是人们掌握的科学知识的程度和水平；六是文化是社会的文学、艺术、体育活动及其达到的程度。我们根据党的领导人讲话以及一系列文献，主要从精神层面理解文化的内涵，把文化看成是人们在实践中创造的精神成果的总和，是科学文化、思想文化等基本内容，知识、情感、习俗规范、信仰信念等基本要素和科学、艺术、道德、政治法律思想、哲学、宗教等基本形式的有机统一。

“现代化”（modernization）自第二次世界大战以来成为国际学术界一个广为流行的概念，它标志着现代化研究的兴起。然而，“现代化”迄今也是一个含义不明确而歧义丛生的概念。关于“现代化”的定义，大致可以概括为以下七类：一是指工业革命以来，资本主义国家率先走上现代化道路后，经济上落后的国家追赶世界先进水平的发展过程；二是指人类社会从传统的农业社会向现代工业和信息社会转变的历史过程；三是自科学革命以来，人类社会由传统向现代急剧变动的过程；四是传统的心理、价值观和生活方式向现代转变的过程；五是“西化”或“欧化”；六是工业化、富强化；七是现代化就是创新与效率化，是指利用先进的技术、制度与方法加速推进传统社会向现代转变的过程。马克思主义认为，现代化作为一个客观的世界历史运动过程，它的概念就是一个世界性的历史范畴，以工业化和信息化生产方式为代表的现代化历史时代只是人类社会发展的一个阶段，这个阶段不会是无限期的。我们根据党和国家领导人的讲话以及一系列重要文献，认为现代化是发展中和不发达国家在现代国际体系的影响下，向现代工业社会、信息社会转变，吸取发达国家现代化进程中的经验教训，加速建设现代化国家的过程。

早在20世纪90年代以前，不少学者开始研究与探讨文化现代化，但直到90年代后期，才有学者真正对它进行初步界定，其内涵主要有以下三类：一是文化现代化就是从硬件与软件两方面去建设先进的文化。它是指文化诸因素达到国际最新、最高发展水平，是在继承、弘扬民族的、全人类的优秀传统文化的基础上创造、发展，不断向现代文化转型的特殊变迁过程，包括思想观念现代化、制度现代化、文化设施现代化、文化信息化、文化产业化、文化消费经常化、文化交流国际化、文化科技化、文化人口高比例化、文化人才高档化和文化管理法制化，等等。[1]二是文化现代化特指狭义文化的现代化，主要体现在上层建筑和精神领域，是与经济现代化并列的一个范畴，是人们对历史上现代化实践的一个总结，也是对现代化实践进行理论总结的成果。[2]三是文化现代化是社会的现代化和人的现代化，主要从广义的文化而论，把社会的变迁看成文化的嬗变过程，社会的现代化乃是文化的现代化；文化现

[1] 陈依元:《现代化、文化现代化、文化现代化指标体系》,《福建论坛》2000年第1期。

[2] 赵伯乐:《文化现代化的涵义及特征初论》,《思想路线》2002年第4期。

代化从根本上说是人的现代化，是人的素质、能力、知识的现代化，是人的思维方式、价值观念、情感类型和行为模式的现代化。[1]

鉴于对文化和现代化内涵的认识和界定，我们认为文化现代化是指社会现代化过程中文化诸要素在继承本民族优秀传统、吸纳全人类优秀成果的基础上创新、发展并不断向现代转型，以适应现代化社会需求的过程，其内容包括科学和技术知识的现代化、艺术和情感心理的现代化、政治法律道德思想和规范的现代化以及哲学社会科学的现代化。

（三）文化现代化的影响因素和发展机制

关于文化现代化的影响因素，综合学术界研究成果，主要有六个方面：第一，经济因素，包括经济发展方式、经济发展水平、国际经济贸易竞争与合作等；第二，政治因素，包括政治体制变革、政治竞争与合作等；第三，社会因素，包括国际局势稳定与动荡、社会矛盾加剧与缓和、偶然事件爆发与控制等；第四，文化因素，包括文化传统的复古与创新、异质文化的交流与融合、文化冲突的爆发与缓和以及科学发现、技术发明和新知识传播等；第五，人的因素，包括人口结构、国民科学文化和身体心理素质等；第六，环境因素，包括人类赖以生存的自然环境以及对自然资源的开发利用与保护等。至于哪种因素起主导作用，则没有统一认识和明确标准，在不同国家、地区，在现代化的不同发展阶段，这些因素对文化现代化的影响都不一样，是交替变换和综合作用的结果。

关于文化现代化的发展机制，综合学术界研究成果，主要有以下五种观点：

实践决定论。强调实践是文化产生发展的基础，人类在生产和交往的实践活动中完成对自然、社会和人自身的对象化运动，形成对自然、

[1] 刘旺洪：《结构再造：中国传统文化现代化之路——读〈中国传统文化和高科技时代〉》，《南京社会科学》1994年第8期。

社会和人自身的理性认识，从而形成带有人的印迹的文化积累。这种积累不因直接的消费活动而消失；相反，正由于被消费而获得存在，因而能在个体之间的横向联系和历史联系中传播和传递，从而获得人在自然、社会和人自身中的本质力量的确证。

生产方式决定论。认为生产方式是生产力和生产关系的统一，是社会发展的根本力量，它规定和制约着包括文化在内的其他社会因素的生长与发展。这个观点的代表人物托夫勒在《第三次浪潮》一书中强调了生产方式对文化的决定作用，认为科技、信息在社会发展中的地位日益提高，必然导致各种社会组织机构以及整个文化心态和文化氛围的全面变化。

人的主体驱动论。认为人是文化的创造主体，文化是人的主体能动性在实践活动中的体现。人的主体能动性影响文化的变迁与发展，从而把文化发展的动力归结为人的解放程度。这种程度越高，他们所创造的物质文化和精神文化的财富就越丰富。

文化交流推动论。有学者认为，同一种文化通过从古至今的纵向传承，在文化发展上主要表现为量的变化；而异质文化之间的横向交流对文化发展影响较大，能较快地引起质的变化。[1]还有学者把以下三个方面作为文化交流促进文化发展的主要表现：一是保证文化进化发展的连续性，二是加快文化发展的速度，三是调节各国文化平衡发展。[2]

内外机制结合论。有学者认为，促使文化发展进化有内外两种机制。其外在机制首先是文化系统对人的活动及社会进化的适应机制，其次是文化的交流和传播机制。其内在机制主要表现在三个方面：一是求新求全机制。文化作为人类的经验体系和知识体系，总是力求把原有的经验和知识应用于新的情况，并把新的经验知识包容进来作为自身的有机部分。二是求熟求优机制。文化作为满足人类需要的手段和人类生活

[1] 汪澎白:《谈谈文化学研究中的两个问题》,《湖南社会科学》1990年第5期。
[2] 郁龙余:《略论文化交流》,《深圳大学学报》(人文社会科学版)1987年第3期。

的样式，总是力求最大限度的简单性和有效性。三是完备性和自治性机制。文化作为一个活的有机体，总是要求自身在内容和形式上都具备完整性和自我一致性。[1]

（四）文化现代化的评价标准

人们普遍感到，文化内涵和表现形式的多样化与复杂性，不仅给文化现代化评价带来困难，而且容易导致文化现代化实现过程中出现一些偏向。目前学术界关于文化现代化评价标准的研究主要有定性评价和定量评价两个方面，总的来看，定性评价研究居多。

综合学术界观点，文化现代化评价主要有以下四个方面的标准：

政治标准与科学标准、艺术标准。人们普遍重视毛泽东关于文艺的政治标准与艺术标准，以及其他关于建设“民族的、科学的、大众的文化”的论述。有学者把这些论述概括为文化现代化的三个标准，即政治标准、科学标准、艺术标准。三者的结合就是真、善、美相统一的标准。同时也指出，这三个标准的具体内涵不是固定不变的，而是随着社会实践的发展和人们认识水平提高不断变化的。

历史标准与道德标准。以经济、政治、文化的现代化显性指标实现程度作为衡量文化现代化的历史标准，这是文化现代化的科学尺度；以个人文明素养和社会文明程度作为衡量文化现代化的道德标准，这是文化现代化的价值尺度。历史标准内在地包含着道德的标准，尽管道德的进步不一定与生产力的发展同步，文化现代化必须坚持历史标准与道德标准的统一。

生产力标准。认为不能用文化来检验文化，衡量文化价值的唯一尺度只能是社会生产力。“正确地使用这把尺子，不仅能避免发生个人和社团价值取向中的偏离现象，而且能够保证整个社会文化价值取向沿

[1] 崔新建:《文化系统论》,《江汉论坛》1990年第5期。

着正确的方向发展。”[1]也有学者认为用生产力标准衡量文化现代化时，如果把这一标准强调到“唯一尺度”的地步，也是片面的和有害的。

人的解放程度标准。认为文化就其本质而言，是人的创造力的凝聚，是人的个性发展的场所。文化发展的内容、水平、速度完全取决于文化创造者即人自身。此观点论者认为，坚持人的解放程度标准，有助于克服文化评价中的民族中心主义和过分强调不同文化的特殊性而忽视其同质性的文化相对主义，有助于正确解释中西方文化的差异，有助于在我国目前文化建设中形成“以人为中心、以人的解放为宗旨”。[2]

有学者认为，文化现代化的评价是对现代化进程中文化发展水平的一种定量的科学评价，但只有部分文化发展水平指标可以用定量的方法进行评价，其中包括：文化生活水平、文化竞争力和文化影响力。

第一，文化生活水平评价。有学者从文化消费、文化供给和文化需求三个方面研究了文化生活现代化的评价标准。文化消费现代化主要表现为文化生活方式的理性化、多样化，文化生活质量达到或保持世界先进水平；文化供给现代化主要表现为文化生产能力满足人们的文化生活需求，文化产品总量和供给模式达到或保持世界先进水平；文化需求现代化主要表现为文化生活需要的合理性和多样性达到或保持世界先进水平。由于文化需求难以量化，所以文化生活现代化的水平评价可以重点考虑文化供给和文化消费这两个主要因素。文化供给可分解为文化生产和文化传播，文化生活现代化评价又可以从投入、产出和互动三个角度进行。据此，可设计出包括3个二级指标和24个三级指标的评价模型。文化供给和文化消费的权重可以假定为6∶4；文化生产和文化传播的权重可以假定为3∶3。

第二，文化竞争力评价。文化竞争力主要通过文化市场、文化效率和文化资源三个方面来表现。文化市场竞争力的评价指标主要反映

---

[1] 邵汉民:《中国文化研究二十年》，人民出版社2003年版，第448页。

[2] 张凤莲:《论文化的发展与人的解放》,《东岳论丛》1990年第5期。

市场竞争能力和竞争优势的大小；文化效率竞争力的评价指标主要反映维持和提高文化市场竞争力的能力；文化资源竞争力的评价指标主要反映文化资源的比较优势。据此，可设计出包括3个二级指标和15个三级指标的评价模型。二级指标权重设计为文化市场：文化效率：文化资源=5：3：2。

第三，文化影响力评价。文化影响力是一个国家的国际影响力在文化领域的一种表现形式，它与国家“软实力”的关系紧密，在一定程度上文化影响力评价可以作为国家“软实力”的一种衡量方法。如果从文化市场、文化资源和文化环境影响力三个方面分别考察文化影响力，可设计出包括3个二级指标和15个三级指标的评价模型。二级指标权重设计为文化市场：文化资源：文化环境=6：2：2。[1]根据这个评价方法，2005年中国在131个国家中文化现代化的国际地位大体是：中国文化生活现代化指数排第57位，人类发展指数排第56位，都属于初等发达国家；文化竞争力指数排第24位，属于世界中等强国；文化影响力指数排第7位，属于世界强国。[2]

（五）关于中国文化现代化

第一，中国文化现代化的动因。有学者认为，经济、政治、文化的全球化浪潮构成中国文化现代化的外在动因。在全球化进程中，从文化的空间坐标看，由于整个地球“越来越小”，文化的地域性相应地被逐渐减弱，文化的趋同性加强。从文化的时间坐标看，文化的时代性日益加强。如果民族、区域文化不能构成本地区、本民族现代化的文化支撑，那么，它的生命力和有效性就会受到质疑。从文化的载体或主体坐标看，由于冷战的结束，宗教与文化的冲突代替了意识形态的对抗。在

[1] 何传启等：《中国现代化报告2009——文化现代化研究》，北京大学出版社2009年版，第265—283页。

[2] 何传启：《中国文化现代化的战略选择》，《学习时报》2009年5月25日，第6版。

旧意识形态的迷雾消散之后，不同的文化也成为不同利益阵营的标签。继社会制度对抗、意识形态对抗以后，民族文化中的宗教对抗成为“新冷战”的主要载体，这主要表现为由民族文化的差异所导致的全球范围内的价值观冲突。实现中华民族伟大复兴中国梦是中国文化现代化的内在动因。近代以来的中国历史表明，要想使中国文化成功地向现代化转型，仅有强大的外在推力是不够的，它还要求中国文化有一个内在自觉的推动，而这个内在的推动就是实现中华民族伟大复兴梦想的牵引。没有近代以来中国人求新图强、“师夷长技以制夷”的主观愿望，即使西方列强船坚炮利，仅靠外力裹挟也难以走上现代化道路。中国特色社会主义伟大实践是中国文化现代化的根本原因。如上所述，民族复兴的内在要求是中国文化现代化的内在动因。但如果仅仅以民族复兴作为中国文化现代化的内因就未免显得狭隘，何况打着民族复兴旗号的极端民族主义倾向本身也不利于中国文化的现代化转型。马克思主义唯物史观认为，中国特色社会主义实践决定中国文化的现代化转型，而中国文化的现代化转型则反作用于中国特色社会主义实践。因此，正是中国特色社会主义实现现代化的客观要求，才提出了中国文化现代化转型的问题。同时，中国文化现代化转型能否成功，也直接影响中国特色社会主义发展进程。所以，我们认为，中国特色社会主义现代化实践才是中国文化现代化最根本的原因。[1]

第二，中国文化现代化的历史阶段。目前主要有“两阶段说”“三阶段说”“五阶段说”。

“两阶段说”。毛泽东分析近现代中国国情的基础，以“五四运动”为界限，在政治和文化上把从鸦片战争到抗日战争百年的历史划分为前80年的旧民主主义和后20年的新民主主义两个阶段。在“五四运动”以前，主要是由资产阶级发起的新文化反对封建阶级旧文化的斗争，属于世界资产阶级的资本主义文化革命性质；在“五四运动”以后，无产阶级登上

[1] 李海彬:《中国文化现代化转型的哲学思考》，学苑出版社2008年版，第28—46页。

了历史舞台并成为完全崭新的文化生力军，发起并领导了反帝反封建的新民主主义文化革命，属于世界无产阶级的社会主义文化革命性质。

“三阶段说”。何传启等认为，中国文化现代化的第一个阶段是清末的文化现代化起步阶段。文化现代化起步主要表现在：提供文字和文风改革，适应现代需要；提出“师夷制夷”和“中体西用”等思想，引进西方科学和技术，促进洋务运动；引进和传播西方启蒙思想，促进维新变法；兴办现代文化设施和出版学术著作，促进现代文化发展等。第二个阶段是民国时期的局部文化现代化阶段。局部文化现代化主要包括：提倡“新文化运动”，传播马克思主义，实行“三民主义”；开展现代教育，开办各级学校，选派留学生出国留学；发展中国近代科学技术，主要包括数学、物理、工程技术等领域。第三个阶段是新中国成立后的全面文化现代化阶段。全面文化现代化主要包括：中国科学技术全面发展，知识科学化程度明显提高；实行新民主主义，解放思想，实事求是，“科学与民主”“平等与和谐”“和平与开放”等被人们普遍接受；实行改革开放政策，逐步建立社会主义市场经济体制，现代企业、现代科技、现代教育和文化发展进一步繁荣。[1]

“五阶段说”。第一阶段：从鸦片战争到甲午战争失败（1840—1895年）。少数中国先进分子开始“睁眼看世界”，先后提出了“师夷长技以制夷”“中学为体，西学为用”的思想。第二阶段：从甲午战争失败，经历戊戌维新到辛亥革命（1896—1911年）。维新派的思想家们开始从政治上对封建专制进行批判，将中国的现代化转向制度层面，引起了思想启蒙。第三阶段：始于辛亥革命，在“五四”新文化运动中达到高潮，一直延续到20世纪40年代（1912—1949年）。中国现代文化启蒙，中西文化、传统和现代文化激烈碰撞，社会主义文化开始在中华大地崛起。中国的现代化进程开始向更深的文化层次转变。马克思主义

[1] 何传启等：《中国现代化报告2009——文化现代化研究》，北京大学出版社2009年版，第179—181页。

指导俄国十月革命胜利为中国文化的现代化指明了新的方向，少数中国先进分子在中西文化激烈碰撞中发现了一条崭新的文化发展道路，即坚定马克思主义信仰，把马克思主义与中国实际相结合的马克思主义中国化道路。在这条道路上形成的新民主主义文化逐渐引领了时代潮流，成为中国文化现代化的前进方向。1940年毛泽东《新民主主义论》的发表，标志着新民主主义文化已经成熟，是中国文化现代化的里程碑。第四阶段：从新中国成立到党的十一届三中全会，实现新民主主义文化到社会主义文化的飞跃（1949—1978年）。新中国成立后，社会主义文化取代新民主主义文化成为主流文化。马克思主义成为中国主流意识形态，也成为文化现代化的精神支柱，中国的现代科技、教育、文化传播等事业都有了一定的发展。然而，持续十年的“文化大革命”却使中国文化现代化遭受了重大的挫折和迷失。第五阶段：从十一届三中全会至今，重新调整文化发展战略，建设中国特色社会主义文化。首先在思想文化领域开展真理标准问题大讨论，引发了思想解放，对社会主义的本质、发展阶段等有了全新的认识，开辟了中国特色社会主义道路。中国特色社会主义文化发展道路逐步成熟，建设社会主义文化强国的目标更加坚定，这都为中国文化现代化指明了道路和方向。

三、内容概述

本书由导论和七章构成，从分析文化、现代化、民族复兴三者之间的关系入手，把中国文化现代化置于民族复兴视野下来研究，探索中国文化现代化的战略价值、本质要求、历史进程、发展态势、道路选择、建设资源、整体工程等一系列问题。第一章，分析民族复兴的历史地位和实质内容，理清民族复兴与建设社会主义现代化国家之间的关系，并阐述中国文化现代化在民族复兴进程中的战略价值；第二章，从科学知识、艺术情感、政治法律思想、习俗规范、哲学等文化要素入手，分析中国文化现代化的本质要求，回答中国文化现代化包括哪些内容这个问题；第三章，回顾近代以来的中国文化现代化进程，梳理发展过程中的经验教训，为新时代推进中国文化现代化提供借鉴；第四章，分析中国文化现代化面临的形势，把准新时代推进中国文化现代化的基点；第五章，阐述推进中国文化现代化的道路选择，明确中国文化现代化主要任务是凝练培育中国特色社会主义核心价值观，发展繁荣中国特色的哲学社会科学和文学艺术，建设各种形式的亚文化，推进文化事业和文化产业协调发展等；第六章，研究推进中国文化现代化需要整合的中华优秀传统文化、革命文化和西方文化资源；第七章，把中国文化现代化置于建设社会主义现代化国家整体工程下，分析研究文化现代化与其他领域、其他方面现代化的关系，以实现协调发展、整体推进。

中国文化现代化研究，既是一个内在逻辑严密的理论问题，又是一个针对性强的现实问题，更是一个学术界普遍关注的热点问题。因此，本书力求运用多视角、多层次的研究方法。

第一，文献研究法。马克思主义经典作家的著作以及党的历史文献中蕴含着大量关于文化建设的重要论述。本研究注重收集整理党在各个历史时期关于文化建设的有关决定、决议和条例等文献，同时注重吸收现有研究成果，特别是突出对文化现代化的历史考察，在充分运用这些文献的基础上，对相关内容进行归纳、提炼和分析，作为研究的有力论据。

第二，历史研究法。始终围绕中华民族伟大复兴主线，按照历史发展逻辑来考察中国文化现代化问题。根据不同历史阶段当时中国的经济状况、阶级状况、社会情况，分析中国文化现代化的历史进程、经验教训，采取批判继承的态度，吸收借鉴传统文化中的优秀思想和有益元素，用以指导中国文化现代化建设。

第三，比较研究法。中国文化现代化建设，从来都不是在孤立隔绝的环境下进行的。当今世界正处在大发展、大变革、大调整时期，必须置身于全球化时代潮流中，理性面对外来文化的交流、交融、交锋，始终坚定文化信仰、高扬文化理想、坚守文化自信，保持对中华优秀传统文化生命力、创造力的高度信心，理性分析中外文化现代化的优秀因素、有益经验，以拓展研究视野。

第四，实证研究法。坚持马克思主义方法论，注重结合中国特色社会主义文化建设实践，选取、使用最新的数据和实例，进行案例分析与实证分析，从中探讨中国文化现代化的新路径、新方法。

第一章　民族复兴及其文化内涵

伟大的民族孕育伟大的精神。黑格尔曾经在《历史哲学》中指出，世界历史本质上是民族精神或国家精神的辩证法。在中华文明的历史长河中，中国人民自强不息、奋发图强、前赴后继、上下求索的精神流淌在中华民族的血脉中，成为中华文明薪火相传、繁荣复兴的力量源泉。因此，文化是民族的血脉，是人民的精神家园，是国家强盛的重要支撑。中国文化现代化，是推动中国特色社会主义伟大事业、实现中华民族伟大复兴的强大的思想引领、精神动力和智力支持。

一、民族复兴是中华民族近代以来最伟大的梦想

从19世纪中叶到21世纪中叶，是中华民族从屈辱走向复兴的200年。从鸦片战争到新中国成立，是在黑暗中摸索，逐步走上复兴之路，实现国家独立、民族解放的100年；从新中国成立到21世纪中叶，是建成富强、民主、文明、和谐、美丽的社会主义现代化国家，实现中华民族伟大复兴的100年。2012年11月29日，习近平总书记在参观《复兴之路》展览时指出，实现中华民族伟大复兴是中华民族近代以来最伟大的梦想，需要一代又一代中国人接续为之奋斗努力。[1]

（一）文明古国的衰落

作为世界四大文明体系之一的中华文明，不仅是东方儒家文化圈文明的典型代表，而且以其独特的智慧和风貌对人类文明发展进步做出了巨大贡献，曾经在世界文明史上处于公认的领先地位。英国著名学者李约瑟认为：在15世纪之前，中国在科学技术方面的发明和发现“往往超过同时代的欧洲”，在十多个世纪里，中国“保持一个西方所望尘莫及的科学知识水平”。[2]而当中国走到清代末期，被称为是进入了历史上“最黑暗的时代”，经济百业凋零，政治腐败落后，文化僵死保守，昔日的文明古国跌落到任人宰割的谷底。

从经济上看，1750年中国的国内生产总值（GDP）占世界总量达

[1] 习近平：《承前启后　继往开来　继续朝着中华民族伟大复兴目标奋勇前进》，《人民日报》2012年11月30日，第1版。

[2] ［英］李约瑟：《中国科学技术史》（第1卷第1分册），科学出版社1975年版，第3页。

到32%，而英、法、俄、德、意欧洲5国的GDP合计才占世界总量的17%，5国GDP合计只有中国的一半左右。到1830年，中国的GDP虽然仍占世界总量的29%，还处于世界第一位，但英、法等5国的GDP合计已占到29%，和中国大体相当。到1900年，我国的GDP仅占世界的6%，而欧洲5国占54%。[1]此外，以欧洲5国为主要代表的西方列强在强迫清政府签订不平等条约中获得赔款13亿两白银，并通过争相发放贷款的方式让中国偿还赔款，最长的贷款年限为45年，而且都明确规定，不许提前还清[2]，彻底从经济上奴役绑架了中国，造成中国经济一落千丈，人民生活于水深火热中。

从政治上看，从18世纪中后期开始，一些欧洲国家先后建立议会制度，实现了封建制度向资本主义制度的转化，先后实行工业革命，实现了生产力的快速发展。为掠夺生产所需资源，解决生产扩大带来的商品销路问题，这些国家急迫地开拓海外市场，先后把坚船利炮对准了地广人多的中国。从1840年英国发动蓄谋已久的鸦片战争开始，法、俄、日、美、德等列强一哄而上，通过武力侵略争抢瓜分中国利益。在此后的数十年间，强迫清政府签订一个接一个的不平等条约，中国完全沦为列强掠夺资源、实现扩张的殖民地。据统计，从鸦片战争至清政府灭亡，清政府与西方列强总共签订了《马关条约》《辛丑条约》等1145个不平等条约，割让了约174万平方公里的中国领土，占当时国土面积的16%，相当于7个英国的面积。[3]至此，中华民族的灾难也开始越来越深。

从文化上看，以儒学为代表的传统文化为社会提供以“修齐治平”为核心的价值观和“礼、仁、忠、孝、信、义”等一系列行为规范，为维护中国封建社会稳定发挥重大作用。但是，以农业文明为本质的

[1] 罗平汉:《党史细节——中国共产党90年若干重大事件探源》，人民出版社2011年版，第1—2页。

[2] 胡绳:《从鸦片战争到五四运动》(下册)，人民出版社1997年第2版，第440页。

[3] 罗平汉:《党史细节——中国共产党90年若干重大事件探源》，人民出版社2011年版，第2页。

儒学在封建时代对君主和官僚没有根本的约束力，解决不了政治腐败造成的封建官僚分庭抗礼、土地兼并造成的失地贫民起义反抗等问题，终于凿漏了封建专制这艘航行了两千年的大船。到了近代，人类文明已经不可阻挡地由农业向工业文明转型，当沉浸在文明古国光环中盲目自大的中国遭遇到来自西方列强的侵略时，儒学作为维护封建统治的官方意识形态，在认识和解决当时中国面临的问题时仍然半遮半掩，根本抵挡不住以工业文明武装起来的西方强势文化的传入。在西方工业文明面前败下阵来的儒学传统文化，最终成为维新革命、探索民族出路的思想障碍。

（二）民族复兴的初步探索

鸦片战争敲响了中华民族危机的警钟，同时也拉开了民族复兴的序幕。无数仁人志士和广大民众投袂而起，苦苦探索拯救危机、实现民族复兴的发展道路，每一次都在一定的历史条件下推动了中国的社会进步。

太平天国运动对王朝封建主义道路的尝试。太平天国运动，是中国历史上规模最大的一次农民起义，建立了各级政权，在战斗中形成了有鲜明特色的经济、政治、文化制度，是中国近代史上掀起的第一次革命高潮。太平天国运动设想建立一个绝对平等的理想社会，对近代中国的出路作了可贵探索，在一定程度上促使清朝统治者调整了统治政策，影响了晚清的社会结构和政治格局，但其实质上仍是一场空想的、旧式的以改朝换代为旨归的农民战争。正如著名历史学家蒋廷黼所说，洪秀全对于宗教革命及种族革命是十分积极的，对于社会革命则甚消极。从太平天国的经济、社会和文化政策可以看到，政治上实行的是等级森严的制度，经济上实行的是官僚特权和农民“照旧缴租纳粮”的制度，文化上消灭传统文化，独尊洪氏教义。1862年马克思在《中国记事》中指出，太平天国运动是“毫无建设性的破坏”[1]。这条“打败皇帝自己做皇帝”的王朝封建主义道路，最终在外部列强和封建统治者的联合镇压下走向终结。

洋务运动对封建改良主义道路的尝试。由于两次鸦片战争的失败加速了晚清社会向半殖民地化的演变，以太平天国运动为中心的农民起义动摇了晚清封建统治根基，交织在一起的民族矛盾、阶级矛盾愈加激化。在这种情况下，一部分带买办性质的贵族官僚，打起“求强”“求富”旗帜，引进西方技术、资金和人才，编练新式海、陆军，兴办了一批近代军工企业和民用企业，还创办了新式学校，并派遣留学生等。他们的主观动机是通过学习西方的科学技术和“富国强兵”的本领，以镇压农民起义，并防范外国的进一步侵略，维护摇摇欲坠的封建统治。这场运动只停留在技术和器物层面的引进和移植上，企图利用西方技术挽救、维护清王朝，丝毫不触动封建君主专制政体，人们依旧从传统儒家思想构筑下的天下秩序观来思考现实问题。以维护封建统治为目的的洋务运动，从盲目引进开始，到战败丧权告终，并沿着半殖民地半封建的道路越滑越远。

戊戌变法对君主立宪资本主义道路的尝试。鉴于洋务派失败的教训，维新派想仿效日本明治维新，依靠年轻开明的光绪皇帝，使国家改变法统，由君主专制变为君主立宪制，在经济、政治、文化诸方面实行变法。一方面，由于以慈禧太后为首的顽固派势力强大，掌握实权的统治者决不肯变为虚君，维新派只能妥协以中国封建社会中流行的“托古改制”方式，来进行维新变法的理论建构。即便如此，也未能阻止慈禧太后发动政变，重新临朝训政，致使变法失败。另一方面，维新派“旧瓶装新酒”式的中西文化结合，注定了失败的命运。近代西方文化是大工业文明的产物，经过文艺复兴、启蒙运动，形成了完整的思想体系，

[1] 中共中央马克思、恩格斯、列宁、斯大林著作编译局译:《马克思恩格斯论中国》，人民出版社1997年第3版，第114页。

它与儒学、道学及佛学是不同时代不同性质的文化现象，因而无法组装到与传统农业文明相适应的以儒学为主的文化之中。其结果不仅使维新志士陷入困惑之中，而且也限制了自己思想的发展。戊戌变法的失败证明了：在中国，改良的道路根本走不通，客观存在的尖锐的阶级矛盾使中国不得不走革命之路。

辛亥革命对民主共和资本主义道路的尝试。20世纪初，中国政治发展处于十字路口，政治制度面临着封建君主专制、君主立宪制、民主共和制多重选择。而君主专制被越来越多的民族国家所否定，世界上率先富强起来的国家，不是实行君主立宪制，就是实行民主共和制。晚清政府迫于外逼内压的情势，实行"新政"，但说到底是一个骗局，立宪计划就是"一张悠长的不兑现的支票"。资产阶级革命派利用"新政"所提供的有限的合法条件，增长经济实力，壮大政治队伍。由于戊戌变法失败已经证明了君主立宪在中国行不通，清末"新政"的欺骗性也证明君主立宪道路的破产，立宪运动最终汇入革命派追求民主共和的武装斗争洪流之中。在孙中山的领导和影响下，震惊世界的辛亥革命取得成功，推翻了封建帝制。由于历史进程和社会条件的制约，辛亥革命胜利的果实被北洋军阀窃取，旧中国半殖民地半封建的社会性质没有改变，中国人民的悲惨命运没有改变，实现民族独立、人民解放的历史任务没有完成，但它是20世纪中国的第一次历史性巨变，其主要历史功绩至少体现在三个方面：开创了完全意义上的近代民族民主革命；传播了民主共和理念，极大地推动了中华民族思想解放；打开了中国进步闸门，开启了民族复兴新征程。

（三）民族复兴的伟大征程

辛亥革命后，由于西方列强陷入第一次世界大战，中国资产阶级的民族工业得到了喘息发展，为之服务的产业工人人数迅速增长到200多万，成为不可忽视的一支阶级力量，他们所受的剥削压迫也日益加深，斗争意识明显增强，工人运动此起彼伏。在俄国“十月革命”影响和“五四运动”推动下，马克思列宁主义首先被中国少数先进分子所接受，并用来指导中国的工人运动。作为工人阶级先锋队的中国共产党在这种情况下诞生了，给风雨如晦的中国带来光明和希望，中华民族伟大复兴开启了新的征程。

实现了民族独立和人民解放。中国共产党是在一个经济文化落后、军阀混战割据、百姓民不聊生的半殖民地半封建社会开始进行民族复兴探索的。在马克思主义指导下成立起来后，怎样把马克思主义的普遍真理同中国的具体实际结合起来，需要我们党自己不断摸索。中国共产党在成立后第二年，就明确地提出了打倒帝国主义和封建军阀的政治主张。这是以前各个阶级和无数先进分子都未曾有过的政治觉醒，在这面旗帜指引下，中国共产党与国民党合作，投入了旨在谋求中华民族出路的大革命。大革命失败后，我们党认清了国民党反动派的本质，在总结“左”和右的失败教训基础上摸索出一条“农村包围城市，武装夺取政权”的正确道路，并保存和发展了革命力量。抗日战争期间，以毛泽东同志为核心的党的第一代领导集体发起并坚持抗日民族统一战线，取得了一百多年来中华民族反对列强侵略的第一次完全胜利。在随后的解放战争中，中国人民解放军以摧枯拉朽之势推翻了国民党在中国大陆的反动统治，而且迫使驻扎在中国领土上的外国军队全部撤走，结束了中国近代以来长达一百多年的半殖民地半封建社会的历史，彻底实现了民族独立和人民解放。中华民族伟大复兴的历史翻开了新的一页，开启了实现国家富强和人民幸福的新征程。

走上国家繁荣富强和人民共同富裕之路。新中国成立后，中国共产党就建立符合我国实际的先进社会制度进行了探索。经过7年的努力，完成社会主义革命，成功建立了社会主义制度。党的八大之后，党带领人民进行大规模的社会主义建设，积累了一些重要经验，为当代中国一切发展进步奠定了根本政治前提和制度基础，但也发生了“大跃进”和“文化大革命”等脱离中国实际的主观主义严重错误。党的十一届三中全会拨乱反正，开启了改革开放新时期。在以邓小平同志为核心的党的第二代领导集体领导下，坚决实行改革开放，破除阻碍国家和民族发展的一切思想和体制障碍，开辟了中国特色社会主义道路，使中国大踏步赶上时代发展的步伐。以江泽民同志为核心的党的第三代领导集体，面临世界社会主义运动严重受挫、世界政治格局重新调整、改革开放深入推进的困难和压力，从容应对来自各方面的挑战和风险，全面推进社会主义现代化建设，开创了中国特色社会主义事业新局面，把在中国特色社会主义道路上实现中华民族伟大复兴的目标成功推向21世纪。以胡锦涛同志为总书记的党中央，准确把握我国发展的阶段性特征，紧紧抓住和用好我国发展的重要战略机遇期，不断深化改革开放，加快发展步伐，取得一系列新的历史性成就，为全面建成小康社会打下坚实基础，把中国特色社会主义推进到新的发展阶段，中华民族伟大复兴展现出光明前景。党的十八大以来，国内外形势变化和我国各项事业发展都给我们提出了一个重大时代课题，以习近平同志为核心的党中央围绕新时代坚持和发展什么样的中国特色社会主义、怎样坚持和发展中国特色社会主义这个重大时代课题，进行艰辛理论探索，形成了新时代中国特色社会主义思想，团结和带领全国各族人民为实现中华民族伟大复兴的中国梦接续奋斗，开启了全面建设社会主义现代化国家的新征程。

二、民族复兴过程是建设现代化国家的过程

近代以来，历经两千年之久的封建统治，在西方现代化洪流的冲击面前，已无可挽回地走向了腐朽没落。不实现现代化，中华民族就无法自立于世界民族之林，就永远不能摆脱任人宰割的历史命运，民族复兴就无从谈起。现代化承载着中国未来的命运，也寄托着中华民族复兴的希望。中华民族伟大复兴的实质内容是建成社会主义现代化国家，必然体现出所有国家的现代化进程中由农业化向工业化、信息化迈进的时代性特征，社会主义现代化与资本主义现代化相区别的阶级性特征，以及中国特色社会主义现代化所特有的民族性特征。

（一）由传统农业社会向工业、信息社会转变

现代化首先是经济现代化，首要标志是工业化、信息化，这是建设现代化国家的基础。如上文所述，当创造了农业文明辉煌的东方大国走到清代末期，已经跌落到任人宰割的谷底。其根本原因，就是中国传统的农耕文明与西方近代工业文明对阵时出现了代差。因此，鸦片战争点燃了中国现代化的导火索，传统的中国在军事技术的巨大反差面前承认了落后的现实，开始探索适合自己的工业化、信息化道路。

18世纪60年代，第一次工业革命在以英国为代表的西方资本主义国家兴起，实现了由传统农业、手工业生产方式向工业生产方式的转变，生产力水平大幅度提升，促使西欧的经济高速发展并迅速超过中国。正如马克思在《共产党宣言》中所讲，资产阶级在它的不到一百年的阶级统治中所创造的生产力，比过去一切世代创造的全部生产力还要

多。有数据统计显示，从1820年开始的50年时间内，西方率先走上工业化道路的国家经济年均复合增长率平均达到4.3%，而一直以农业生产为主的中国却走上了经济停滞的道路，人均实际GDP年均复合增长率为0.0%。虽然两次鸦片战争的失败惊醒了做着天朝大国梦的封建统治者，“师夷长技”引进近代工业，而且民国时期还出现了民族工业发展的短暂春天，但都远远地落在了西方资本主义国家工业化快车的后面。随着第二次工业革命在以美国为代表的西方资本主义国家出现，我们与西方的差距更加明显了。在两次世界大战中，中国先后遭受侵略者掠夺与战火的摧残，差距被再次拉开。1870年，中国GDP的世界总量占比为17.2%，1950年下降至4.5%，这是有明确记载以来的最低谷。[1]不难看出，让中华民族引以为傲几千年的农业文明因错失工业化机遇而黯然失色。虽然这并不代表中华文明落后于西方文明，但提升生产力发展水平，加速实现由农业社会向工业、信息社会转变，却是实现中华民族伟大复兴的一条必经之路。

新中国成立之初，我们党就高度重视工业化的问题。1953年，党中央首次正式提出逐步实现国家的“社会主义工业化”。1954年，周恩来总理在第一次全国人民代表大会上所作的《政府工作报告》中提出，我们要建设起强大的现代化工业、现代化农业、现代化的交通运输业和现代化的国防，这是“四个现代化”目标的首次完整表述。在这一时期，中国走工业化道路的主要途径是完成生产资料的社会主义改造，利用计划体制创造出的工农剪刀差来解决工业积累问题，初步建立起一套比较完整的工业体系和国民经济体系。党的十一届三中全会后，中国逐步开启了改革开放的进程，我们党对以经济发展水平为主要标志的现代化建设战略目标逐步清晰。党的十三大对邓小平“三步走”战略部署思想作了明确界定，也就是以“解决人民温饱”、20世纪末“人民生活达到小

[1] [英]麦迪森:《世界经济两百年回顾》，李德伟、盖建玲译，改革出版社1997年版，第35页。

康水平”、21世纪中叶“基本实现现代化”为发展标志的三个阶段，第一次清晰地勾画出中国特色社会主义现代化的路线图，为我国社会主义初级阶段的社会发展战略设计提供了基本框架。江泽民在党的十五大报告中指出，20世纪末我们要实现达到小康水平的第二步发展目标；到建党一百周年的时候，我们将在各方面形成一整套更加成熟更加定型的制度；到新中国成立一百周年的时候达到第三步发展目标，基本实现社会主义现代化。胡锦涛在党的十八大上对“两个一百年”奋斗目标作了进一步阐述，习近平把“两个一百年”奋斗目标概括为实现中华民族伟大复兴的中国梦。正是在党的正确领导下，我国的现代化建设取得了举世瞩目的成就。统计公报显示，2010年，我国经济总量首次超过日本，成为世界第二大经济体；2017年，国内生产总值达到82.7万亿元，名列世界前茅，对全球经济增长的贡献率超过30%，经济发展的质量和效益明显提高，推动全面建成小康社会取得新的重要进展。

（二）社会主义现代化道路的历史选择

从人类社会发展的一般规律来看，由封建社会进入资本主义社会，资本主义发展到较高水平，经过无产阶级革命才能进入社会主义社会；从现代化建设实际情况看，有人认为现代化不分国界，与社会制度无关，中国也可以走西方资本主义的现代化道路。邓小平曾多次告诫，“很多人只讲现代化，忘了我们讲的现代化是社会主义现代化”[1]。中国之所以成功跨越了资本主义制度的“卡夫丁峡谷”，走出了一条中国特色的现代化道路，既有国际局势的影响，也有本国国情的制约，是中国历史发展的必然。

第一，世界现代化浪潮为中国现代化道路提供了“两种模式”。从英国工业革命开始直到20世纪初期，以欧洲为中心和样板的现代化新

[1]《邓小平文选》（第三卷），人民出版社1993年版，第209页。

浪潮在取得成功后，开始超出欧洲向非基督教文明地区传播，现代化的冲击波在世界范围内激起了强烈的回应。比较典型的国家是东亚儒学文化圈的日本，取得了学习西方现代化道路的成功。然而，世界规模的现代化第二次大浪潮所产生的普遍性发展危机，引发了第一次世界大战，促进了资本主义现代化模式的突破。社会主义作为对资本主义制度的矛盾和弊端及其解决方法认识的产物，随着资本主义和社会主义的发展，人们对其认识不断深化。1861年，俄国完成农奴制改革后开始输入工业化方式，走上了军事封建帝国主义道路。世界现代化发展的第一次危机和第一次世界大战的国际冲突，为俄国创造了脱离资本主义世界体系的特殊契机，列宁领导的十月革命取得成功，在经历短暂动荡后迅速地走上了社会主义现代化道路。苏联的这种现代革命在性质上属于开创人类历史新纪元的无产阶级革命，与法国大革命等那种西方资产阶级民主革命完全不同，开创了社会主义现代化道路的先河。按照马克思、恩格斯最初在《德意志意识形态》中提出的“世界历史”思想，我们对中国的现代化道路也必须从“世界历史”的角度来加以考察和认识。在中华民族全面开启现代化探索的伟大征程时，两种比较成功的现代化模式摆在了中国面前，一种是西方资本主义现代化发展模式，一种是苏联社会主义现代化发展模式。

第二，西方资本主义现代化发展模式不适合中国。我们说中国的现代化进程是从鸦片战争后开启的，但更早就开始了对资本主义道路的探索。正如毛泽东所指出的：“中国封建社会内的商品经济的发展，已经孕育着资本主义的萌芽，如果没有外国资本主义的影响，中国也将缓慢地发展到资本主义社会。”[1]由于中国始终缺少像西欧国家那样发展资本主义的历史条件，这条路没有走通。一方面，商品经济在封建专制制度的统治下始终得不到充分发展。封建统治者主要是通过对土地的控制来维护其统治地位，对农业的重视程度必然超过了处于从属地位的工商

[1]《毛泽东选集》(第二卷)，人民出版社1991年6月第2版，第626页。

业；由于生产力发展水平和地理条件所限，自给自足的自然经济始终占有绝对的优势，导致商品经济所占的地位无足轻重；闭关锁国的政策限制了中国与世界的交往，无法像西方资本主义国家那样通过开拓海外市场抢夺现代化所需资源。另一方面，中国民族资产阶级无力建立起自己的国家政权。20世纪初，随着民族工业的迅速发展和资本主义生产关系的产生，中国社会出现了无产阶级和资产阶级这两个新的阶级力量。而与西方不同的是，资本主义在半殖民地半封建的中国发展出两个既相互联系，又相互对立的阶级力量，也就是官僚资产阶级和民族资产阶级。官僚资产阶级代表的外国列强势力和本国封建统治势力，不会产生推翻半殖民地半封建统治的政治需求；民族资产阶级虽然处于被压迫地位，具有革命要求，但作为一个独立的力量不够强大，必须依赖外国列强势力和本国封建统治势力才能生存发展，革命要求具有不彻底性。因此，他们领导的革命斗争，必然要遭到封建统治势力的反扑而失败。"五四运动"以后，中国无产阶级在工人运动中迅速成长壮大，开始作为一支独立的政治力量登上历史舞台，并在中国共产党领导下，扛起新民主主义革命的大旗，而新民主主义革命的道路必然选择社会主义现代化模式。

第三，中国超越资本主义选择社会主义现代化道路是历史发展的必然结果。上文说过，在外国资本主义的刺激下，经由洋务运动的发展，产生了中国近代民族工业。19世纪初，由于西方列强陷于第一次世界大战，中国的民族工业获得了喘息机会，得到较为快速的发展。但是，这些工业中生产规模和投资较大的都是外资直接控制，或是通过封建官僚买办经手间接控制的。中国的民族资产阶级因为资本实力都比较弱，没有力量投资较大规模生产，引进先进技术设备，所以生产效率不高，竞争力不强。加之西方列强也害怕中国民族资本主义的发展会影响到他们的利益，通过封锁先进技术等各种手段加以限制，这就使中国民族工业在技术水平和生产规模上一直处于低层次水平，丧失了像欧美国家那样爆发产业革命的基本条件。然而，由于资本主义加速了“世界历史”的进程，首先在西欧国家发生的产业革命成果在世界范围内传播，从而影响其他国家的现代化道路选择。后来的民族国家完全可以直接采用西方资本主义国家产业革命带来的先进科学技术成果和生产成就，加快本国经济的发展，而不是必须走资本主义方式积累现代化物质基础的西方现代化道路。无产阶级革命在资本主义同样没有发展起来的俄国取得成功，为我们提供了宝贵的经验。中国共产党一经诞生就承担起了完成资产阶级民主革命，进而在社会主义道路上完成产业革命的特殊历史使命，这是历史的选择，也是现代化模式的伟大创举。

（三）中国特色社会主义的伟大创举

列宁在1916年指出：“一切民族都将走向社会主义，这是不可避免的，但是一切民族的走法却不会完全一样。”[1]自从社会主义从一国实践发展为多国实践以后，人们越来越清楚地认识到，社会主义在不同的条件下可以而且应当具有不同的实现形式，中国的特殊国情和社会历史条件，决定了社会主义在中国具有鲜明的中国特色，是中国人民在社会主义现代化国家建设实践中的独特创造。

第一，社会主义初级阶段是我国在生产力不发达情况下建设社会主义必然要经历的一个特定阶段。社会主义在中国不仅不是由于本国资本主义高度发达所引起的社会矛盾的产物，在很大程度上恰恰是资本主义失败、发展道路不通的结果。新民主主义革命解决了资本主义生产力与生产关系在中国社会引起的社会冲突，建立了独立的民族国家之后，中国社会内部还不存在造成这种历史冲突的根本因素的现代生产力。唯物史观认为，任何国家和民族的发展都不得不受既有生产力水平的限制，中国建设社会主义现代化国家也无法超越商品经济的充分发展阶段。遗

[1]《列宁选集》（第二卷），人民出版社2012年9月第3版，第777页。

憾的是，从20世纪50年代开始，社会主义世界骤然兴起了一股快速向共产主义过渡的思潮，这股思潮也影响到我国，1958年开始“跑步进入共产主义”，使得进入社会主义大门以后的社会主义建设事业走了弯路。党的十一届三中全会后，邓小平一再强调要正确认识社会主义初级阶段，指出社会主义是共产主义的初级阶段，而中国又处在社会主义的初级阶段，也就是社会主义的不发达阶段，这是由现实生产力发展的水平决定的。这就为我们正确认识社会主义的本质，集中精力把工作重心转移到经济建设上来、积累社会主义现代化所需的物质条件奠定了重要基础。党的十三大在科学地阐明了我国正处在社会主义初级阶段的基础上，制定了以“一个中心、两个基本点”为主要内容的党在社会主义初级阶段的基本路线，并充分考虑到我国现代化建设任务的艰巨性、复杂性，强调基本路线“一百年不动摇”。

第二，中国特色社会主义展示出了巨大优越性。马克思主义经典作家生活在资本主义社会，他们本人没有参加过社会主义运动和建设。他们对社会主义制度较资本主义制度具有优越性的判断，是建立在对人类社会发展规律正确把握基础上的科学预测。这个科学预测，需要在以马克思主义为指导的社会主义现代化建设进程中体现和检验。中国共产党在生产力发展先天不足和外部环境极端复杂的情况下，克服重重困难，团结和带领人民走上了中国特色社会主义道路，取得了举世瞩目的发展成就，在激烈的国际竞争中彰显出巨大优越性，把社会主义的优越性由科学的预测变成了现实。这个优越性主要表现在三个方面：一是极大解放和发展了生产力。资本主义社会始终面临着生产社会化和生产资料私人占有之间的矛盾，这个矛盾使得资本主义社会生产相对过剩的病灶始终无法得到根本解决，经济危机不断。中国特色社会主义在以公有制为主体的生产关系基础上发展生产力，从根本上解决了这个矛盾，从而为生产力的发展开辟了广阔的道路。特别是改革开放以来，我国GDP年均增长9.8%，远高于同期世界经济2.8%的平均增速，而与“东方奇迹”

形成鲜明反差的是西方发达国家纷纷陷入金融危机，一些拉美国家陷入发展陷阱。因此，连声称共产主义已经失败、市场和民主将一统天下的《历史的终结》一书的作者福山，在他后来的著作《出乎预料》中也不得不承认，中国社会主义的崛起将是未来的趋势。二是集中力量办大事的优越性。邓小平指出，社会主义国家一个最大的优越性就是干一件事情能够立即执行，不受牵扯。中国特色社会主义，就是要把民族复兴这一张蓝图绘到底，这同西方政府轮流执政、相互掣肘，每一届执政理念各行其是形成了鲜明对照。面对1998年特大洪灾、2003年SARS疫情和2008年汶川大地震等重大灾害，我们都以举国之力克服了难以想象的困难，赢得了胜利。不管是天灾还是人祸，中国人民总能应对挑战并在走出困境的过程中提升民族凝聚力，究其原因，就在于社会主义制度具有充分发挥民智、切实集中民力，集中全社会力量来应对各种风险和挑战的优越性。三是推进社会主义制度自我完善和发展的优越性。社会制度的变革、完善和发展是在社会基本矛盾运动中实现的。资本主义社会的基本矛盾是对抗性的矛盾，不可能由资本主义制度本身来根本解决，只有通过革命推翻资本主义制度，才能加以彻底解决；社会主义社会的基本矛盾是非对抗性矛盾，社会主义社会的生产关系和生产力、上层建筑和经济基础的矛盾，表现为既相适应又不相适应的情况，适应是主要的。因此，社会主义社会的基本矛盾，可以通过社会主义制度本身不断改革加以解决。社会主义制度是一种可以在自身基础上不断完善和发展的制度，这种优越性已经在中国特色社会主义伟大实践所取得的巨大成就中得到充分体现。

第三，中国特色社会主义为世界社会主义运动提供了“中国经验”。任何民族的优秀思想文化都是全人类的共同财富。同样，中国特色社会主义具有世界意义，我们可以从三个方面来认识：一是对世界社会主义的发展做出了重大贡献。20世纪80年代末90年代初苏联解体、东欧剧变，世界社会主义运动遭受挫折，陷入低潮，社会主义还能不能存在与发展？社会主义出路在何方？中国特色社会主义能不能行？不少人对这些问题产生了种种疑虑。为此，邓小平在苏联解体后不久的南方谈话中说了这么一段话："一些国家出现严重曲折，社会主义好像削弱了，但人民经受锻炼，从中吸取教训，将促使社会主义向着更加健康的方向发展。因此，不要惊惶失措，不要认为社会主义就消失了，没有了，失败了。哪有这回事！"[1]这充分彰显了中国共产党在关键时刻对社会主义的坚定信念，带领中国人民闯出了一条中国特色社会主义的新路。正当整个世界的社会主义运动还处于低谷之时，社会主义在中国却出现欣欣向荣的局面。有学者认为中国特色社会主义成功是20世纪世界社会主义运动走向第三次高潮的主要标志[2]，它代表了国际社会主义运动发展的一个新起点，加快了世界社会主义的进程。二是为丰富和发展马克思主义做出了历史性的贡献。中国特色社会主义摆脱了对科学社会主义、马克思主义的教条式理解，坚持实践基础之上的理论创新，正确回答了中国特色社会主义的理论、路线、道路、阶段、动力、条件、保证等重大问题，既丰富了科学社会主义的理论，又提供了科学社会主义实践经验，开辟了科学社会主义的新境界。三是对整个世界文明的发展做出了贡献。马克思主义不仅是无产阶级的科学世界观，而且是世界文明的精华。近代以来，西方人创造了现代科学技术的伟大成就，以及在此基础上，西方社会的繁荣发展和强大实力更加坚定了西方人的欧洲中心思想。中国特色社会主义虽然来自非西方文化传统的文明类型，但它取得了巨大成功。它的最大意义在于提供了另外一种选择和可能，即不简单复制，或直接移植西方模式，而是在自身传统文化的基础上，吸收、借鉴西方文明的文化成果，寻找一条适合本国发展的道路，也可以走向现代文明。

[1] 《邓小平文选》(第三卷)，人民出版社1993年版，第383页。

[2] 20世纪世界社会主义运动第一次高潮以十月革命为标志，第二次高潮以中国革命的胜利和世界社会主义体系的形成为标志。参见陈学明:《全球视野下的中国道路》，重庆出版社2014年版，第108页。

三、中国文化现代化是民族复兴的重要内容

没有中华文化的繁荣兴盛，就没有中华民族的伟大复兴。一个民族的复兴需要强大的物质力量，也需要强大的精神力量。只有在民族复兴视野下考察文化现代化，文化现代化才有意义，才能被有效理解；同时，没有文化现代化，民族复兴也无法完全实现。

（一）中国文化现代化是民族复兴的组成部分

一个民族所特有的文化是该民族的血脉基因，是屹立于世界民族之林的精神支撑。一个民族走向崛起和强盛，必定内在地包含并表现出文化上的复兴。这不仅是从地位作用角度对中国文化现代化的认识理解，也是从历史进程中得出的回顾反思，更是当今世界国家崛起、民族复兴的时代要求。

第一，文化现代化是民族复兴的构成要素。我们说过，民族复兴的实质内容就是建成社会主义现代化国家。用马克思主义唯物史观分析，从社会生产出发考察社会结构，可以清晰地看到，社会是由经济、政治、文化等领域所构成的有机系统，文化是社会发展合力的一个组成部分。这与唯心史观认为文化是社会的灵魂和核心、是社会发展根本动力的观点是对立的。由此我们可以得出，从文化地位角度来说，文化不是社会结构中的最本质的内容，它只是社会结构的一个层面。文化现代化不是社会主义现代化的全部，而是经济现代化、政治现代化、文化现代化、社会现代化、生态现代化组成的社会有机系统现代化的组成部分；从文化作用角度来说，文化现代化对现代化建设只能发挥影响促进

作用，而不是根本决定作用；从现代化构成要素的相互关系来说，一方面，经济与政治的现代化会促进文化的现代化；另一方面，文化的现代化又可以能动地促进经济与政治现代化的发展，并巩固前者的成果。正是在这个基础上，我们才能正确认识单纯“经济决定论”或“文化决定论”对民族复兴的危害。塞缪尔·亨廷顿在他的著作《文明的冲突与世界秩序的重建》一书中提出，世界秩序归根结底将会是基督教文化、大中华文化和伊斯兰文化三大基本文化之间的较量。这从一个侧面反映了文化已愈来愈引起了人们的关注，但我们也必须同时认识到文化领域较量的升级并不等于“文化决定论”。文化招牌的后面，大都隐藏着深刻的经济原因，这才是全面观察与正确认识现代化建设和民族复兴本质规律的思想武器。

第二，文化现代化是民族复兴进程的先导号角。一个民族的衰败没落，必然内含深层的文化危机；一个民族的伟大复兴，必然要经过一个文化上的孕育、发展和复兴的过程。追溯历史，在公元前3世纪形成直到公元19世纪末期衰败解体的朝贡体系中，中国始终处于核心或“贡主”地位，这让国人有了一种傲视群雄的文化优越感和民族自豪感。近代以来，在西方列强坚船利炮的沉重打击之下，中华民族的文化心理出现了剧烈的变化，开始由骄矜自大的文化自负变为文化自卑，意大利传教士利玛窦在他的札记中写道：“在他们看来，世界上没有其他地方的国王、朝代或者文明是值得夸耀的；这种无知使他们愈骄傲，一旦真相大白，他们就愈自卑。”[1]鸦片战争以降，丧失了中华文明优越感的国人随着民族危机的加深而陷入了深刻的文化危机，这是长期封建统治思想奴役的必然结果。民族复兴的开启，首先必然是文化的觉醒。梁启超从进化论的观点，将鸦片战争以来国人对民族危机认识的逐渐深化过程概括为三个时期：依次经由器物、制度层面，才最终达到的真正深层次

[1]［意］利玛窦、金尼阁：《利玛窦中国札记》，何高济、王遵仲、李申译，中华书局1983年版，第13页。

文化自觉。从我国民族复兴进程来看，这个见解无疑是深刻的。一方面，正是20世纪初期的新文化运动，才真正吹皱了我国思想文化领域的“一池春水”，使马克思主义得以引进和迅速传播，推动了民族大觉醒；正是20世纪40年代我们党开展的延安“整风运动”，才真正摆脱了教条主义、主观主义对革命的影响和危害，确立了实事求是的思想路线，保证了新民主主义革命的胜利，彻底改变了中华民族被列强奴役的面貌；正是20世纪70年代末80年代初思想文化领域的拨乱反正，进一步解放了思想，推动了文化事业的发展，才为取得今天的发展成就准备了前提条件。另一方面，正是流淌在中华民族血脉里自强不息、坚忍不拔的文化精神基因，才使得中华民族遭受列强奴役一百多年，仍能知耻后勇，昂起头颅，走向复兴。

第三，文化现代化是民族复兴的时代要求。改革开放40年来，我国生产力快速发展，综合国力显著增强，国际影响力显著提升，也给文化现代化带来了亟待引起重视和解决的问题。一方面，物质生活领域出现了“四个多样化”：经济成分和经济利益多样化，社会生活方式多样化，社会组织形式多样化，就业岗位和就业形式多样化。由此必然反映到文化层面，引发了文化形态多样化，思想和价值观念多样化，文化和思想、价值观念表现形式多样化。这给当前推进文化现代化带来了严峻挑战，具体表现为：封建迷信思想在一些地方沉渣泛起，资本主义腐朽思想文化趁机而入，一些社会思潮的消极思想被割裂放大后在社会上不断宣传发酵。这些思想观念、文化因素渗透在理论学术、文学艺术等文化领域的各个方面，影响腐蚀着社会精神和人们的思想，一些领域存在诸如老人摔倒没人敢扶，杀亲、灭门、杀师案，“毒饺子”“瘦肉精”等道德失范、诚信缺失现象。另一方面，随着人民群众物质生活水平大幅提高，文化消费需求日益增长，文化消费结构也发生了重大变化，文化产品的消费比例不断提高。对此，党和政府虽然加大了文化建设的力度，文化生产力和文化服务水平不断提高，但对于广大人民群众快速增长的文化需求来说，我国现有文化生产能力明显不足。比如说，近年来北京等城市的居民文化消费支出年均递增都超过15%，远远超过了我国经济增长速度。中宣部有关研究表明，当人均GDP为3000美元时，文化消费需求占个人消费的比例约为23%。据此，2008年我国人均GDP突破3000美元，全国城乡居民文化消费需求总量的理论值应为42400亿元，而直到2016年，我国文化产业实现增加值才达到30785亿元，存在较大缺口。[1]我国文化消费呈现出"爆发式增长"的同时，增长的非均衡性趋势明显，主要表现在区域差距、城乡差距、结构差异及群体差异等方面。这些都是当前民族复兴进程中不得不重视和解决的文化问题。

（二）中国文化现代化是民族复兴的重要标志

文化的发展推动着社会的发展，文化的进步反映着社会的进步。在新的历史起点上，文化现代化已成为国家强大的重要特征，成为社会文明进步、人民生活质量提高的显著标志，成为提升综合国力竞争力的重要因素。因此，不仅国际上流行把文化的发展程度作为衡量社会文明程度的重要标志，我国分析经济社会发展情况也越来越重视文化的贡献和作用，作为政府宏观调控的重要依据。

一方面，文化在经济社会发展中的地位和作用日益突出。当今社会，文化与经济、政治相互融合、相互影响的程度日益加深，文化的经济功能越来越强。文化产业由于对自然资源依赖程度低，对经济结构调整和提高经济发展质量贡献尤其明显，因此备受各国重视，在经济社会发展中的地位和作用更加突出。当前，文化产业在西方发达国家占GDP的比重为20%左右，美国已经超过了25%。经国家统计局核算，2016年全国文化及相关产业增加值30785亿元，比上年增长13.0%，比同期

[1]《统计局：2016年文化及相关产业增加值同比增13%，中国政府网，2017年9月26日，http://www.gov.cn/xinhua/2017-09/26/content_5227621.htm。

GDP增速高4.4个百分点，占GDP的比重为4.14%。[1]《国家“十三五”时期文化发展改革规划纲要》提出“‘十三五’末文化产业成为国民经济支柱性产业”的发展目标，也就是文化及相关产业增加值占GDP的比重达到5%。虽然从文化产业发展现状来看，与我国经济社会发展的新特点新要求、与人民群众日益增长的美好生活需要还不完全适应，但从发展增速来看，2004—2010年，全国文化产业增加值年平均现价增长速度超过23%，比同期国内生产总值的增长速度高出许多，在北京、上海等大城市发展速度还要更快一些。这表明，文化直接贡献于经济增长，而且对经济社会发展贡献率逐步增大。此外，文化对提升经济发展质量也同样发挥着重要作用。党的十八大以来，我们党根据实现全面建成小康社会目标面临的新情况新特点，针对经济增长方式在结构与资源方面遭遇到的挑战，明确提出统筹推进“五位一体”总体布局，牢固树立和贯彻落实创新、协调、绿色、开放、共享的发展理念，充分表明转变经济增长方式、促进经济转型升级的决心，增加了经济发展中的文化含量。

另一方面，文化在提升综合国力的竞争中作用更加明显。文化的力量是巨大的。拿破仑曾在卢梭墓前慨叹：“卢梭一支笔的力量超过我的大炮。”[2]因此，世界各国普遍十分看重文化在综合国力竞争中的地位和作用，千方百计壮大本国文化的整体实力和国际竞争力。

历史上，古希腊、古印度和我国春秋战国时代，成为各自代表文明的源头和输出地，实力强盛，雄踞一方。德国历史哲学家雅斯贝尔斯在1949年出版的《历史的起源与目标》中说，欧洲的古希腊时代、古印度的佛陀时代、中国的春秋战国时代都属于人类文明的“轴心时代”，是人类文明精神的重大突破期，辉煌的文化成就也促进了生产力的快速发展和综合实力的强盛。比如，公元前5世纪至公元前4世纪上半叶是古

[1]《统计局：2016年文化及相关产业增加值同比增13%，中国政府网，2017年9月26日，http://www.gov.cn/xinhua/2017-09/26/content_5227621.htm。

[2] 何新：《奋斗与思考》，万卷出版公司2011年版，第179页。

希腊经济、政治、文化高度发展的繁荣时期，希腊诸城邦三次击败了波斯帝国的入侵，称雄地中海；公元前264年，古印度的孔雀王朝统治了除南部迈索尔地区之外的整个南亚次大陆和今阿富汗的一部分，形成幅员辽阔的大帝国，国力达到了鼎盛；中国的春秋战国时代处于奴隶社会向封建社会过渡时期，奴隶制日趋瓦解导致自耕农比例大增，铁器出现使生产力水平大幅提升，人口由几百万发展到2000余万。而相比之下，那些文化发展落后，仅靠武力征伐支撑的国家或政权大都不能长久。比如波斯帝国、亚历山大帝国，中国南北朝和五代十国时期你方唱罢我登场的大大小小政权等。

冷战格局解体后，世界各国综合国力的竞争日趋激烈，表现在文化领域的竞争更加突出。从世界头号强国美国的发展情况来看，虽然自20世纪70年代以来美国经济占世界经济总量的比例一直在下降，特别是进入21世纪以来，从2001年的31.80%下降至2011年的21.57%，但直到目前其世界霸主地位依然牢不可破，主要原因就在于美国文化对世界的影响逐步加大，强大的文化竞争力为其提供了坚实的基础。这一点可以从美国在世界文化市场上的占有份额来分析，其在世界文化商品出口市场的占有率从2002年的11.91%到2008年的12.41%，呈不断上升趋势；美国电影产业所生产的数量不是最多的，但只有美国电影能够进入世界上的所有市场，外国电影在美国市场上所占的份额不到3%，目前中国每年也有一半左右的电影票房被美国电影所占据。我国正处于由大向强的现代化关键期，维护我国难得的发展机遇期，保证国家发展利益和文化安全，必须尽快形成适应经济社会发展需要、与我国国际地位相符合的文化优势。

（三）中国文化现代化是国家文化软实力的主要支撑

一个国家、一个民族的强盛，总是以文化软实力为支撑的，中华民族伟大复兴需要以中华文化发展繁荣为前提条件。推动中华文化发展繁荣，不断增强国家文化软实力，建设社会主义文化强国是民族复兴的题中应有之义。在国家文化软实力的构成要素中，价值观传播、文化魅力和国际话语权是各个国家都非常重视并争相发展的。

第一，当代中国价值观念需要通过中国文化现代化传播。约瑟夫·奈认为，软实力的来源在于国家内部的"文化、政治观念和政策的吸引力"，而文化、政治观念和政策的核心就是价值观。由此可见，国家文化软实力是由国家价值观来支撑的。新中国成立以来，国家价值观的历史形态可以大体概括为三个阶段。[1]第一阶段，改革开放前，大体分为两个时期，第一时期为新中国成立至中苏论战时期，表现为世界无产阶级革命的价值取向；第二时期为中苏关系破裂至毛泽东逝世，表现为为第三世界争取公平正义。第二阶段，改革开放至科学发展观提出之前，表现为以经济建设为中心。第三阶段，科学发展观提出时期，表现为以人为本。当代中国价值观念，就是中国特色社会主义价值观念。习近平总书记强调，"中华优秀传统文化是中华民族的突出优势，是我们最深厚的文化软实力"。[2]这说明我们党在对文化软实力的认识问题上产生了新的自觉，也标志着中国国家价值观构建进入了新的阶段。五千年辉煌灿烂的文明史，曾经并将一直在世界上产生广泛影响力。我们以中华优秀传统文化为基础，构建面向新时代的文化软实力，已经在逻辑上证明了中国国家文化软实力的强大存在，是文化自信的充分表现。正如约瑟夫·奈认为的那样，国家文化软实力仅靠逻辑上的论证还不够，还必须使当代中国价值观念在世界范围内产生吸引力，这自然离不开通过文化途径扩大当代中国国家价值观念的传播和影响。宣传和阐释当代中国价值观念还必须与民族复兴紧密结合起来，使民族复兴的奋斗目标

[1] 黄力之:《从文化软实力看中国国家价值观的历史与现实》,《毛泽东邓小平理论研究》2014年第1期。

[2] 中共中央宣传部理论局:《指导新时期宣传思想文化工作的纲领性文献》，学习出版社2013年版，第4页。

为广大人民群众理解认同，为世界接受支持，产生巨大的吸引力，提升国家文化软实力。

第二，中华文化的独特魅力需要通过中国文化现代化展示。五千年文明的薪火相传，铸就了源远流长的文化传统；社会主义在中国近70年的辉煌实践，创造了世界发展史上前所未有的进步，书写了人类文明的崭新篇章。独特的文化传统、独特的历史命运、独特的基本国情，孕育了中华文化独特的魅力。在历史的长河中，中华文化对外输出和交流一直不曾中断过。从西汉张骞出使西域，晋法显取经，唐玄奘西行、鉴真东渡，到明郑和下西洋，再到16世纪以来中华优秀文化成果不断传入欧洲并产生一定影响，所有这些无不成为中外文化交流史上的佳话。当今时代，文化赖以存在和发展的物质经济基础、社会舆论环境、传播技术条件和主体认知水平都发生了深刻变化，展示中华文化独特魅力成为中国文化现代化的一个重要任务和现实挑战，首要任务就是要讲好中国故事，传播好中国声音。对中华文化主体来说，必须更加全面客观地认识当代中国、看待外部世界，增强文化自信，做到习近平总书记要求的“四个讲清楚”。从中华文化接受者角度来看，由于不同文化背景对文化的理解接受程度和模式不一样，必须采用听众习惯接受的方式，提高对外文化交流水平，注重以理服人，以文服人，以德服人。从文化交流手段和媒介来看，必须适应物质基础、社会环境、传播条件的发展变化，完善交流机制，创新交流方式，综合运用网络等新技术传播方式，展示中华文化魅力。

第三，提高国际话语权需要通过中国文化现代化实现。话语权指的是话语传播主体通过构建一套世界观以及社会关系，形成潜在的现实影响力。当今的世界大国都在积极地采取有效措施增强各自国家的文化影响力和竞争力，文化话语权的国际表达也就成为提升国家文化软实力的重要手段。历史上，中国的农耕文明历经汉唐雄风至康乾盛世的千年进化，发展至鼎盛而辉煌。近代以来，中华民族不仅因为落后而挨打，也因为落后而失语进而挨骂，西方话语上升为世界的主导话语，中华文化传统话语被挤入角落，丧失了昔日荣光。进入新时代，中国在国际上的话语权得到了大幅提升，在 APEC、G20 等国际性高端峰会论坛上，中国是重要参与者；在“一带一路”国际合作、上合组织、东盟等国际区域性峰会论坛上，中国是牵头主导者和积极引领者。在全球经济低迷、治理失调的大背景下，中国一直保持稳中向好的总态势，中国的话语和举动在国际上有着广泛和深远的影响。但总体上看，目前世界“西强我弱”总体格局还没有根本改变，在一些事关国计民生的关键问题上还处于“声音还比较小，有理说不出，说了传不开的境地”。从文化角度来看，不能打破西方话语垄断的被动局面，并不是中国文化本身不如西方文化，而是文化自觉和自信不足，对中华传统文化的创造性转化和创新性发展没有跟上。为此，就需要发掘出中华民族最基本的文化精神基因中的丰富宝藏，运用现代话语进行解释、宣传，使之能为现代社会接受、理解和认同。

四、中国文化现代化是民族复兴的重要动力

社会领域不同于自然领域的一个重要方面，是在社会领域内进行活动的，都是有意识的、追求某种目的的人。正是追求某种目的的精神动机，成为这个人自觉进行有意识活动的精神动力。整个社会的全体成员追求某种共同目的的精神动机，是推动社会前进的强大精神动力。这种精神动力是形成社会合力、推动整个社会发展的重要力量。从文化的作用机理来看，中国文化现代化对民族复兴的精神动力作用主要是通过价值引领、文化凝聚和精神推动三个方面来实现的。

（一）为民族复兴提供价值引领力

价值引领即用正确的价值标准引导社会成员的价值判断，并逐步形成全社会的价值共识，决定着社会风气、人的精神面貌和道德素质，引领着社会变迁的道路和方向。

从历史维度看，中国文化现代化为社会变迁指明了前进方向。每一种文化都有它的价值目标，社会变迁就是在处于主导地位的文化价值目标的指引下前进的。近代以来，我国社会遭受巨大创伤，传统文化面临严重危机，中国处于“三千年未有之大变局”之中。用什么样的文化来引领国家发展、民族振兴，成为时代发展必须回答的重大课题。

各种政治势力和组织以及社会名流纷纷提出各自的文化纲领和文化主张，期望以此引领中国发展的道路和方向。以辜鸿铭、陶希圣等为代表的“儒学复兴派”，主张继续用“儒家文化”治国治民，反对英美自由主义、德意法西斯主义、苏俄马克思主义，提出中国本位的文化建设主

张，即儒学复兴主张；以冯桂芬、张之洞、李鸿章等为代表的“中体西用派”，主张以儒家伦理文化为“体”、以西方科技文化为“用”来推动中国发展；以康有为、梁启超等为代表的“儒表西里派”，主张通过“打儒家文化之旗”“行西方文化之实”来实现民族复兴；以胡适、陈序经等为代表的“全盘西化派”，主张高举西方文化大旗，按照西方发展模式全面改造中国社会。这些文化纲领和主张，就其性质来看，分别属于封建主义文化、封建改良主义文化、改良资本主义文化和资本主义文化；就其效果而言，有的一直停留在理论层面，如“儒学复兴派”和“全盘西化派”，有的虽进入实践，如洋务运动奉行的就是“中体西用派”主张，戊戌变法奉行的就是“儒表西里派”主张，但最后都以失败而告终。

直到以李大钊、瞿秋白、毛泽东等为代表的马克思主义派，既反对中体西用，也反对全盘西化，提出了洋为中用、古为今用，批判继承、综合创新的中国共产党革命文化主张，确立了社会主义的价值取向。这是中国文化现代化和近代社会变迁中的一大壮举，我们党用社会主义来引领新民主主义的前进方向，用和平方式完成社会主义革命，用改革开放推进社会主义建设，开创了一条独特的成功发展道路。历史表明，没有我们党的革命文化和社会主义先进文化在中国文化现代化进程中的积极引领，是不可能取得如此伟大成就的，民族复兴的伟大进程“可能还要在黑暗中摸索好多年”。

从现实维度看，中国文化现代化为文化冲突提供了价值主导。我们正处在全球化时代，处在一个文化多样、价值多元的时代。由全球化、市场化、开放化、现代化等多种实践活动共同推动的世界范围内各种不同文化的频繁接触、交流、碰撞、激荡、交汇，造成了普遍存在的、纵横交织的价值冲突。特别是西方敌对势力一直致力于对我国进行价值观念渗透，妄图抢占我意识形态领域阵地，动摇中国特色社会主义的根基，以达到其西化、分化社会主义中国的图谋。世界社会主义运动的经验教训告诉我们，价值观的失落是灾难性的，社会主义的活力在于必须保持价值观的先进性。从苏维埃政权在人类历史上第一次建立社会主义制度至今，社会主义制度已经经历了资本主义100年的围堵和扼杀，能够发展到今天拥有自己的一片天地，最关键的一条就是价值观的阵地没有丢失。

改革开放以来，伴随着社会主义市场经济体制的确立，我国形成了以公有制为主体、多种经济成分共同发展的市场经济格局。在就业形式、分配方式以及利益关系日益多样化的情况下，人们在社会活动中的主体性、差异性和选择性日益增强，必然引起思想观念和行为方式的多样化，价值观也呈现出多样化趋势。当前，我国已经进入了改革攻坚期和各种矛盾凸显期，各种利益关系之间的冲突将进一步增强，各种新的社会问题相继出现，这些都会对人们的思想观念和价值观念产生各种各样的影响。

文化引领着社会变迁的道路和方向，而不同价值取向的文化冲突，交织在一起，则会使社会变迁失去灵魂、迷失方向，走上老路、弯路，甚至歧路。正所谓“夫道不欲杂，杂则多，多则扰，扰则忧，忧而不救”(《庄子·人间世》)，苏联共产党从思想涣散走到组织瓦解，教训是很深刻的。针对社会主义先进文化一元主导遭遇文化多样化的挑战，我们党先后大力推进社会精神文明建设，发展先进文化，构建社会主义核心价值体系，积极培育和践行社会主义核心价值观，推动社会主义文化大发展、大繁荣，实质就是要在坚持社会主义意识形态一元主导的前提下，用社会主义核心价值观去引领多样化的意识形态，凝聚力量、推动发展，这正是中国文化现代化的现实课题和紧迫任务。

(二)为民族复兴提供文化凝聚力

文化凝聚力是人类改造客观物质世界的实践活动发展到一定阶段而出现的一种人类所特有的思想整合现象，在人类社会进步过程中有十分重要的作用。从这个意义上说，中国文化现代化对于民族复兴伟大事业显然是有现实性意义的。

第一，在五千多年文明发展中孕育的中华优秀传统文化是维系全体中国人的精神纽带。文化凝聚力是人类改造客观世界的实践活动发展到一定程度，人的思想意识发展到一定水平，形成“我们”区别于“他们”的文化标志，达到群体成员的内在归属和外在合力而必然产生的一种精神现象。中华优秀传统文化的凝聚力，主要来自两方面。一是对中华民族特有文化特质的认同。如中华民族的“落叶归根”的思想，这是深埋于中华民族每一个人心中的思想观念。连退居台湾的蒋介石在暮年也时常站在海峡的另一端眺望自己的家乡；西安事变发起者张学良的一个遗憾也是没能在老年回到自己的家乡，以偿思乡之苦，等等。中华文化底蕴深厚，已经深深地埋在了每一个中国人灵魂深处，这正是文化所具有的民族情感、民族认同的凝聚力和感召力。二是对中华民族传统道德力量的认同。道德力量是调节人与他人、人与社会关系的内在力量，藏在人们的心中、灵魂的最深处。中华民族绵延不断的五千年文明形成了以爱国主义为核心的团结统一、爱好和平、勤劳勇敢、自强不息的思想和精神，成为根植于心的道德感召和道德约束，无时无刻不在影响着我们。正是有了道德力量的维系，才有了更好的民族文化的凝聚力。中国文化现代化，就是要对中华优秀传统文化中蕴含的广大人民群众认同的仁、义、礼、智、信等传统美德进行创造性转化和创新性发展，大力弘扬中华民族独特的思想和精神，不断培植中华民族共有的精神家园，增强全民族的凝聚力、向心力。

第二，党和人民伟大斗争中孕育的革命文化激发中华民族的觉醒与团结。这里所指的“革命文化”，从内容上看是中国共产党和中国人民在为了实现民族独立和人民解放而进行的伟大斗争中，在不同革命阶段，完成不同革命任务的革命斗争实践中所创造的文化形态，是中国共产党和中国人民革命精神的凝结。从形成和发展时间上看，它酝酿于近代，形成于“五四运动”以后，成熟和发展于新民主主义革命时期。

近代以来，长期孕育在中华民族机体内的深厚的凝聚力，在民族危难的特定历史条件下骤然爆发，并在各民族联合捍卫共同利益的长期艰苦斗争中急剧增强、巩固，最终升华成为各民族心理上一种稳定的自觉意识和崇高精神。鸦片战争两次败于西洋，因对西方国家不甚了解，将失败归结于“器不如人”；待到甲午战败受辱于“蕞尔小邦”，痛心于清廷内政腐败，将失败归结于“制不如人”；待到八国联军洗劫京城，清廷流亡西窜，唯有割地赔款苟延残喘，国人民族自尊心大受打击，认识到非团结奋斗无以图存，于是改良之议息，革命之火起。这就是孙中山先生所谓“近之辱国丧师，翦藩压境，堂堂华夏不齿于邻邦，文物冠裳被轻于异族”[1]，“中国之革命发轫于甲午以后，盛于庚子，而成于辛亥”[2]。中国人使用“民族主义”一词也就从这个时候多起来了，中华民族凝聚力随着革命文化的破土而出也日渐增强。

在新民主主义革命不同阶段，因革命斗争的目标、对象、任务和当时的社会历史条件不同，分别创造生成了区域特色鲜明的革命文化，见证了中国革命一步一步走向成功。例如，建党初期形成的五四精神、红船精神，土地革命时期形成的井冈山精神、长征精神，抗日战争和解放战争时期形成的延安精神、西柏坡精神，等等。在革命文化的孕育下，中华民族空前团结，中国共产党紧紧地和中国人民站在一起，取得了土地革命、抗日战争和解放战争的胜利，战胜了侵略者，打败了强敌，完成新民主主义革命，建立了新中国，开创了中华民族复兴的正确道路，展示了中华民族的光辉前景，为中华民族的凝聚力注入了共产主义的思想内容。年轻的共和国之所以能够在帝国主义的威吓封锁下日益发展壮大，在当今民族矛盾已经成为世界不安定因素的复杂环境中，我们中华民族仍能够坚定团结并聚精会神专注于民族复兴的伟大事业，靠的正是

[1]《孙中山全集》(第一卷)，中华书局1981年版，第19页。
[2]《孙中山全集》(第九卷)，中华书局1986年版，第114页。

这种随着历史发展不断增强的民族凝聚力。

第三，社会主义先进文化是巩固党和人民团结奋斗的共同思想基础。共同思想基础是中华民族文化凝聚力的维系和支撑。共同思想基础不是先在的，也不是根据人的需要由人确定的，而是根源于共同的利益、生长于共同的事业、凝结于共同的目标[1]。

社会主义先进文化的价值立场是以人民为中心，始终强调人民是推动发展的根本力量，实现好、维护好、发展好最广大人民根本利益是发展的根本目的。在中国古代人本主义那里，虽然也强调依靠人、为了人，但仍然强调人分三六九等，对不同的人要区别对待，其真正的目的是为了更好地实现君王统治，带有明显的不彻底性；在西方人本主义那里，虽然西方有比较浓厚的人本主义思想传统，并在近代形成了声势浩大的人本主义思潮和运动，但其主要是从反神学的立场出发，强调以少数精英和英雄人物为本，以个人为本，以人的理性为本，带有明显的唯心史观色彩。社会主义先进文化从根本上解决了“为了谁、依靠谁”的问题，因而与其他文化相比，更能感召人、吸引人、凝聚人，是马克思主义政党及其事业的力量源泉。

社会主义先进文化是中国特色社会主义理论体系的重要内容，是全国各族人民团结奋斗的共同思想基础。中国共产党人在马克思设想的“自由人联合体”社会形态基础上，探索出了建设社会主义市场经济、民主政治、先进文化、和谐社会和生态文明的独特道路，从而找到了理想社会主义在中国独具特色的新的现实形态，清晰地勾画出了我们要共同奋斗的伟大事业的轮廓，成功地把当前中国各个阶层、各个群体的共同愿望有机结合在一起，经过实践的检验，有着广泛的社会共识，具有强大的感召力和凝聚力。

社会主义先进文化的理想追求是社会主义和共产主义，这是由我们党的奋斗目标决定的。马克斯·韦伯分析文化因素对社会发展的影响时

---

[1] 秋石:《巩固党和人民团结奋斗的共同思想基础》,《求是》2013年第20期。

认为，如果一个社会的文化能够把这个社会所有成员的个体追求凝聚在一起，体现他们的意志，那么这种文化就会成为这个社会的所有成员共同奋斗的思想基础，因而具有旺盛的生命力。他的这个观点应验于新教伦理在资本主义取代封建主义过程中发挥了重要作用。社会主义先进文化把我们党和全国各族人民团结在共同的奋斗目标下，全国各族人民就有了团结一心、共同奋进的明确方向，我们党就能够动员和凝聚起最广泛的社会力量，朝着共同的目标不懈奋斗。

（三）为民族复兴提供精神推动力

马克思的文化理论以唯物辩证法为基础，超越了以知识论为特征的近代文化理论的一般模式，认为人们在实践中创造文化，不只是为了认识和解释世界的真实本性，更重要的在于使之转化为物质力量，改造自然，推进社会，完善人生，这正是文化的重要价值所在。

文化现代化直接推动经济社会发展。文化直接推动经济社会发展主要是通过科学和技术知识实现的。科学是指人们对自然和改造、利用自然规律以及社会发展规律的认识，是人们改造、利用自然能力的凝结，是潜在的生产力；技术知识一般是指在生产实践中所形成的方法、技能，是人们改造、利用自然经验的积累，是直接的生产力。一方面，科技的进步使劳动者素质迅速提高，使人类改造自然的能力迅速提升；另一方面，科技的发展促进了人们对自然的探索和认识，扩大了劳动对象的广度和深度，使生产领域愈来愈广。正因为人类在掌握科学知识的基础上改造、利用自然，才克服了盲目性，保持了人与自然协调、和谐的关系。当今时代的工业化、信息化、智能化特征越发明显，科学技术作为生产要素对生产力发展的贡献越来越大，广泛而深刻地影响着经济社会各个领域。

文化现代化在满足人们精神需要的过程中推动经济社会发展。物质需要是人的第一需要，精神需要也是人类的基本需要，而且是在物质需要不断得到满足的基础上逐步发展起来的人的高级需要，满足精神需要的活动也是人类不可缺少的重要活动。为了满足需要，人类生成有意识的活动动机。外界满足人类需要的条件，构成人类有意识的活动动力。文化作为人类在实践中创造的精神成果的总和，既包含着人对物质世界的认识，也包括人对他人和自身的认识，从而产生对人实现自身全面发展的精神需要。文化现代化的过程，从某种意义上说，就是人们对自身精神需要的满足过程；文化现代化的水平，体现着人们自身精神需要的实现程度。文化现代化对人们精神需要的满足，是产生精神动力的直接来源，推动着经济社会发展。

第二章　中国文化现代化的本质要求

在人类现代化进程中，文化处于更深层次，而且也是社会变迁中内容最丰富、过程最艰巨、发展最有活力的因素。中国文化现代化，就是在经济发展、政治变革等因素的决定与影响下，成为民族复兴进程中不可或缺的重要环节，其总体要求是适应民族复兴的需要，建立与工业社会、信息社会相适应并引领其发展的科技知识体系、思想价值观念、行为规范和情感心理，实现中华民族精神的跃升发展。

一、科学和技术知识的现代化

科学的本质在于揭示未知世界的规律，技术的本质在于发明改造客观世界的新方法，它们的共同特点，是通过新的发现，达到新的认识，创造新生事物。因此，创新是科学和技术知识现代化的内在要求。2016年颁布的《国家创新驱动发展战略纲要》做出明确部署，到2050年把我国建成世界科技创新强国，成为世界主要科学中心和创新高地。建设世界科技强国，就是要坚持走中国特色自主创新道路，为实现中华民族伟大复兴的中国梦提供强大智力支持。

（一）科学和技术融合更加紧密

科学和技术从本质上说是两个不同的概念。科学的目的在于认识自然，技术的目的在于利用和改造自然，但当利用和改造自然发展到一定水平时，就必须以认识自然为基础。科学与技术之间的关系从它们的历史发展过程可以看得更为清楚。

在古代，科学与技术大体上处于分离状态，科学对技术的贡献并不突出。甚至在近代科学兴起后的一段时间，科学对技术的影响也没有达到指引技术发展方向的程度。科学与技术缺乏联系，这种情形实际上对科学与技术双方的发展都不利。由于技术的发明和改进缺乏科学依据，通常只能源于偶然的经验发现，也只能以师傅带徒弟的言传身教方式流传下来，因此其发展是缓慢而具有偶然性的；而科学与技术之间的分离也使得科学的发展缺乏强劲的动力。自18世纪以后，技术的产生与发展变得越来越依赖科学，科学理论被用来解释和改进技术，同时人们也自觉地运用“科学方法”来解决技术问题。蒸汽机技术的改进、电力技术的产生和发展、内燃机技术的发明、化工技术的兴起等都得益于科学理论与科学方法。19世纪出现的一系列产业部门，如钢铁、化工、电气等也大多是依托科学成就发展起来的。自从引入科学知识之后，相比于古代技术，近代技术建立在科学知识的基础上，发展大大加速了，导致了近代技术具有某些古代技术所不具备的优点，正是这些优点使得近代技术对社会的影响越来越大。比如，由于近代技术以科学知识为基础，科学的概念、原理成为表达技术的有力工具，技术也第一次得到了客观、精确的表达。不仅如此，借助于科学语言，近代技术能精确地表达于书本、图纸中，通过这些东西能得到很好的保存，后人能从这些书本知识中轻易地复原这些技术。此外，由于近代技术建立在科学的基础上，科学对技术的原理、作用过程能给出详细而深刻的说明，人们也因此对其缺陷能有更深刻的认识，能根据社会的需要对它们进行改进。

现代科学与技术的联系更为紧密，这种紧密的联系表现在两个方面，一方面是大量的技术更加紧密地以科学为基础。如20世纪前期，量子论、相对论的诞生形成了第二次科学革命，继而发生了信息科学、生命科学变革，基于新科学知识的重大技术突破层出不穷，引发了以航空、电子技术、核能、航天、计算机、互联网等为里程碑的技术革命[1]，标志着人类生产力质变的狂飙时期已经到来。另一方面，现代科学也紧密地受到技术发展的引导，技术的发展给科学提出了越来越多的研究课题，提供了丰富的研究资料。同时技术的发展还为科学创造了更多更先进的研究手段。一个明显的事实是，现代的实验技术对现代科学有举足轻重的作用。许多基础性的科学研究比以往更为依赖于先进的技术条件。

总的来说，从科学与技术的历史发展过程来看，科学只有借助于技术才能对人类社会产生深远影响，而技术只有在科学的基础上才能得到

[1] 习近平:《为建设世界科技强国而奋斗》,《人民日报》2016年6月1日，第2版。

更快更好的发展。

（二）科技创新满足现代化需求

当前，世界各国尤其是发达国家纷纷把推动科技创新作为国家战略，面对日趋激烈的国际竞争，我们必须紧紧抓住新一轮科技革命带来的战略机遇，夯实经济社会发展的战略支撑，这是我们党对世界经济、科技发展趋势及其内在规律的准确把握，也是我们党对民族复兴进程科学分析得出的结论。

第一，在重要科技领域跻身世界领先行列。文化现代化要为民族复兴提供有力支撑，内在要求科技创新在世界上引领发展方向，形成领先优势，保持全球科技竞争的战略主动。当前，我国科技创新正处于从量的积累向质的飞跃、点的突破向系统能力提升的重要时期[1]，虽然在主要科技领域和方向上实现了“占有一席之地”的战略目标，但是与国家发展的紧迫需求相比，与世界科技强国相比，我国科技创新水平还存在较大差距，既面临大有可为的重大机遇，也面临差距进一步拉大的风险挑战。按照科技创新的阶梯发展规律，从低到高共有四种创新，即效率式创新、开发式创新、高新技术式创新和颠覆式技术创新，其中颠覆式技术创新是最高阶段的创新，只有到达最后一个颠覆式技术创新才能成为名副其实的领跑者。因此，在重要科技领域实现跨越式发展，实现从跟跑、并跑到领跑的历史性跨越是艰难的。科技创新没有退路，必须在独创独有上下功夫，勇于挑战最前沿的科学问题，提出更多原创理论，做出更多原创发现，力争在重要科技领域实现跨越式发展。有学者对未来50年中国科技在哪些领域可以领跑全球作了预测，主要包括智慧数据、新物理、合成生命、量子跃迁和人机网共融五个领域。

第二，破解一批创新发展科技难题。科技的发展永无止境。到19

[1] 习近平:《为建设世界科技强国而奋斗》,《人民日报》2016年6月1日，第2版。

世纪末期，物理学已能令人满意地勾画出自然现象及其相互关系的图像，并且似乎达到了相当完善的程度。当时有一位著名的科学家在1893年发表演说，认为物理学的所有伟大发现可能都已完备，以后的物理学家们除了重复及改良过去的实验，将再也不会有什么事可做了。可是，就在两三年以后，即在19世纪的最后几年里，一些轰动世界的革命性发现无情地冲击了物理学界的保守观点。人类科技文明的成果使得后人可以站在前人的肩膀上看得更高、走得更远，科技可以使人们以前根本不敢想象的事情变为现实，科技可以让人们实现越来越多的美好的梦想，美国人和欧洲人远远没有把人类的科技创新之路走完。复杂而神秘的生命科学、未来的交通和通信工具、新材料和新能源、物联网、深海世界、遥远的太阳系以外的宇宙、信息世界……这些都有着无穷无尽的空间等着人们去探索。改革开放以后，我国扩大对外开放，加强国际科技交流与合作，积极引进国外先进技术，使中国科学技术发展少走了不少弯路，并且掌握了不少先进技术。同时，我们也更加深刻地意识到，那些最先进的技术，特别是核心技术是买不来的，甚至一起合作创造新的技术，也是不可能的。中国特色社会主义有一个很大的优势就是可以集中力量办大事，在一些重大科研项目上，我国应该充分发挥这一优势实现突破，从而带动整体科技事业的发展。从科技创新的桎梏中解脱出来以后，中华民族完全可以集中力量发挥后发优势，创造出一个又一个足以影响人类生活的科技成果，为建设科技强国提供有力支撑。

第三，服务经济社会发展主战场。科技创新的一个重要环节就是科技成果转化。推动健全科技成果转移转化机制，由科技创新带动产业升级、产业升级促进经济发展、经济发展引领国家富强，是经由文化现代化促进民族复兴的必由之路。习近平总书记指出，科技成果只有同国家需要、人民要求、市场需求相结合，才能真正实现创新价值、实现创新驱动发展。坚持市场机制导向与政府引导、推动相结合的原则，使技术、资本和管理的所有者形成互动，克服资源分散、组织分割的局面，形成国家科技成果转化体系；由推进一般成果的转化转变为重点推进重大战略性成果的转化，从而能够突破制约经济增长的瓶颈因素，能够突破现有的经济增长方式，较好地解决科技与经济、科技与社会两个相结合的问题，促进经济社会全面协调发展；积极推动强化各类创新主体，通过科技成果转化机制建设来强化企业在科技成果转化中的主体地位，为建设世界科技强国营造良好的科技成果转化环境；紧紧围绕科技产业部署科技创新，使科技创新始终围绕经济社会发展需求展开，科技创新价值得到充分利用和发挥。

（三）科学普及适应现代化需要

习近平总书记强调，科技创新、科学普及是实现创新发展的两翼，要把科学普及放在与科技创新同等重要的位置。[1]科学普及是国家和社会利用学校教育、媒体宣传等一定的载体，采取公众易于理解、接受、参与的方式，向人们普及科学技术知识、倡导科学方法、传播科学思想、弘扬科学精神的活动。科学和技术知识的现代化的前提是全民科学素质普遍提高。提高国民科学素质可以通过多种途径，其中科学普及活动是最重要的手段之一。

通过科学普及提高国民科学素质，已在发达国家取得了巨大成功。在科普方面，美国是世界的领跑者。美国近代科学的传播是随着殖民者登上美洲大陆开始的。科学在新大陆上的传播深受英国的影响，与欧洲近代早期的科学传播形态相似，后期的发展逐渐表现出美国自己的特色。独立战争以前，美国的科学先驱富兰克林创办了美洲大陆上的第一份杂志（1741年），并于1743年建立了美国最早的科学组织——美国哲学学会。美国的科普有着广泛的社会参与性，起主导作用的有如下几个主要的方面：大众传媒，即广播、电视、图书、报纸、杂志、电子网

[1] 习近平:《为建设世界科技强国而奋斗》,《人民日报》2016年6月1日，第2版。

络；科学博物馆和科学中心及图书馆；非营利组织，包括各类科学团体和基金会等，这些代表了科普宣传的主要渠道。美国国家科学基金会1999年调查结果显示，公众利用媒体获得科学信息的人数比例是：电视新闻为67%，电视科学节目为59%，报纸为41%，广播新闻为29%，科学杂志为22%；美国有7000多所博物馆，其中科学博物馆和科学中心占1/5左右，有科学中心300个以上[1]。美国政府和社会对科学普及的重视程度以及美国民众的参与程度由此可见一斑，这极大地促进了美国国民整体科学素质提高和美国国际竞争力提升。

在很长一个时期内，我国把科学普及的主要任务限定为扫除科学文盲，这不仅明显地存在着话语权的倾斜和科学知识传递的单向性，而且其主要内容不过是一般的科学知识，有的甚至相当陈旧。同时，习惯性地通过义务教育和高等教育入学率等指标来衡量科学普及水平。比如，有数据显示我国高等教育毛入学率逐步增长，2012年达30%，2013年达34.5%，2014年达37.5%，2015年达40.0%。根据2016年4月教育部首次发布的《中国高等教育质量报告》，预计到2019年，高等教育毛入学率将达到50%以上，中国将进入高等教育普及化阶段。如果单以这个指标来衡量，美国在20世纪末，18—23岁的青年，其高中毕业率达到近80%，高校录取率占适龄人群的65%以上，进入高等教育的大众化时代，我们落后至少20年。

[1] 本书编写组:《科学技术普及概论》，科学普及出版社2002年版，第402页。

二、艺术和情感心理的现代化

艺术是一种很重要、很普遍的文化形式，有着非常复杂而丰富的内容，与人的实际生活密切相关。人们在追求真理，进行各种艺术创造活动时，都伴随着一定的情感心理活动，蕴含着对客观世界的情感评价。也就是说，艺术既以作品形式真实反映生活，又以情感评价裁判生活。由此可见，情感评价是艺术的本质属性和艺术创造的必然要求，它作为一定的价值取向，内含着人的经济、政治、文化、伦理、宗教等社会性需要与态度，以及由此诸多因素形成的对社会生活的心理体验和判断。现代化引起经济、政治、文化等领域的变迁改变了人们的生活方式，艺术作品的表现形式也随之发生改变，其所承载的情感评价实现方式也必然随之改变。

（一）艺术作品现代化

创作优秀作品是艺术现代化的中心环节。把更多思想精深、艺术精湛、制作精良的艺术精品，把最好的精神食粮奉献给人民，是艺术作品现代化的根本任务。改革开放以来，我国艺术作品创作生产取得了显著成绩，已经成为影视生产和图书出版大国。但是，习近平总书记指出的“有数量缺质量，有‘高原’缺‘高峰’”的问题，仍然突出存在。集中全部精力和优质资源，重点打造艺术精品，是响应习近平总书记提出的实现中华民族伟大复兴的中国梦需要文艺繁荣兴盛的核心课题。

着力挖掘艺术作品的思想深度。在文化建设发展中，艺术和哲学社会科学具有不同的表现形式，但在引领思想和价值观方面，具有共同的使命任务。思想是艺术的灵魂，精品之所以“精”，首先在于其思想精深。可见，思想精深是艺术精品的首要因素，创作生产艺术精品，必须把中国精神这个灵魂贯注于艺术创作的各个方面和整个过程，其内涵要求是：聚焦中国梦的时代主题，扎根中国特色社会主义实践，生动反映中国特色社会主义伟大成就，热情讴歌中国人民意气风发奔向民族复兴的精神风貌，凝聚起民族复兴的磅礴力量；培育和弘扬社会主义核心价值观，坚持为人民创作，用人民的智慧激发创作灵感，用社会主义核心价值观主导艺术作品灵魂，让人们在文化熏陶中感悟认同社会主流价值；唱响爱国主义主旋律，坚持唯物主义历史观，旗帜鲜明批驳历史虚无主义，尊重、颂扬为中华民族做出牺牲奉献的历史事实和英雄人物，引导人民树立和坚持正确的历史观、民族观、国家观、文化观；继承和弘扬中华优秀传统文化，秉持客观、科学、礼敬的态度，保持文化自信，坚守文化立场，努力实现中华传统文化的创造性转化和创新性发展，通过艺术的力量使中华优秀传统文化鲜活起来，更富有生命力。现代化的艺术创作要反映落实这些要求，是提升艺术作品思想深度的重要途径。

着力提升艺术作品的艺术高度。好的文艺作品应是内容与形式的统一，既要在内容上体现真、崇尚善，符合主流价值观要求，又要在形式上体现艺术性，符合人民审美的要求。打造艺术精品，必须在深入挖掘思想深度的同时，着力提升艺术作品的艺术高度。艺术精品之所以“精”，不仅在于其思想精深，还在于其艺术精湛。这就要求艺术创作要立足中国特色社会主义伟大实践，融入广大人民群众的生产生活，把艺术创作的根深扎在中华大地上，挖掘采集中国人民奋力推进民族复兴伟大进程最鲜活、最生动、最富有生命力的题材和素材，创作出有血有肉、内容真实的文艺作品，杜绝闭门造车、空洞无物；树立艺术作品的审美标准，用优美的旋律、生动的画面、丰富的表情、曲折的情节、感人的故事等艺术形式增强艺术作品的感染力、吸引力，杜绝虚假煽情、无病呻吟；遵循艺术创作规律，坚持视艺术为生命，有感而发，由心而出，坚持追求质量，精打细磨，宁缺毋滥，杜绝跟风而上、急功近利、粗制滥造的现象，创作出一批广受欢迎、堪称经典的艺术精品。

着力增强运用先进技术手段创作的力度。文艺精品之所以“精”，既在于思想精深、艺术精湛，还在于制作精良。制作精良包括许多因素和要求，运用先进技术手段是重要方面。先进技术手段是科学技术知识现代化的产物，是艺术创作富有时代性的标志。充分运用先进技术手段，不仅能拓展艺术创作的广度和深度，实现传统技术手段无法达到的效果，如电影中的特技动画、立体影视等，而且能拓展艺术作品传播的渠道和空间，更为重要的是能够让人民群众所喜爱和接受。从目前技术手段来看，先进技术手段主要运用于视、听领域，通过高清晰度的画面、超逼真的场景、高保真的音响等，在给人带来视听震撼的同时，也带来美的享受。在这方面，我们与美国等发达国家相比，还有一定差距，这也是提升我们文化产品竞争力的重要途径。

（二）情感心理现代化

艺术创作的使命，就在于影响人们的美感，培养人们的审美趣味，满足人们的审美需求。经济社会的现代化发展改变着人们的生活方式、情感心理，从而引起审美的趣味、要求的改变。因此，情感和心理现代化内在地要求艺术作品要展现中华审美风范，反映中国人审美追求；坚持以人民为中心的创作导向，给人以审美启迪；坚守艺术的审美理想，保持艺术的独立价值。这样，才能真正实现现代化的艺术作品所承载的情感心理与之相适应和匹配。

第一，展现现代审美风范，反映中国人审美追求。形成一定历史条件下的民族情感心理的根本动力是生产力的发展，生产力的发展带来了生产方式的变化，从而引起生产关系的变化，生活于其中的人们由此而产生新的精神追求，使情感方式、思维方式、价值尺度等方面发生变化，民族情感心理也随之而形成。在中华民族情感心理迈向现代化的进程中，贯穿着愚昧与开化两种情感心理的矛盾运动。一方面，是随着社会进步而不断发展起来的民族情感心理中的优秀成分；另一方面，是由于封建统治长期的专制蒙昧所造成的落后保守的劣根性。愚昧未开化的民族情感心理主要表现为对新的科学技术的抵制，对新的生活方式和情感方式的排斥以及对陈腐价值尺度的维护。现代化的洪流就像马克思、恩格斯所说的廉价的商品，可以冲垮一切有形的和无形的万里长城。它对人们的文化和心理也具有强制性，提出了与农业经济、宗法社会完全异趣的要求，要求人们的情感心理适应现代化的工业和信息化经济、民主法治社会。一是对新的技术发明和科学学说不是采取排斥的态度，而是欢迎它、学习它、采用它；二是对新的生活方式和情感方式亦具有兴趣和仿效的热情，至少是抱着一种理解的和宽容的态度；三是对与传统相冲突的新的价值观念不是轻易地加以否定，而是以洞察社会发展未来的眼光和开明态度去考察、理解和接受这些观念。

从民族情感心理发展历程看，浸染着五千年中华文明的民族情感心理，形成了自己的价值取向，尽管在现代化大潮中落后了，但其中的优秀成分，如热爱自然、尊重自然、顺应自然的世界认知，重情爱家、关心集体、心忧天下的家国情怀，包容开放、克己忍让、宽厚大度的处世原则，自强不息、勤俭节约、爱岗敬业的工作态度，等等，对建设社会主义现代化国家仍将发挥重要作用。因此，我们要坚守中华文化立场、传承中华文化基因，展现现代中华审美风范，而不能套用西方理论来剪裁中国人的审美。

第二，坚持以人民为中心的创作导向，给人以审美启迪。艺术作品和人民群众之间，构成价值客体与主体的关系，艺术作品的价值必须通过人民群众来检验、来体现。因此，艺术创作除传播正确的价值理念之外，还要站在人民群众的立场上，坚持“从群众中来，到群众中去”的方法，创作人民满意的作品，才能够给人以审美启迪，实现作品价值。一方面，以艺术的力量实现和维护人民群众的根本利益。歌颂那些为实现和维护人民群众利益做出牺牲奉献的先进人物，倡导弘扬团结互助、甘于奉献、不计名利的社会主义道德风尚；引导人们正确看待矛盾问题、利益得失，既不回避人民群众不满意的方面，又要充分相信人民群众的思想水平和道德觉悟，鼓励他们保持对党和政府的依赖、对社会的信任和对生活的信心，增强战胜困难的智慧和勇气，让人民群众真切感受到作品为谁而作，从而增加人民群众对艺术作品的接受度和认可度。另一方面，以人民群众为师。人民群众是历史的创作者和剧中人，是历史发展最真实可信的见证者。艺术创作者总是在特定的经济社会条件下生活，其艺术创作难免带有一定局限性。随着经济社会条件发展变化，这种局限性会更加的明显。走出局限的唯一办法就是走出自己的小圈子，到人民群众中去，以人民群众为师，向人民群众学习吸取实践的智慧和灵感，感受新的历史发展进程中时代的主旋律，才能创作出符合时代要求、人民群众满意的优秀作品。

第三，坚守艺术审美理想，保持艺术独立价值。习近平总书记强调，文艺不能当市场的奴隶，不要沾满了铜臭气。艺术作品承担着在精神追求上引领和在精神需求上满足人民群众的双重责任，这两个方面都不能忽视。坚持以人民为中心的创作导向，用多样化的艺术形式满足群众的文化需求是必然的，但培养人们健康的审美情趣，提升人们的精神境界，给人民以巨大的鼓舞和美的享受，从而不断增强全民族的精神力量，丰富全民族的精神世界，才是艺术作品应该具有的审美理想，应该秉持的价值追求。艺术作品要引领人民群众的精神追求，就要求艺术创作者在坚守社会主义核心价值观的价值追求、在现实利益冲突抉择面前要高于人民群众，不能单纯被市场利益牵制，热衷用宣扬享受主义、颓废主义等消极和负面价值理念的作品来迎合市场、敷衍群众，把人民群众带入低俗、庸俗甚至恶俗的感官刺激和娱乐享受之中；而是要在满足人民群众精神需求的同时，加强正面引导，提升他们的审美层次和审美能力，使艺术真正成为“引导国民精神的前途的灯火”。

三、政治思想、法律思想及道德规范的现代化

人们在生产实践中结成社会关系，从而形成彼此联系的社会整体。为维护统治阶级意志和社会秩序稳定，每个社会都需要相应的政治、法律、道德思想及规范为社会成员的行为指出一定的方向，形成限制约束。其中，政治思想和法律思想对社会成员的限制约束具有强制性；而道德规范等对社会成员则未必带有强制性。马克思主义认为，各种政治、法律、道德思想及规范都有其产生的社会历史条件和实践基础，并且有自身的发展逻辑，具有相对的独立性。实现中华民族伟大复兴，建设社会主义现代化国家，内在地要求政治、法律、道德思想及规范，既要适应现代化要求，又要符合中华民族文化传统实际。

（一）政治思想现代化

政治思想是人类社会发展到一定历史阶段的产物，是人们认识政治活动的思想成果。近代以来，由于中国的社会性质发生了剧变，传统政治思想没有突破自身局限，无法适应时代要求，逐渐丧失了长期以来作为国家意识形态的统治地位。在马克思主义指导下，中国由传统社会向现代社会演变和转型，政治思想也必然要进行调整。具体来说，可以从以下两个方面来进行分析：

一方面，确定民主法治的目标取向。封建统治在中国延续了两千多年，居于统治地位的儒家思想注重“内圣外王”和“德政”，统治权力和伦理道德的地位凌驾于法律之上，中华传统文化中缺失了法治文化的生成条件。新中国成立后，我国民主和法治建设虽一度有过长足

的发展，但由于“左”的思想影响，法律虚无主义盛行。“文化大革命”中，我国原本不健全的法制建设受到严重破坏，经济、社会为此付出了惨痛代价。改革开放以来，我们党认识到必须处理好“人治”与法治的关系，确立了依法治国的基本方略，把民主和法治作为政治建设的主题和方向，从主要依靠政策治国转向主要依靠法律治国，从主要依靠制度执政转向主要依靠法律执政，标志着我们党实现了执政理念的深刻转变，中国的政治生活逐步走向民主化、法治化。随着现代化进程的不断推进，各种矛盾问题凸显交织，给中国特色社会主义民主政治带来了许多新的挑战。进入新时代，党中央对全面依法治国做出部署，就是要长期坚持、不断发展我国社会主义民主政治，积极稳妥推进政治体制改革，推进社会主义民主政治制度化、规范化、程序化；坚定不移走中国特色社会主义法治道路，建设社会主义法治国家，把我国社会主义民主政治的优势和特点充分发挥出来，为人类政治文明进步做出充满中国智慧的贡献。

另一方面，树立和提高党的政治权威。作为执政党，必须要有政治权威，但这种政治权威必须建立在社会公众的认同、拥护和自愿服从的基础上。在长期的革命建设中，我们党带领人民取得了一个又一个胜利，发挥了不可替代的中流砥柱和领导核心作用，取得了人民群众的信任、拥护和支持，这是我们党政治权威赖以生长的深厚基础。改革开放以来，我们加快了现代化建设的进程，前所未有地接近实现中华民族伟大复兴的目标，但经济利益调整、社会结构转型，特别是社会利益关系的变化，给我党的政治权威带来了挑战。比如，改革开放以来，我国“工人阶级、农民阶级和知识分子阶层”的社会结构发生了巨大变化，其中一部分被有序或无序地吸收入各种社会利益集团，产生了一批新的社会阶层，许多人的思想观念发生了很大变化，还有极少数被西方敌对势力迷惑利用，从过去无条件地信任、崇拜权威发展到怀疑甚至挑战权威，削弱了我党政治权威的社会基础；市场经济在社会发展运行中的“盲目”特性以及不健全的体制和不完善的管理造成的一些社会不公平现象，还有腐败的滋生和蔓延损害了党在人民群众心目中的形象，影响党的政治权威。这就要求我们坚持全面从严治党，调整人民群众的经济、政治、文化等方面的关系，提高党的政治凝聚力，从而提升政党的政治权威性，以团结、调动、影响、号召一切积极力量，推进我国的现代化建设。

（二）法律思想现代化

现代法律思想是市场经济和民主政治的内在法权关系在人的头脑中的自觉的反映，法律思想的现代化主要是指社会成员对法律的基本观念、看法、信仰和态度符合现代文明发展要求的转变过程。社会主义现代化建设，离不开法治的引领和规范；中华民族的伟大复兴，离不开法治的保障和支撑。实现法治化的目标，必须结合我国的国情，加快实现法律思想由传统向现代更新。现代法律思想内涵丰富，主要包括法治观念、权利本位观念、法律正义观念、守法和用法观念、法律责任观念、现代秩序观念和法律国际化观念，等等。我们重点介绍其中三种。

第一，法治观念。法治最初是从治国方式上作为人治的对立面而提出来的，既可以从观念层面上理解，也可以从制度层面上理解，还可以从运作层面上理解。从观念上看，法治观念可以解释为社会主体为适应法治运作与实现应具有的观念。树立何种法治观，是受国情、民情、文化传统制约的，而且有些历史阶段是无法超越的。中国社会人治观念影响深远，人们的守法用法观念、权利观念淡薄，何种法治观念才符合中国现代化建设实际呢？我们认为，一是良法观念。法律是治国之重器，良法是善治之前提。树立良法观念，首要的问题是要确定良法的标准。不能一概认为民主基础上的法就一定是良法。法治秩序中的良法标准一定是民主性与科学性的结合，应包括以下几个方面：是否有利于生产力的发展，是否有利于调动社会各阶级、阶层参与积极性，是否有利于保障社会和谐稳定和人民群众生命财产安全。二是法律至上观念。其基本要义是，法律居于最高地位，不允许任何个人、组织和理论、学说等凌驾于法律之上。坚持法律至上，要防止和克服法律万能论，深刻认识到法律是调节社会关系、维护社会秩序的良器，但不是神器，法律是具有一定局限性的。社会生活中有的问题可以或主要应依靠法律手段解决，大量的问题需要法律和其他手段配合，也有的问题并不需要也不应当用法律手段解决。

第二，权利本位观念。法是具有价值取向的。一般而言，我们认为法律具有权利本位和义务本位两种价值取向。权利本位是指在整个法律体系中，以权利为侧重点和终极关怀，义务从属和服务于权利，义务的设定和分配必须以权利的保护和实现为前提。在我国，早在传说中的蚩尤造法时代，原始法的价值取向就表现为公平、正义，遗憾的是进入奴隶制、封建制社会以后，随着等级制度的确立，法的公平性、平等性便荡然无存了。权利本位，就是和奴隶制、封建制社会的义务本位相对而言的。其基本要求是解决权利与义务以及权利与权力的关系问题，其主要内容可以概括为以下三个方面：一是实行以保护公民权利为目的的法律推理，即凡是法律没有禁止的，都是允许的；法无明文规定不为罪；被控犯罪的人未被依法确定有罪以前，应当被视为无罪之人。二是国家或政府所行使的公权力，首先要有法律上的明确授权，否则为滥用权力。严格地按照法律的规定，确立不同权力之间的分工与制衡关系；国家权力的内容、行使范围、运行方式必须由法律加以明文规定，贯彻越权无效的原则。三是对于公民而言，行使权利不得损害他人和社会利益，否则构成权利滥用。

第三，法律国际化观念。法律的国际化既是中国法律现代化的一种表现形式，也是一种时代走向。法律国际化主要是指在国际交往日益发达的基础上，不同国家的法律相互吸收、相互渗透，在某些方面彼此接近乃至融合，表现为国内法律的创立和运用越来越多地包含国际社会统一的法律原则和惯例的一种法律发展趋势。面对这不可回避的趋势，必须确立相适应的法律国际化观念。一是坚持开放性。中国法律发展史表明，在整个法律现代化进程中，如果依然抱守中华法系的封闭性的残缺观念，以主观上短视和误断来拒斥国际社会协调性或趋同化的思想，不仅会使我国法律现代化丧失“后发性优势”的势能，而且有可能使我国法律现代化发展在国际社会相互依存中丧失趋利避害的机遇。二是保持中国特色。从法律思想的特性和规律来看，法律国际化不等于法律西方化，而且要突出法律发展的独特民族个性。三是尊重国家主权。在现代化进程中，国家不分大小、强弱，在法律地位上是平等的，反对强权政治对法律的染指。

（三）道德规范现代化

道德规范是一定的社会或阶级，从某种社会整体利益出发规定人们在某种社会关系中应当普遍遵循的行为善恶准则。每个时代、每个阶级面临着多少种社会关系，就会有多少相应的道德规范。它与政治思想、法律思想相比，一个重要特点，就是它的调节范围更加广泛，调节尺度更加多元，调节方式更加易于接受，因此成为国家上层建筑的重要范畴。现代化的经济社会发展带来阶层分化，社会关系更加复杂，人们的道德水平不断提高，给道德规范自身发展更新和发挥调节作用带来更加广阔的空间。

第一，保持道德评价标准的科学性、合理性。在人类思想史上，关于道德评价标准主要有道义论、功利论、德性论和实践论四种观点。道义论主张评价道德行为要看行为的动机是否正当，代表人物康德强调“道德完善就是出于义务而履行义务”，中国的孔子也主张人之道应当遵循道义。功利论主张评价道德行为要看行为的结果是否带来利益或损害，代表人物边沁主张道德行为结果带来“最大多数人的最大幸福”，中国的墨子也指出“仁人之所以为事者，必兴天下之利，除去天下之害”。德性论主张将道德评价标准定义为一种稳定的道德原则，如古希腊哲学家把“逻各斯”“理念”等作为“善”的尺度；而宗教领袖视“上帝”或“神”为道德的主宰。这些思想家对道德评价标准的解释尽管各有不同，但有一点是共同的，即都脱离了人的活动的社会历史条件，从抽象的人性出发考察评价道德，力图寻找一种永恒的、普适的道德尺度，是唯心主义世界观主导下的产物。马克思从辩证唯物主义出发，把实践作为认识和把握生活世界的尺度，以实践为准则来评价道德行为。在马克思这里，“实践”其实不是一个绝对的、永恒的标准，而是一个现实的反映和确证的过程。在道德评价中坚持实践观，就是要求深入实际，结合实际，以更加开放的态度去评价道德行为。通俗地说，就是在不同社会，应坚持不同的道德评价标准；在不同的时代，道德评价标准也应做出调整和变化，这就是道德评价标准的历史性、相对性。比如，西方资本主义国家的道德评价标准中注重个人权利的维护和保障，对“见义勇为”这种在中国自古以来就提倡的道德行为认识和接受程度就不一样，他们主张发现问题要及时报警，并不鼓励民众见义勇为。再比如，我国的传统观念认为，一名工人按时上下班，不迟到早退，就被称为“好工人”；一名干部不违纪、不犯法，就是一个“好干部”，就应受到道德的表彰，这样的道德规范标准显然已经不符合现代化经济社会人民群众道德水平的普遍要求。

第二，保持道德规范自我更新能力。作为上层建筑的一个重要范畴，道德规范的产生与更新取决于经济基础的发展变革。如儒家道德规范在封建社会便经历了两汉经学、魏晋玄学和宋明理学等不同形式的发展阶段，通过不断更新调整以适应封建统治需要，这是儒家道德规范能够统摄其他道德思想、在封建社会一直占统治地位的重要原因。现代社会，经济利益主体多元，社会关系日趋复杂，社会分层逐渐增多，道德规范调节范围扩大。一方面，新的社会阶层出现了，新的职业领域产生了，就应辅之以相关的道德规范。比如，针对网络的普及与发展，对“码农”、IT 从业人员以及电商、新媒体行业除了制定法律法规对相关行为进行强制约束外，相关的道德规范建设也必须跟上。另一方面，在现代化进程中，传统道德规范自身也必须迎合时代潮流，实现自身的现代化。因为，作为调整社会关系的行为准则，传统道德规范具有人类社会普遍性、共同性，为全社会所需要的合理因素，需要通过合理的方式继承保留；又是一定经济社会条件下历史的产物，随着经济社会条件的发展变化，其中包含着许多旧的、过时的、与新的时代精神相违背的糟粕因素，对这些必须剔除更新。

第三，保持道德规范运行机制协调顺畅。从外部环境来看，道德规范的良性运行离不开社会其他条件的保障。在和平建设时期就比变革初创时期更容易实现道德规范良性运行；在政治开明的社会也比封闭专制的社会更容易做到道德规范的良性运行，因为开明社会所提倡的自律与自主意识是与终极道德价值相符合的；因为人们的道德素养不同，在相对富裕繁荣的社会要比相对贫穷落后的社会更可能保证道德规范的良性运行。因此，要改善和优化道德规范运行的外部环境，创造合理、有序的社会氛围。从内在机制来看，道德规范主要是通过社会舆论、传统习惯和内心信念三个渠道来发挥道德评价作用的。从这三个渠道发挥作用的方式分别来看，社会舆论反映整个社会对人们行为的一种监督，它表达着社会和集体中绝大多数人的愿望和意志，具有明显的行为约束的优势；传统习惯是人们在社会生活中长期形成的由于重复或沿袭而巩固下来的，一般以民风习俗形式存在，具有稳定性的特点；内心信念是人们遵循内心的准则，对自己的道德行为进行自我评价的精神力量，它通过良心来起作用，是道德约束力的源泉。内心信念是社会舆论、传统习惯发挥作用的前提和基础。没有社会舆论的支持和传统习惯的约束，道德主体往往因为缺乏参照比较而丧失坚持道德行为的信心；而没有个人内心的认同，道德规范因没有强制的约束作为保障，就不可能得到落实。因此，要运用三个渠道，集中发力，综合施策，使道德规范的调节约束作用得到最有效发挥。

四、哲学社会科学的现代化

任何真正的哲学社会科学都是时代精神的精华，其发展水平反映了一个民族思维成熟的程度和对世界探索的深度，体现了一个国家的发展水平。马克思的这一重要观点深刻地揭示了哲学社会科学与时代的密切联系，表明哲学社会科学必须随着时代的发展而发展。中国特色社会主义进入新时代，正经历着广泛而深刻的社会变革，引领着宏大而独特的现代化实践创新，迫切需要哲学社会科学适应现代化要求加快发展。

（一）坚持科学的理论指导

习近平总书记强调，当代中国哲学社会科学是以马克思主义进入我国为起点的，是在马克思主义指导下逐步发展起来的。[1]离开了科学的理论指导，就没有现代化的中国哲学社会科学。对这个问题，可以从以下几个方面理解。

第一，哲学社会科学具有意识形态属性。哲学社会科学以人类自身和人类社会为研究对象，解决人的精神世界、情感、理想、道德情操的问题，研究人类社会从哪里来到哪里去的发展规律问题，是人们认识世界、改造世界的重要工具。人类进入阶级社会以来，任何社会的价值取向都是一元主导与多元共存的统一，任何社会形态都有一种意识形态处于支配地位。以人类自身和人类社会为研究对象的哲学社会科学，不可避免地带有意识形态属性，纯粹的哲学社会科学是不存在的。因此，任何一个社会的哲学社会科学都始终存在着站在什么立场、代表什么人的

[1] 习近平：《在哲学社会科学工作座谈会上的讲话》，《人民日报》2016年5月19日，第2版。

利益、为什么人服务这一根本性、方向性的问题，也就是价值标准问题。这个价值标准，总是存在于哲学社会科学研究者头脑里，这就是我们通常说的从事哲学社会科学研究必须坚持的指导思想。西方资本主义产生和发展的历史表明，它也需要自己的哲学社会科学。恩格斯称赞文艺复兴时期的那些思想家是“给现代资产阶级统治打下基础的人物”。当前，社会上有人反对哲学社会科学的意识形态属性，主张超阶级的哲学社会科学，本质上是企图用其他指导思想替代马克思主义，抢夺马克思主义指导地位，这是一场没有硝烟的斗争。哲学社会科学现代化的关键不在于是不是需要由一种思想来指导，而在于是用马克思主义来指导还是用非马克思主义来指导。

第二，马克思主义具有客观真理性和价值合理性。一种思想或理论是否正确或正当，一是要看是否符合客观实际和客观规律，这是有关“真”的问题，即要区分“真的”和“假的”；二是要看对谁有利，是否符合大多数人的利益，这是有关“善”的问题，即要区分“善的”和“恶的”。符合客观实际和客观规律的，是真的，否则就是假的；符合人民利益、对大多数人有利的，就是善的，否则就是恶的。我们之所以要坚持以马克思主义为指导，就是因为：其一，马克思主义深刻揭示了自然界、人类社会、人类思维发展的普遍规律，是人们认识世界、分析问题的思想武器，是改造世界、推动社会发展的科学工具，具有客观真理性。其二，马克思主义以实现人的自由而全面的发展和全人类解放为己任，代表的是全人类而不是某一阶级的立场，具有价值合理性。其三，马克思主义的生命力不仅来源于它的科学性，而且来源于它与时俱进的理论品质，它不是真理的终结，而是开辟了通向真理的道路。因此，习近平总书记强调指出，在人类思想史上，还没有一种理论像马克思主义那样对人类文明进步产生了如此广泛而巨大的影响。[1]

[1] 习近平:《在哲学社会科学工作座谈会上的讲话》,《人民日报》2016年5月19日，第2版。

（二）构建中国特色哲学社会科学

形成鲜明的特色、气派、风格，是一个国家哲学社会科学成熟的标志。中华民族特有的历史积淀、文化传统、现实国情，决定了中国的哲学社会科学应当有自己的特色、气派和风格。当前，从数量规模上看，我国已经是世界哲学社会科学大国；但哲学社会科学整体建设水平，特别是学术能力和水平同我国综合国力和国际地位还不太相称。因此，加快构建体现中国特色、中国气派、中国风格的学科体系、学术体系、话语体系，形势逼人，任务紧迫。

第一，融通古今中外各种资源。习近平总书记指出，哲学社会科学的现实形态，是古往今来各种知识、观念、理论、方法等融通生成的结果。这就明确了构建中国特色哲学社会科学的宏大视野，就是要融通古今中外各种资源。一是马克思主义的资源。这是中国特色哲学社会科学的主体内容，也是中国特色哲学社会科学发展的最大增量。包括马克思主义经典著作、基本原理、发展历史的研究成果，马克思主义中国化进程中形成的理论成果，尤其强调的是西方马克思主义研究成果和非马克思主义批判的观点也需要借鉴。二是中华优秀传统文化的资源。这是中国特色哲学社会科学发展十分宝贵、不可多得的资源，是增强文化自信，形成中国特色、气派、风格的重要因素，包括对中华传统文化进行创造性转化和创新性发展的文化成果。三是国外哲学社会科学的资源。这是中国特色哲学社会科学的有益滋养，包括世界所有国家哲学社会科学取得的积极成果。

第二，以正在做的事情为中心。哲学社会科学的使命是人类文明的传承和社会发展的进步，要直面并回答人类社会发展面临的理论和实际问题，在解决这些理论和实际问题的过程中才能获得自身的发展繁荣。哲学社会科学如果脱离时代，就会对社会实践产生误导，要么苦苦探索没有出路，要么狂飙突进祸国殃民，这在我国现代化进程中都有现成的教训；哲学社会科学如果缺乏问题意识，就会对社会实践失去作用，成了看上去很美的“学术体操”表演和无意义的“话语生产”。以正在做的事情为中心，回应和解决现实问题，是每一个时代哲学社会科学工作者的责任和使命。中国特色哲学社会科学现代化，就是要紧紧围绕中国特色社会主义进入新时代呈现的一系列时代特征和时代要求，用发展的理论指导发展的实践；就是要以中国正引领着世界上宏大而独特的现代化实践创新为舞台，解读这个奇迹背后蕴含的先进思想精神和伟大理论创造，彰显中国特色哲学社会科学的特色、气派和风格。

第三，整体构建哲学社会科学体系。中国特色哲学社会科学具有系统性、专业性的特点。从要素构成上看，中国特色哲学社会科学体系是包括学科体系、教材体系、学术体系、话语体系、人才体系等在内的系统工程。其中，学科体系是支撑，要按照基础学科健全扎实、重点学科优势突出、新兴学科和交叉学科创新发展、冷门学科代有传承、基础研究和应用研究相辅相成、学术研究和成果应用相互促进的要求推进建设，实现突出优势、拓展领域、补齐短板、完善体系的建设目标；学术体系是核心，包括当代中国哲学社会科学具体学科中有代表性的学术观点、学术人物、学术研究方法、学术评价体系、学术社会影响、学术传承和学术风气等内容，是我国哲学社会科学界学术能力和学术水平的集中体现；话语体系是目标，要加强理论创新，善于凝练、总结、提升、表达中国经验、中国实践和中国人特有的理论智慧，提炼标志性学术概念，打造具有中国特色和国际视野的学术话语体系。

第三章　中国文化现代化的历史探索

近代以来，中国社会变动剧烈，古今中外文化空前交汇，不同的文化形态、文化类型、文化流派、文化思潮、文化运动，竞相登场：既有封建专制主义旧文化，又有资本主义新文化；既有本土的民族文化，又有舶来的西洋文化；既有偏重历史传承的民俗文化，又有伴随新式工商业产生的大众文化。在中国打开国门寻求现代化的征程上，文化以自己的方式探索现代化之路，回答了“中国向何处去，中国文化向何处去”这个根本性问题，在蜕变与新生中影响和引领着中华民族阔步前进，走向复兴。

一、洋务运动与科学思想的觉醒

17世纪中叶至19世纪中叶，西方主要国家相继走上了工业革命、确立资本主义制度的现代化道路，快速实现了从农业文明向工业文明的转变。而中国，却正处于盲目自大的封建统治泥淖中裹足不前，政治腐朽，经济、军事落后。经历两次鸦片战争失败的冲击，感到统治阶级地位受到威胁的少数实权人物终于对中国的落后状况有了清醒的认识，发起了学习西方科技，旨在“求强”“求富”的洋务运动，开启了科学思想的觉醒之门。

（一）科学思想觉醒的历史文化背景

晚清科学思想觉醒的前奏，可以溯源于明清交替之际的经世致用思想。作为一种学术精神，经世致用思想一方面以服务现实社会为学术研究的根本目的，这是它的学术基本宗旨，在这个意义上，它强调的是学者应当志存高远，胸怀天下，特别是要把自己的学术人生与民族国家的命运结合起来，为国家的富强和民生的进步而不懈努力，并由此实现自己的人生价值；另一方面，体现为一种理论联系实际、实事求是、学用结合、学以致用的治学态度和治学方法。从总体上讲，晚清科学思想的觉醒，是少数地主阶级知识分子对封建统治内忧外患交织的历史经验反思。

经世致用是儒学内部的一种思潮，这种思潮源于儒家追求修齐治平的理想抱负。为此，历代有所作为的儒生都把“经世致用”作为自己奋斗的信条，以儒学基本价值理念为遵循，致力于解决当时社会存在的现实问题。这种思潮不绝如缕，只要儒学被视作统治思想，几乎就可以找到它的影子。但它引起人们的关注，通常都是由社会腐败现象特别是社会危机严重时，一些士大夫之中的有识之士所发起的。明清之际是朝代更迭、社会剧变的时代，随着社会政治、经济状况的急剧变化，空疏的学风为许多有识之士所批评，已经出现了一股崇尚实学的潮流。顾炎武、王夫之、黄宗羲等思想家倡导学术研究要关注现实，解决社会实际问题，以增进国家治理、民生安定、社会改良。这一思想强调知识的政治价值和知识分子的现实担当，体现了中国传统知识分子讲求功效、务实的思想特点和“以天下为己任”的情怀。鸦片战争后，为挽救民族危机，传统的“经世致用”思想被一些先进的知识分子发扬光大，比较有代表性的是魏源提出的“师夷长技以制夷”的思想。魏源的思想引起了上层封建统治者的注意，为了巩固统治地位，由曾国藩、李鸿章、左宗棠等发起并实施了以学习西方科学技术为主要目的的洋务运动，既宽慰了顽固派所维护和遵循的儒家修齐治平传统，使得危机四伏的晚清统治得以延续；同时又达成了学习引进西方科学技术，发展经济、军事以“自强”“求富”的目的。正是有了经世致用的历史文化背景，以学习西方先进科学技术为主要内容的洋务运动才得以顺利实施，从而引起思想文化领域的变革，科学思想正是在这场变革中应运而生的。

（二）科学思想觉醒的现实时代要求

19世纪末，伴随着西方列强用以叩开中国大门的坚船利炮，西方的文化也随之传入了中国，经过工业文明浸染的西方文化给中国人开辟了一片思想的新天地。面临着民族矛盾加剧、内忧外患交织的困境，中国的封建统治者不得不开始睁眼看世界，主动引进西方科学技术，效法西方制造“坚船利炮”，著书、译书、派遣学生留洋等，近代西方科学思想冲击着中华这个古老国度的各个角落，导致这场以发展经济、壮大军事力量谋求自保自救为主要目的的改革运动，卷入中西文化的碰撞之中。从形式上看，洋务运动是晚清政府在天朝神威败落之后，为自保自救而不得已做出的一种被动反应；从思想层面来看，洋务运动也是中国传统的“经世致用”思想在中西文化撞击中由理论走向实践的首次尝试。所以，科学思想在洋务运动时期得以觉醒，是现实的时代要求，是历史的必然与可能的统一。

从洋务运动本身的内容来看，单纯引进西方科学技术和先进机器设备等并不足以引起科学思想的孕育、产生和传播，然而，引进西方科学技术和先进机器设备后出现的应用型人才缺乏，是科学思想在中国得以迅速传播和应用的现实需求。由于我国封建科举制度下培养的多是饱读诗书的经学人才，从事“奇技淫巧”的技术人才寥寥无几，且在社会上得不到尊重。随着西方科学技术和先进机器设备大量引进，因技术人才缺乏，如何掌握和运用先进技术设备成为洋务运动顺利推进的难题。洋务运动初期，洋务派主要采取借助西方力量的办法，高薪聘用西方科技人才作为顾问、工匠和教官。由此带来的后果是，一方面耗资巨大，增加了财政负担；另一方面先进技术仍然被西方垄断，处于受制于人的尴尬境地，离“自强”“求富”的初衷相去甚远。李鸿章对此深有体察，不止一次说过引进外国机器设备，或请洋师、洋匠，只能是“目前计”，而非“久远计”，必须自我制造。而且，随着西方先进机器设备的大量引进和国内买办企业的迅速增加，对应用型技术人才的需求量也越来越大，依靠高薪聘用西方科技人才已经不能满足需求，技术人才的匮乏已经成了遏制洋务企业发展的瓶颈。为了应急之需，洋务运动由引进技术装备的器物层面进入引入科学思想、培养实用人才的文化层面。因此，可以说科学思想的觉醒也是在顺应洋务运动的现实时代要求下产生的。

（三）洋务运动的文化反思

洋务运动作为近代中国“自强”“求富”的历史过程，在文化层面促进了科学思想的觉醒，推动了中国文化现代化进程。但在封建统治和西方列强的双重压迫下，其对文化现代化的探索只是浅层的、初步的。

一方面，科学思想的觉醒改变了人们的传统观念。在封建传统观念中，农业是民生安定、赖以生存的根本，工商业被视作“奇技淫巧”，得不到重视。读书人胸怀天下，为了“学而优则仕”而饱读诗书，忽视了对自然科学知识的探索和学习，这是中国封建知识分子的一大缺陷。洋务运动兴起以后，人们看到并接受了西方国家通过科学技术找到发展经济、繁荣工商、实现国家富强的道路的事实，科学思想在传统与现代的对比、中方文化与西方文化的较量中，在中国人的思想中扎下了根。在科学思想的推动下，一批拥有资本的官僚和地主改变了传统的投资于土地的做法，而投资于近代工商业，一些资本雄厚的手工作坊主也转而兴办新式工厂。一些渴望成才的儒生也从经史子集中走了出来，进入各类新式学堂学习自然科学和军事科学。在第二章中我们已经分析了我国近代以来与西方的技术差距越来越大的原因，就是我国没有在近代兴起西方那样的科学。因此，在洋务运动中觉醒的科学思想，对当时处于落后挨打境地、渴望“自强”“求富”走上现代化之路的中国来说，其积极意义是显而易见的。

另一方面，科学思想的觉醒是文化最表层的现代化探索。文化生态学的观点认为，文化是以人为圆心，按照信仰信念、习俗规范、艺术情感、科学知识四个层次由内向外组成的同心圆系统。文化要素越接近圆心，对人的影响越大，受自然界影响越小，性质也越稳定。文化的现代化实质上就是文化的变革，从科学知识这个最表层文化要素开始文化现代化探索，是洋务运动所处的经济政治环境与文化现代化自身规律共同作用的结果。处于封建统治下的洋务派，既要维护封建统治指导思想的正统地位，又要在不触及根基的情况下引进西方科学技术，其对由科学思想武装起来的工业文明的认识，只能是逐步深化、由表及里的一个过程。在由坚船利炮所带来的中西文化冲突中，一开始只能是最直观的器物层面，第二层次是生产这些先进机器设备的科学技术，然后才能到达培养掌握科学技术、使用先进机器设备的应用型技术人才所需的科学思想层面。这也是因为科学思想的觉醒，是代价最小、痛苦最少地接受西方现代文明的途径。要想突破科学知识的层面去感悟西方富强和中国积弱的原因，就涉及动摇封建统治根基的文化界限了。洋务运动引发了科学思想觉醒，经过洋务运动的成就与失败的洗礼，为产生要求变革中国政治制度的维新思潮奠定了基础，是中国文化现代化向深层次探索的“准备和借鉴”。

二、资产阶级改良、革命与新的政治思想的出现

洋务运动引进西方科学技术，兴办企业工厂，加速了中国资本主义生产关系的诞生，中国资产阶级得以快速发展。为了挽救危机之中的中华民族，中国资产阶级在很不成熟的条件下迅速登上政治舞台，他们发现仅靠科学思想觉醒、改进科学技术并不能挽救中国，必须效法西方变革政治制度，把文化现代化的探索从科学知识向政治思想的层面深入一步。1898年维新运动，是中国资产阶级改良主义的初次尝试，没有成功；1911年辛亥革命，结束了统治中国几千年的君主专制制度，虽然没有改变旧中国半殖民地半封建的社会性质，但打开了中国进步的闸门，传播了民主共和理念，极大地推动了中华民族思想解放，以巨大的震撼力和影响力推动了中国现代化进程。

（一）资产阶级改良主义的文化探索

早期改良主义思想家同洋务派有着千丝万缕的联系，或多或少地参与支持洋务活动。后来，改良派的主张与洋务派的主张分歧增大增多，随之逐渐分化出来。中法战争特别是甲午战争后，以康有为、梁启超为代表的改良主义思想家认为洋务派只引进西方的船炮技艺，拒绝学习西方的政治制度，是遗其大体，得其皮毛，其结果是内政外交两头都糟。他们深切感到：守旧肯定不行，而推行洋务运动也不行，因此必须另行寻求中国富强的道路。于是，他们著书撰文，宣传维新改良思想主张，极力将他们接触到的西方政治社会学说介绍到中国。

在政治思想上，改良主义要求改变封建的君主专制政体，实行君主

立宪。如果说两次鸦片战争被西方列强打败，还可以从种族的不同上寻求心理安慰与平衡的话，那么在甲午战争中被与自己同肤色且有相似文化根基的日本打败，当时国人特别是持改良主义的维新派是难以接受的。有识之士在对比同时代的中国洋务运动和日本明治维新时发现，日本致力于政治制度的改革打败了中国只引进西方科学技术的洋务运动，要求仿照西方资本主义国家，设立议院，实行君主立宪。改良主义思想家们认为君主制“权偏于上”，民主制“权偏于下”，都有弊端，“君民共治”即君主立宪制“权得其平”，最为理想。他们对设立议院寄予很大的期望，把它看作是治国的本源，立国的根本。在文化主张上，经世派、洋务派以及早期的改良派搞“中学为本，西学为用”，改良派则推崇“西学中源”，即西方的科学技术是从中国传过去的，引进西方科学技术只是“以中国本有之学还之于中国”，把“中体西用”对西方文化的限制打开了，自由、平等、民主之类的思想都可以在中国“古已有之”的招牌下引进，为改良政治制度进行了文化准备。

（二）资产阶级革命的文化探索

鸦片战争以后，中国在受到西方政治军事冲击的同时，也给中国当时的志士仁人以思想上的巨大冲击，西方近代革命思想开始传到国内思想界，民族资产阶级作为一支独立的政治力量开始登上历史舞台。以康有为、梁启超为代表的民族资产阶级上层作为改良派企图采取不流血的和平手段，自上而下改革，通过君主立宪的道路，把中国变成一个新兴的资本主义国家，没有取得成功；以孙中山为代表的民族资产阶级中下层作为革命派主张以革命的方式推翻封建统治，建立资产阶级民主共和国。时代思潮的变化反映到文化上，文化的民族性问题越来越受到重视，把“三民主义”作为革命派的政治思想和文化主张，即通过民族主义完成民族革命，通过民权主义完成政治革命，通过民生主义完成社会革命。

辛亥革命作为中国近代社会政治发展的一次重大改革，改变了人们传统的政治思想观念，引起了社会大众的强烈反思，并从文化层面促进了政治思想和文化传统的转变。一是从“主权在君”到“主权在民”的转变。中国传统封建社会中君主代表了至高无上的权利，君臣之间有着明显的差距，君主控制着臣民享受自由和平等的权利。这是我国封建社会典型的政治特点和文化传统。革命派明确提出“国家之本，在于人民”，随着革命结束了统治中国几千年的君主专制制度，表明权力不再由皇帝一人独揽，“主权在君”的政治思想和文化传统已经结束。二是从“人治”到“法治”的转变。在中国封建社会，受传统儒家伦理道德影响，社会的管理与稳定是靠“王法”和“家法”来实现的，“人治”特征明显。革命派把现代化的法治思想应用于政治实践，制定和颁布《中华民国临时约法》，在保障基本人权、发展工农商业、改革教育制度、倡导移风易俗等方面都制定了相应的法律规范，通过法律法令推进社会变革。三是从“政治冷漠”到“积极参与”的转变。儒家伦理秩序将封建统治下的民众牢牢地绑在政治权力的底层，广大民众既没有政治参与的权利，也没有政治参与的渠道。为了巩固统治地位，统治者还会采取一些强制手段禁止普通民众议论、集会、请愿等。广大民众为了保全自己，对政治都极为冷漠，认为那是皇帝大臣和官僚的事，与己无关。正是长期生活在这样的封建政治生态环境下，到了近代，广大民众才对民族危机表现出麻木不仁。鲁迅将这种状态下的中国民众心理描述为“阿Q精神”。革命派打出“民族、民权、民生”的旗帜，号召广大民众团结起来为自己的民族、自己的权利、自己的利益而共同战斗，在一定程度上唤醒了广大民众的主体意识；革命成功后制定的《中华民国临时约法》规定每一个公民都拥有自由言论、结社、著作以及集会的权利，发表自身的想法和意见，参与到会议选举中去。辛亥革命虽然未能使中国的政治思想完全转型，但唤醒了沉睡中的中国人，广大民众民主、自由、平等的思想开始生发，促进了中国政治思想和文化传统变迁。

（三）资产阶级改良、革命的文化反思

改良运动与辛亥革命同属于近代中国资产阶级变革社会制度的政治运动，是中国资产阶级变革社会制度的两个历史阶段，推动了文化现代化进程，促进了社会进步。但由于阶级和历史的局限性，他们对文化现代化的探索和理解是机械的、不完整的。

对西方文化的机械套用挽救不了民族危机。按照张岱年的观点，资产阶级改良派所持“西学中源”说本身是一种文化观见解，而不是一种文化主张。在经世派、洋务派和早期改良派那里，它只是“中学为体，西学为用”说的补充和文化观上论证的工具。在中西文化会通层面，改良派看不清文化的生成发展以及文化与经济、政治、社会相互作用规律，不承认文化时代差别和民族差异，机械地把西方文化拿来为我所用，构筑了一套不中不西的思想体系，因此失败衰落是不可避免的。其根本原因在于，与封建经济政治制度相适应的农业文明已经过时，与西方工业文明具有不相容性，如小农经济与资本主义工商业具有不相容性，封建伦理纲常与民主政治具有不相容性，文化上的专制主义与发展科学具有不相容性，等等。这些不相容性表明，中国传统文化没有驾驭利用西方文化的能力，在与西方文化碰撞中，文化上的代差必然引起激烈的冲突。在具体的文化应用层面，因西方文化中机械唯物论、庸俗进化论符合了中国资产阶级改良派的政治要求，成为他们的主要思想武器。他们用生物进化的观点来解释社会现象，认为生物进化只有渐变没有突变，社会发展也只能在不断改良完成量的积累中实现，靠革命的暴烈手段无法实现社会发展和进步。对西方文化机械套用有代表性的是康有为的“三世说”，一方面，他提出了一系列具体的改革主张、建议、措施和方法，要求通过缓和的改良促成并推行变法；另一方面，他写出

《新学伪经考》《孔子改制考》，把资产阶级民主、人权之类的思想强加给孔子，把孔子装扮成一个资产阶级维新运动的先祖。在这个体系里，孔子在一定程度上被现代化、西化了，因而远离了历史的真实；而民主、平等的资产阶级思想被塞进了儒家思想古色古香的“大同”套子里，它们与封建伦理道德、封建地主阶级“天人合一”的社会理想之间的尖锐对立被磨平了。

缺乏充分的理论准备，没有形成完整的思想体系。客观上讲，19世纪末20世纪初，是一个急剧变化的时代，改良派和革命派忙于政治斗争，来不及做好理论上的准备。辛亥革命之前，虽然革命派做了很多的政治宣传鼓动工作，但时间太过仓促，内容也非常抽象，没有时间和力量进行详细的理论解释和说明，在顽强的封建主义思想堡垒面前，显得比较生涩和幼稚。辛亥革命时期，世界已进入帝国主义时代，以马克思主义为指导的世界无产阶级革命已经具有规模，马克思主义已经随着工人阶级运动的高涨而得到普遍传播。以庸俗进化论、机械唯物论为理论基础的改良主义随着变法维新运动的失败已经过时，在此基础上革命派继续进行探索，但在马克思主义的科学真理面前，他们缺少无产阶级那样的理论清醒，始终未能建立起独立而完整的思想体系。理论上的盲目使革命派在残酷的现实面前一次次碰壁，最后不得不回到脱离现实的唯心主义那里寻求自我安慰。中国古代唯心主义哲学，印度的佛学，都曾经充当过资产阶级革命派的思想武器。比如，表现蓬勃上进革命精神的著名思想家章太炎，在很短时间内就转而接受了以佛教为基础的唯心主义哲学，认为传统的儒学和西来的新说都不能解决问题，只有精致的佛教哲学才是救世的法宝。

三、“新文化运动”与中国文化现代化的深层反思

从逻辑上说，中国传统社会的现代化进程，在物质、制度层面变革失败之后，思想观念变革的条件已经成熟；现代化进程也只有到了思想观念层面，才能巩固并进一步引领物质、制度变革的成果。“新文化运动”正是一场思想观念的革命，以完成洋务运动、资产阶级改良和革命以来中国社会走出传统、走向现代的过程。

（一）“新文化运动”推动文化现代化向价值观念层面深入

虽然自鸦片战争后中国不甘沉沦的有识之士对文化现代化从科学知识层面、政治思想层面进行了有益探索，进行了一次又一次改革和革命实践，但民族独立、国家富强的愿望始终没有实现。对此，先进分子们经过反思后认为，这些文化现代化的探索都是在文化某一具体方面展开的，虽然具有一定的合理性，推动了文化进步，却没有触及文化的主体——人，没有认识到国民价值观念的改变才是完成国家现代化的前提和根本，开始对国民性进行总体性和自救性的理性批判。

日本近代大思想家福泽谕吉认为，一个民族要崛起，要改变三个方面：第一是人心的改变，第二是政治制度的改变，第三是器物与经济的改变。这三个方面的顺序，应该先是心灵，再是政治体制，最后才是经济。我们把这个顺序颠倒过来，表面上看是捷径，最后却没有走通。因此，活跃在“新文化运动”一线的先进分子，视伦理问题为当时社会最大的问题，认为如果国民在伦理观念上不能觉悟，以前所有的觉悟都

是不彻底的，即“伦理的觉悟，为吾人最后觉悟之最后觉悟”。[1]鲁迅在《文化偏至论》中指出，西方的现代化是从人的启蒙和解放开始的。欧美资本主义国家之所以能够率先走上现代化道路，不仅是由于率先实现了工业的进步，建立了民主政权，其首要原因是率先实现了人的现代化。[2]而历数中国近代以来的变革和革命，都忽视了对人民群众这个最广大群体的启蒙和开化，虽然封建统治被推翻了，但广大国民的价值观念仍然是封建的、传统的，他们缺乏对现代化必要的关心和参与，仍把挽救民族危亡、求富求强的愿望寄托在圣君贤相或少数先进分子身上。从唯物史观观点来看，人民群众才是历史的创造者，少数英雄人物或者先进分子无论是引进西方先进科技，还是强行移植西方民主政体，都无法同强大的封建守旧势力相抗衡，无法找到民族复兴的正确出路。其后果，不是变革措施无法得到有效实施，就是革命的果实被封建势力篡夺。现代化的历史必须由人民书写。为唤起国民觉悟，促进广大国民封建传统价值观念更新，从1915年开始，以陈独秀为代表的一批启蒙思想家以《青年杂志》为主要阵地，以“民主”与“科学”为武器，旨在批判根深蒂固的腐朽封建文化，发起了“新文化运动”，由此，中国文化现代化便从之前的政治思想层面推进到了价值观念层面。

（二）“新文化运动”推动了中国文化转型

随着先进分子对文化的理解更加全面而深入，“新文化运动”推进文化现代化的面貌较之以前也焕然一新，与洋务运动、资产阶级改良和革命相比，已经有了明显的进步，使中国文化的表现形式、基本性质，特别是价值取向发生了根本变化，加速了中国文化现代转型的进程。

[1] 陈独秀:《吾人最后之觉悟》,《中国近代启蒙思潮》中卷，社会科学文献出版社1999年版，第8页。

[2] 周建超:《“五四”启蒙与文化现代化》，人大复印报刊资料《中国现代史》2002年第2期。

从“新文化运动”的表现形式来看，文化的要素更加多元，对经济、政治、社会的影响趋于整体化、全面化。陈独秀认为，文化包含着科学、宗教、道德、美术、文学、音乐这几样；新文化运动，是觉得旧的文化还有不足的地方，更加上新的科学、宗教、道德、文学、美术、音乐等运动。[1]除了对文化要素的理解认识更加丰富多元以外，当时先进分子有一个普遍的共识，即“新文化”必须扩大到社会的方方面面。比如，“新文化”应该是“人生的新倾向”和“思想的新方法”的结合，在“新倾向”“新思想”的共同作用下，“新文化”的内容就由教育、学术、文艺、道德、制度等方面构成；“新文化”是属于绝大多数民众的文化，而不是少数特殊阶级或少数社会精英的文化，内容应该包括社会生活、全人类生活，等等。文化渗透进社会的各个领域、各个阶层，与中华民族的前途命运更加紧密地结合起来。

从“新文化运动”的基本性质来看，中国文化由旧民主主义文化转变为新民主主义文化。“新文化运动”中，先进分子吸取洋务运动、资产阶级改良和革命对封建文化存有幻想，导致各种救国方案失败的教训，将斗争矛头直接指向封建文化。对儒家文化尤其是它的伦理精神的批评声音更加激烈，传统儒学的意识形态统治地位随着传统文化向现代文化的转型而开始彻底动摇，走向全面崩溃。毛泽东在对“五四运动”所进行的文化革命对象和任务进行分析时认为，这是中国有史以来第一次反对封建文化的运动，具有彻底性、坚决性。[2]因此，他认为中国的新文化以“五四运动”为界，之前的文化属于资产阶级的旧民主主义性质，之后的文化属于无产阶级的新民主主义性质。[3]正是由于“新文化运动”反对封建文化的彻底性，改变了中国文化的发展方向和中国文化的性质，中国文化由旧民主主义文化转变为新民主主义文化。中国文化

[1] 陈独秀、李大钊、瞿秋白:《新青年》(第七卷下)，中国书店2011年版，第2页。

[2]《毛泽东选集》(第二卷)，人民出版社1991年6月第2版，第700页。

[3]《毛泽东选集》(第二卷)，人民出版社1991年6月第2版，第698页。

性质的改变，是中国文化现代转型的重要标志。

从“新文化运动”的价值取向来看，马克思主义成为有力的思想武器。面对辛亥革命后中国社会的黑暗和动荡，先进分子们借鉴西方资本主义国家的现代化经验，把民主与科学作为核心价值理念，打起中国现代化的文化旗帜，期望以此找到民族复兴的正确道路，实现救国图强理想，把中国推向现代社会。然而，国际国内形势的变化让这些先进分子改变了思想认识。第一次世界大战给世界造成的灾难性后果将资本主义制度的弊端暴露无遗，资本主义方案在中国行不通，让不少先进分子心生沮丧；而俄国十月革命的胜利让“新文化运动”中一些激进的民主主义者看到了另一种方案，主张向俄国学习，用科学社会主义来拯救中国。他们开始用马克思主义作为观察国家命运的工具，为社会主义思潮广泛传播开辟了新路，使社会主义思潮为广大人民群众所接受成为可能。从此，越来越多苦于寻求救国方案的人们，自觉接受并主动坚持以马克思主义为指导，紧密结合中国实际探索中华民族伟大复兴的正确出路，这是中国文化现代化的伟大转折。对我国的新文化运动，西方学者也给予了很高的评价，美国著名哲学家杜威认为：“正是这场新文化运动，为中国的未来奠定了一块最牢固的希望的基础。”[1]

（三）“新文化运动”的文化反思

“新文化运动”是一场深刻的思想启蒙运动，打开了20世纪初中国思想解放的闸门，为马克思主义在我国的传播和中国共产党的诞生准备了思想、文化和人才条件。由于历史和阶级的局限性，“新文化运动”虽然在排斥旧道德、改革旧文学方面取得了明显成绩，但在创造新民族、建设新国家方面收效不甚明显。分析原因，主要是“新文化运动”

[1] [美]微拉·施瓦支:《中国的启蒙运动——知识分子与五四遗产》，李国英等译，山西人民出版社1989年版，第10页。

的干将们没有科学理解运用马克思主义，过于急躁、激进，出现了形式主义的偏差；缺乏发动和教育群众的手段，其范围仅仅限于学校、知识分子，而广大人民群众并没有受到触动和影响。

对传统文化的批判存在简单偏激之弊。“新文化运动”的许多领导人物，还没有用马克思主义武装起来，他们还是使用资产阶级的方法，也就是用形式主义的方法看问题，所谓坏就是绝对的坏，一切皆坏，所谓好就是绝对的好，一切皆好。他们看不到文化的继承性、连续性，对中国传统文化采取了简单否定的态度；看不到文化的差异性、民族性，对西方资产阶级民主和科学文化采取简单套用的态度；看不到文化的渐进性，把政治革命的方法用于文化运动上，并不能引起文化的突变转型；看不到文化赖以生存的经济和社会根基，仅限于对封建思想文化的批判，没有对产生这种思想文化的封建经济基础和政治基础进行剖析，无法撼动封建思想文化的根基。比如，批判封建帝制，但没有深入批判君权神授的唯心主义思想；批判“三纲五常”，但没有深入批判封建的宗法主义思想；批判贵贱尊卑，但没有深入批判封建特权主义思想。因而这场文化运动的深刻性和彻底性受到了限制。

“新文化运动”没有延伸至社会底层、广大农村。上文已经提到，“新文化运动”中，部分领导人物已经认识到要通过“新文化运动”扩大民主和科学思想的普及范围，从而变革广大国民的思想观念，才能克服之前资产阶级改良和革命运动的局限。虽然这场文化运动也提出了“平民文学”的口号，特别是在开设平民学校、提倡注音字母、推行白话文、举办通俗讲演、出版新图书、创立新刊物等方面也做了很多工作，但实际上这个“平民文学”的范围只限于知识分子阶层，而且主要集中在有文化传播和普遍教育条件的城市。加之当时的社会动荡不安，百姓民不聊生，多数国民为了生计疲于奔命，推广“平民文学”的条件并不成熟。特别是占国民绝大多数的广大工农群众，一直处在“新文化运动”所能影响的范围之外。正是出于这个原因，受马克思主义影响的毛泽东看到了广大工农群众中蕴藏着推动社会发展进步的巨大力量，他们才是历史的主宰，从而倡导知识分子深入工农群众，走与工农群众相结合的道路，为我们党制定正确的群众路线提供了有益借鉴。

四、新民主主义文化建设与中国文化现代化的整体推进

中国共产党成立后，中国的无产阶级由自在的阶级转变为自为的阶级，登上了历史舞台，表现出了新的政治力量和经济力量，肩负了新的文化使命，给中国文化现代化注入了全新的文化内容，改变了中国文化现代化的格局。以《新民主主义论》发表为标志，以毛泽东为代表的中国共产党人，全面具体地阐明了党在整个新民主主义时期所实行的经济纲领、政治纲领和文化纲领，达到了前所未有的理论高度。新民主主义文化在中国共产党带领人民争取民族独立、人民解放的革命斗争中诞生、成长和成熟，成功服务于那个时代的主题，为中国文化的发展找到了正确的途径[1]，代表了中国文化的前进方向。

（一）阐明文化与经济、政治的关系，明确了新民主主义革命中文化的地位

“新文化运动”为马克思主义在中国的传播打开了通道，先进分子在学习引进西方科学知识、政治思想等诸方案皆走不通的情况下，观察分析社会时出现了一种越来越强的价值取向，即不再把文化看成是解决社会问题的最为根本的途径，而是多种途径中的一种。出现这种转向的根本原因在于，马克思主义传入中国之前，他们的历史观是唯心的，认为文化是社会的灵魂和核心，是推动社会发展的根本动力；而在马克思主义指导下，以毛泽东为代表的中国共产党人，把文化作为社会结构的一个基本层面，科学阐述了文化在社会生活中的地位和作用，文化成为

[1] 杜君、王金艳:《论新民主主义文化的特征及作用》,《理论学刊》2010年第1期。

人们全面观察和正确认识社会本质及规律的重要武器。

近代以来，中国文化现代化进程是在与西方文化的交流碰撞中不断摸索前进的。由于两种文化赖以生长的经济、政治基础不同，学习引进西方文化并未取得理想的效果。毛泽东坚持了马克思主义基本观点，将文化和经济、政治联系起来放在社会系统中进行分析考察，指出："一定的文化（当作观念形态的文化）是一定社会的政治和经济的反映，又给予伟大影响和作用于一定社会的政治和经济。"[1]这里所指的文化有三层含义：一是表现为观念形态，二是由所在社会经济和政治决定，三是对所在社会经济和政治具有能动的影响作用。这与西方资本主义和中国封建传统对文化的认识截然不同，抛弃了唯心主义指导下的"文化决定论"和对文化孤立、片面、抽象的认识，而是以唯物史观为指导，把文化作为社会有机体的一部分，从文化与经济、政治的相互关系来认识文化的地位和作用。在这个意义上，西方文化产生于西方资本主义的经济政治，并为西方资本主义经济政治服务，它并不一定适用于半殖民地半封建的旧中国；封建的旧文化产生于中国传统封建社会的经济和政治，当然也不适用于作为世界无产阶级社会主义革命一部分的新民主主义革命。新民主主义文化产生并服务于新民主主义的经济和政治，是中国新民主主义革命的一支重要方面军。

（二）阐明新民主主义文化的性质，明确了新民主主义革命中文化的使命

近代以来，中国沦为半殖民地半封建国家，占统治地位的是封建地主阶级经济、列强资本主义经济和官僚买办资本主义经济，而民族资本主义经济处于被统治地位。随着资本主义在中国的不断发展，资产阶级和无产阶级的力量不断壮大。这就是当时中国社会的经济和政治状况，

[1]《毛泽东选集》（第二卷），人民出版社1991年6月第2版，第663—664页。

在这样的经济、政治基础上产生的是中国的新文化。经济上被统治和政治上被压迫的现状，决定了中国新文化的使命是反帝反封建，具有民主主义的性质。而由于民族资产阶级的软弱和妥协，中国反帝反封建的民主革命，只有在无产阶级的领导下才能完成。就文化战线来说，情况也是这样。因此，新民主主义文化就是无产阶级领导的、人民大众的、反帝反封建的文化。[1]这就明确了新民主主义文化在新民主主义革命中的使命和任务。

无产阶级领导的新民主主义文化和作为“一定历史时期的形式，因而是过渡的形式”的新民主主义社会一样，具有过渡性质。它既不属于资本主义文化，又与社会主义文化有差异。在当时的社会环境下，中国思想文化领域实际上存在着文化性质问题上的两种偏向。一种是资产阶级主张的文化专制主义倾向。新民主主义革命时期，虽然无产阶级已经登上了历史的舞台，成为革命的领导阶级，但是资产阶级并没有退出历史舞台，还在反帝反封建的使命任务中发挥着作用。特别是资产阶级的顽固派并不认为中国的民主革命必须在无产阶级领导下才能走向成功，他们不承认新民主主义文化的合理性，主张文化的资本主义性质。对这种文化倾向，毛泽东从新民主主义文化的国内国际两个方面进行了回击。在国内，中国共产党领导下的工农大众、知识分子和其他小资产阶级已经成为独立的政治力量，有自己独立的文化需求；在国际上，中国的新民主主义革命已经成为世界无产阶级革命的组成部分，反帝反封建的使命任务只有在无产阶级的领导下才能够完成。另一种是把新民主主义文化等同于社会主义文化的倾向。毛泽东指出，新民主主义革命阶段，不能把共产主义的宣传作为新民主主义革命的行动纲领，也不能要求全体国民的教育和文化都采用共产主义的立场和方法。之所以新民主主义革命阶段不能实行社会主义文化，一方面，是因为革命的主要任务是反帝反封建，而不是带领人民建设社会主义现代化国家；另一方面，

[1]《毛泽东选集》(第二卷)，人民出版社1991年6月第2版，第698页。

是因为当时中国还没有产生社会主义的政治和经济，自然也不可能产生社会主义文化。

（三）阐明新民主主义文化的特征，明确了新民主主义革命中文化的方向

在新民主主义革命的文化战场上，要打起反帝反封建的文化大旗，发挥“重要方面军”的作用。更为重要的，就是要坚持以马克思主义为指导，建设和发展民族的、科学的、大众的文化。民族的特征，主要体现在新民主主义文化要打破中西文化冲突的思维，坚持把马克思主义与中国实际相结合，使之真正符合中国革命实际，指导中国革命实践；科学的特征，主要体现在新民主主义文化要在马克思主义指导下，克服认识世界和改造世界的盲目性，增加科学性；大众的特征，主要体现在新民主主义文化要坚持马克思主义的无产阶级和人民群众的立场，让科学的理论为人民群众接受和掌握，成为改造世界的物质力量。[1]这就明确了新民主主义文化的发展方向。

新民主主义文化是民族的。这就是说，新民主主义的文化形式上带有明显的中华民族特性，为中华民族所有同胞认同并且理解接受；它的使命是反帝反封建，以求实现民族独立、维护民族尊严；它赖以生存的根基在中华大地，扎根在中国才能生长和繁荣。新民主主义文化是科学的。这就是说，与封建旧文化禁锢人的思想、封闭人的理性、泯灭人的主动性相反，新民主主义文化提倡和宣传马克思主义，从实际出发，用科学的知识武装人民头脑，开启人民智慧，启发人民觉悟，解放人民个性，维护人民尊严，教育引导人民群众充分发挥主观能动性。新民主主义文化是大众的。这就是说，新民主主义文化是为人民群众，特别是为

[1] 吴默闻、丁俊萍：《毛泽东的新民主主义文化思想》，《南通大学学报》（社会科学版）2014年第1期。

占全国人口绝大多数的工人、农民、兵士和城市小资产阶级等人员服务的。新民主主义文化要深入人民大众，向他们学习，反映他们的情况、诉求以及革命斗争的经验教训。在解决好“为什么人”问题的基础上，新民主主义文化为人民大众服务，还要搞好科学文化知识的普及与提高，提高他们的文化水平。

总之，新民主主义文化诞生在中西文化比较和论争的大背景下，众多的文化主张最终让位和汇合成新民主主义文化纲领，并居于主流意识形态地位。作为以马克思主义为指导、无产阶级领导的，区别于封建旧文化和资本主义文化的新文化形态，它已经具有了社会主义因素，是社会主义文化的母体，但囿于服务革命斗争形势所需，新民主主义文化带有明显的政治色彩，极端地强调为阶级斗争服务，片面夸大了文化的作用和功能。新中国成立后，社会主义文化由于延续了新民主主义文化建设模式而遭受的挫折，进一步证明了新民主主义文化的历史局限性。

五、社会主义文化建设对中国文化现代化的深刻影响

新中国成立后，什么是社会主义文化、如何建设社会主义文化是我们面临的一个非常复杂的问题。我们党在新民主主义文化建设成功经验的基础上，开始了社会主义文化建设的探索历程，大致可以分为三个阶段：1949—1956年为过渡时期的初步创立阶段，1957—1976年为动荡时期的曲折发展阶段，从“文化大革命”结束到改革开放前夕为拨乱反正时期的纠偏发展阶段。在这一段探索历程中，虽然没有概括形成系统、完整的社会主义文化建设思想，但仍然是中国文化现代化进程不可或缺的一部分，这一时期社会主义文化建设的经验教训，是十分宝贵的精神财富。

（一）社会主义文化建设的主要成就

新中国成立后，虽然实现了民族独立，半殖民地半封建的社会性质已经发生了根本变化，但我国社会仍属于新民主主义性质。因此，1949—1956年的过渡时期，由于有比较系统的新民主主义文化纲领可供借鉴，新中国建立之初的文化建设是井然有序和卓有成效的。1949—1950年，广泛进行了马克思主义、共产主义思想的宣传教育工作，开展了规模空前的文化扫盲运动；1951—1952年，进行了比较集中的知识分子的思想改造运动，1952年进行了全国范围的院系调整；1956年制订了1956—1967年科学技术发展远景规划，正式将“百花齐放，百家争鸣”确定为繁荣社会主义文化的工作方针等。由于重视思想建设、队伍建设和组织建设，过渡时期的文化建设呈现全面推进的良好

势头，科技教育、文学艺术、新闻历史、语言文字等文化领域均有了较大的发展，特别是科技、教育、文艺等领域文化建设取得了突出成绩，从而为更好地进行社会主义文化建设奠定了基础。当然，在过渡时期文化建设中急躁冒进的错误已经出现，但总的来看，这一时期的文化建设还是基于对国情的正确估计而展开的。

1956年社会主义改造基本完成，标志着社会主义经济基础初步建立，社会主义文化建设历程正式开启。以毛泽东同志为核心的党的第一代领导集体开始探索一条既不同于我国过去，也不同于外国的有中国特点的社会主义文化建设道路。从1957年6月开始的“反右”运动起，过渡时期过分夸大思想文化领域阶级斗争的“左”的错误倾向被逐渐扩大到极端的程度，先后开展了“反右”扩大化、反修正主义以及“文化大革命”，演变成了一场文化灾难。虽然探索失败了，但动机是善意的，在国际环境复杂多变的情况下坚定了人民的社会主义信念，增强了民族自信心；动员人民群众万众一心、克服困难，积极投身社会主义建设；思想道德建设取得良好成效，形成了集体主义、为人民服务精神等社会主义新风尚；普及国民教育和丰富人民群众精神文化生活的事业，文化普及和扫盲工作取得了巨大成绩。总之，崭新的社会主义文化体系已经初步建立起来了，为初步改变中国贫穷落后的面貌发挥了应有的作用，为国家和民族的发展奠定了文化基础。

（二）社会主义文化建设的曲折探索

社会主义制度确立后，在探索中国社会主义建设道路的过程中，由于缺乏实践经验，对社会主义建设的规律认识不清楚，没有成熟的经济、政治、文化纲领引领，该时期文化建设方向不明确、目标不清晰、任务不确切，虽然取得了一定的成绩，但也出现了不少失误，甚至是严重错误，未能出现令人鼓舞的局面。

一是背离了唯物史观基本原理，片面夸大文化的地位和作用。新中国成立后，我们党利用7年时间，非常顺利地提前完成了社会主义改造，为尽早开始社会主义建设奠定了经济基础。几亿农民对建设社会主义表现出了极大的热情，以意想不到的速度参加了合作社。但是，由于充分相信社会主义制度加上群众运动是建设社会主义的强大力量，“左”的错误倾向不断被推向极端，对当时一穷二白的社会生产力实际状况不能正确认识，片面地认为只需要通过主观的努力就可以弥补客观的差距，马克思主义实事求是的思想路线被搁置在一边，物质与精神的关系被完全颠倒，人们在争相“放卫星”、普遍“浮夸风”和自欺欺人的闹剧中尝尽了苦果。

二是脱离了当时中国具体实际，文化建设方向目标虚化。由于在社会主义建设问题上犯了激进主义错误，“跑步进入共产主义”的目标反映到思想文化领域，也产生了超越阶段、不切实际的问题。经济文化落后的现实国情决定了当时绝大多数人民群众的思想认识水平和道德修养水平，那些只有在生产力高度发达的社会主义中级、高级阶段或者共产主义社会才有可能普遍实践的人生观、价值观和道德规范，在当时中国社会是不可能实现的。从毛泽东在1958年和“文化大革命”期间的一些谈话中，可以看出他对于社会主义的设想，贯穿着两个追求目标：平均和平等。在社会产品极不丰富的情况下，平均主义在政治生活、经济生活、社会生活中的种种实施，只能靠权威的行政力量和严密的组织形式来保证，闹出了很多奖懒罚勤的笑话。从价值观念层面来看，平均和平等是美好的，自古以来就为人们所向往，但是，严重脱离当时的社会经济状况和人民群众的思想认识水平，期望在现实社会生活中普遍达到平均和平等，这终究是不切实际的。

三是背离了文化建设自身发展规律，文化建设秩序被扰乱。在党的八届三中全会上，改变了八大关于国内主要矛盾的判断，强调无产阶级和资产阶级的矛盾成为国内的主要矛盾。关于国内主要矛盾判断的变化，使得原本正常的社会主义建设生产和生活秩序被打乱。“以阶级斗争为纲”一度成为流行的口号，对思想文化领域形势的误判，使得后来的“文化大革命”首先在意识形态领域展开。在“左”的错误理论指导下，许多原本正确或基本正确的观点被断章取义、上纲上线，被错误地当作资产阶级、修正主义的观点加以批判；学术上的不同意见，被看作是两个阶级、两条路线的斗争；学校也把阶级斗争作为“一门主课”，正常课业无法开展。

社会主义文化建设的这些偏误，伴随着党内极左思潮的抬头、泛滥，到了“文化大革命”期间更被推到了极致，这对社会主义文化事业的发展造成了严重影响。直到20世纪70年代末的改革开放，从那时起，新中国的历史进入以思想解放为先导的中国特色社会主义发展时期。

第四章　中国文化现代化的新态势

新中国成立以来，社会主义建设在探索中曲折前进，文化发展被裹挟在政治斗争中，现代化进程遭受重大挫折，社会主义文化纲领没有形成，新民主主义文化纲领也没有得到很好执行，中国文化现代化陷入低谷。自党的十一届三中全会以来，我们国家汲取社会主义探索的经验教训，果断实行改革开放，拨正了我国社会主义建设的航向。党和国家事业发生历史性变革，中国特色社会主义进入了新时代，文化建设成就斐然，中国文化现代化站在了新的起点上，迈向繁荣兴盛的新征程。

一、民族复兴进程中的新课题

为了实现中华民族伟大复兴的历史使命，我们党不断推进马克思主义中国化进程，主动传承中华民族悠久文明，深刻总结近代以来中华民族复兴历程，经过新中国成立以来持续探索和改革开放伟大实践，中国特色社会主义进入了新时代，意味着近代以来久经磨难的中华民族迎来了从站起来、富起来到强起来的伟大飞跃，迎来了实现中华民族伟大复兴的光明前景，也给中国文化现代化带来了新使命、新要求、新课题。

（一）中华民族伟大复兴迈开新步伐提出了新要求

党的十九大做出中国特色社会主义进入了新时代的重大判断，对实现中华民族伟大复兴奋斗目标做出“两步走”“两个十五年”的战略安排，标志着中华民族伟大复兴迈开了新步伐，开启了社会主义现代化的新征程。当前，我们正处于“两个一百年”奋斗目标的历史交汇期，站在新时代的起点上实现“两个一百年”奋斗目标，文化越来越成为经济社会发展的重要支撑，越来越成为社会全面进步的重要因素，越来越成为民族凝聚力和创造力的重要源泉。

要看到，全面建成小康社会不仅需要物质上的丰富发展，更需要加快文化改革发展，加强社会主义精神文明建设，建设社会主义文化强国。正是基于此，国家“十三五”规划在注重规划经济建设、政治建设和社会建设的同时，提出了公共文化服务体系基本建成、文化产业成为国民经济支柱性产业等文化发展的一系列目标任务，也就是到2020年基本建成覆盖城乡、便捷高效、保基本、促公平的现代公共文化服务体系。近年来，各级党委和政府加大公共文化服务的投入力度，创新公共文化产品和服务的内容与方式，覆盖城乡的文化设施网络基本建成。但我国公共文化服务总体水平仍然较低，城乡、区域发展不够平衡，文化产品有效供给短缺和无效供给过剩，文化需求不能有效满足；文化产业成为国民经济支柱性产业还需要持续发力，国家统计局数据显示，2017年全国文化及相关产业增加值34722亿元，占GDP的比重为4.2%，且一直保持了高于GDP的增速，这与我们党和政府加快转变经济发展方式，持续加大文化建设力度是分不开的，若有松劲，完成目标任务就会有相当大的难度。这充分说明加强文化建设、推进文化现代化事关实现全面建成小康社会奋斗目标。

要看到，文化建设是中国特色社会主义事业“五位一体”总体布局的重要组成部分，全面建设社会主义现代化强国，内在地包含了文化现代化同步发展。正是基于此，党的十九大明确了分两个阶段全面建设社会主义现代化强国的奋斗目标，不仅明确了发展方向，而且更加清晰地描绘了社会主义现代化的衡量标准和表现形式。“两步走”战略安排跳出了以往主要以经济发展程度作为衡量现代化发展标准的思维，第一个发展阶段“创新型国家”“国家治理体系和治理能力”等六大维度，使“基本现代化”的内涵更加全面深刻；第二个发展阶段，物质文明、政治文明、精神文明、社会文明和生态文明将全面提升，“美丽”也成为现代化强国的标记。在这两个阶段，文化发展程度成为社会主义现代化更加重要的衡量标准。可见，加强文化建设、推进文化现代化事关实现全面建设社会主义现代化强国奋斗目标。

我们还必须看到，文化是一个国家、一个民族的灵魂，是保持民族认同、凝聚民族意志、培育民族性格、塑造民族形象的思想基础和基本条件。中国是文化古国，也是文化资源大国。自先秦以来，在政治家、思想家以及广大民众的灵魂深处，中国就不仅仅是“居于中心国家”这样一个地理概念，更是一个文化概念。文化强则民族强，文化的兴盛成为中华民族复兴的重要基础和鲜明标志。讲好中国故事、传播好中国声音，需要以文化为载体；让中国走向世界、让世界了解中国，需要以文化为桥梁；到本世纪中叶实现中华民族伟大复兴，需要以文化为助力。正是基于此，党的十九大从事关“国运兴衰、民族复兴”高度，提出没有高度的文化自信，没有文化的繁荣兴盛，就没有中华民族伟大复兴。可见，加强文化建设、推进文化现代化事关实现中华民族伟大复兴的宏伟目标。

（二）人民日益增长的美好生活需要产生了新期望

党的十九大准确把握我国社会发展的阶段性特征，做出我国社会主要矛盾已经转化为人民日益增长的美好生活需要和不平衡、不充分的发展之间的矛盾的科学判断。马克思主义认为，主要矛盾在事物发展过程中起着决定性的支配作用。我国社会主要矛盾的变化是关系全局的历史性变化，对包括文化建设在内的党和国家各项工作提出了新的要求。这就需要文化建设满足人民需要内容的增加和内涵的拓展，推进文化产业转型升级，提升文化消费能力，使文化现代化朝着更加平衡、更加充分的方向发展。

人民群众的多样化文化消费需求呼唤文化产业转型升级。伴随着我国经济社会快速发展，为满足人民群众日益增长的物质文化生活需求，2001年党的十五届五中全会首次在中央文件中提出了文化产业概念，2010年党的十七届五中全会明确要推动文化产业成为国民经济支柱性产业，2012年党的十八大又吹响了推动文化产业快速发展的号角。文化产业发展不负众望，步入快车道。电影局相关数据显示，作为核心文化产业的重要构成，2017年我国共生产电影故事片798部、动画电影32部、科教电影68部、纪录电影44部、特种电影28部，总计970部，全国电影票房收入为559.11亿元，同比增长13.45%。繁荣背后，一种深层次的矛盾在逐渐显现。2015年，故宫展出国宝级名画《清明上河图》引发狂热追捧，五湖四海的参观者，三三两两结伴汇聚于此，排7小时长队、仅6分钟观赏，甚至，还发明了一项名为“故宫跑”的运动项目；2017年故宫展出距今约有900年的《千里江山图》再度引发“故宫跑”现象。如此巨量的文化产品供给，难道还无法满足公众需求吗？仅从我国每年拍摄的大量电视剧来看，有一半缺乏播放平台，在媒体平台播出的电视剧里又只有50%能够盈利，能产生比较好的社会效益和经济效益的电视剧不多。[1]海量的产品无法有效对接人民群众的文化需求，供给侧存在结构性失衡。因此，文化产业也需要供给侧改革，打通文化供给和文化消费的通道，使文化生产能够满足公众要求越来越高、品味越分越细的多样化文化需求。

人民群众的高层次文化消费需求呼唤提升文化消费水平。按照目前学术界的观点，文化消费分为消遣娱乐型和知识技能型两类，这两种类型所占比例反映人民群众消费水平。人民群众的消费水平直接影响文化消费效果，价值观不同，社会经历不同，文化知识水平、兴趣爱好不同，也就是因人的素质不同而产生的文化消费水平不同，进而影响文化消费效果。实现中华民族伟大复兴需要人的素质全面提升，我们不反对发展健康消遣娱乐型文化消费，但重点要放在知识技能型的文化消费上。为此，2016年国务院办公厅印发《全民科学素质行动计划纲要实施方案（2016—2020年）》提出，2020年我国公民具备科学素质的比例由2015年的6.20%提升到10%以上。这就迫切需要文化建设深入实施科技教育与培训、社区科普益民、科普信息化、科普基础设施、科普产业助力和科普人才建设等重大工程，大幅提升公民科学素质建设的公共服务能力，不断完善公民科学素质建设的共建、社会动员、监测评估等机制，建立科研与科普相结合的长效机制，确保我国公民提高科学素质的机会与途径显著增多。

[1] 肖家鑫、巩育华:《文化产业也需要供给侧改革》,《人民日报》2016年2月5日，第15版。

此外，有一组数据需要引起我们的注意：2014年我国文化消费潜在规模为4.7万亿元，而实际消费仅为1万多亿元，缺口超3万亿元。2016年我国人均GDP超过8800美元，可“当人均GDP超过3000美元的时候，文化消费会持续快速增长，接近或超过5000美元时，文化消费则会‘井喷’”的国际经验，在我国没有应验。这主要是由于我国居民文化消费活动主要集中为满足基本精神需求的较为低端的文化活动，文化产业链比较单一，具有高附加值的文化产品供给和消费较少，而国外由于文化产业链完整，居民文化消费结构相对多元化，具有高附加值的文化产品消费比例较高。针对居民文化消费总体水平不高的状况，除采取增加居民收入的经济举措外，引导居民文化消费也显得十分重要和紧迫。随着我国经济社会持续快速发展，公众受教育水平提高，闲暇时间增多，居民对文化产品和文化服务的需求不是降低了，而是更加旺盛；对文化内容和文化表现形式多样化、多层次、多方面的愿望不是减弱了，而是更加高涨；对实现和维护自身文化权益的意识不是淡漠了，而是更加强烈。这就迫切需要丰富完善文化产业链，加大文化传播力度，净化文化市场生态环境，刺激居民文化消费的增长。

（三）中国国际地位提升和影响增强明确了新定位

当今时代，世界多极化、经济全球化、社会信息化、文化多样化深入发展，全球治理体系和国际秩序变革加速推进，中国日益走近世界舞台中央，国际地位前所未有地提升，我们正前所未有地接近实现中华民族伟大复兴的目标。与170多年前被动学习西方文化开启现代化大门时相比，中国文化在世界上的影响力日益增强，世界文化格局已发生了翻天覆地的变化。在这种形势下，中国文化现代化怎么推进，是我们在民族复兴进程中必须重视的重大课题。

必须在世界文化融合发展的大势中把准定位。从本质上讲，文化是人们实践活动的成果，是带有明显人的主体性特征的非自然事物。斯宾格勒、汤因比他们认为，每一种文化的形成和发展是独立的，文化之间不能替代融合，文化只有存在过和存在着两种状态。在这种非对即错、非黑即白的思维方式支配下，有人认为中国文化一直到近代为西方现代文化所超越后，世界文化格局形成了“西方文化中心论”；第二次世界大战结束以来，东方国家的崛起已为世界所瞩目，尤其是中国特色社会主义发展所取得的历史性成就改变了世界文化格局的天平。回顾中国文化现代化历程，“中西之争”是一直回避不开的矛盾，在社会思潮领域自由主义、保守主义、社会主义之争没有随着文化现代化的发展而平息。为此，马克思主义坚持透过文化多元性看到其内在统一性，世界文化正在走向全球化，但文化的区域性仍然存在。世界文化的中心目前仍然是在西方，但不代表非西方文化尤其是发展成就斐然的中国文化不可能成为世界文化的中心。这种文化中心的偏移，不是简单的文化否定和文化替代，而是文化交流基础上的文化创新的结果。中国文化现代化，就是要把握中国文化同世界各国文化的交流与融合的大势，推动中国文化走向世界。

必须在世界文化融合发展的大势中贡献力量。中国特色社会主义进入了新时代，意味着中国文化现代化将为解决世界文化发展问题贡献中国智慧和中国方案。从客观上讲，世界文化的融合发展给予中国文化现代化以历史的契机。这是因为，其一，第二次世界大战结束后，为克服以享乐主义、个人主义为价值核心的资产阶级文化弊端，世界文化朝着更加尊重人的主体性、更加强调社会整体利益的价值取向转变。而中华优秀传统文化讲仁爱、重民本、守诚信、崇正义、尚和合、求大同等核心思想理念，以及倡导爱国理念、崇尚集体精神的社会主义核心价值观，可以成为世界文化未来发展的重要资源和生长点。其二，中国作为世界上最大的社会主义国家，走的是一条和平发展的民族复兴之路，而非武力扩张和霸权掠夺之路。所以，中国所追求的社会主义现代化强国，必定内在地要求它是一个最有吸引力和亲和力的“文化强国”。中国倡导构建人类命运共同体，积极推进运用对话协商解决问题，得到越来越多国家的认同和响应，这给中国文化创造了促进世界文化融合发展的舞台，同时也给中国文化创造了提升国际影响力、感召力、塑造力的机遇。

二、中国文化现代化的新起点

经过长期努力，中国特色社会主义已经进入了新时代，我们迎来了实现中华民族伟大复兴的光明前景，这同中国特色社会主义文化繁荣发展是密不可分的。在实现“两个一百年”奋斗目标的历史交汇期，中国特色社会主义文化前所未有地具备了由大发展、大繁荣向繁荣兴盛迈进的基础和条件。

(一)文化现代化的战略安排更加清晰具体

在新民主主义革命、社会主义革命和建设两大历史时期，我们党先后提出了两个“三大纲领”[1]，为这两个历史时期正确认识和处理经济、政治、文化的关系，推动新民主主义社会的创立发展和社会主义社会的全面进步提供了重要的理论指导和政策支撑。党的十八大以来，我们面临着新时代坚持和发展什么样的中国特色社会主义、怎样坚持和发展中国特色社会主义的重大时代课题，需要对包括文化在内的各项建设做出理论分析和政策指导。

从文化与经济、政治关系角度来看，十一届三中全会以来我们党关于中国特色社会主义文化建设的一系列新思想、新观点、新探索，由此而形成的中国特色社会主义文化纲领，其中关于社会主义精神文明的认识、关于先进文化发展方向，以及关于推动社会主义文化大发展、大繁荣的认识，都大大推进了当代中国文化建设。中国特色

[1] 两个“三大纲领”即新民主主义的经济、政治和文化纲领与中国特色社会主义经济、政治和文化纲领。

社会主义文化建设，成为中国社会主义现代化的重要组成部分，极大地丰富了马克思主义文化观和科学社会主义的文化建设理论。而习近平新时代中国特色社会主义思想把文化建设纳入中国特色社会主义事业“五位一体”总体布局和“四个全面”战略布局；强调坚定“四个自信”，并突出强调文化自信是一个国家、一个民族发展中更基本、更深沉、更持久的力量。我们可以这么理解，习近平新时代中国特色社会主义思想在十五大提出的中国特色社会主义文化纲领的基础上，更加凸显了中国特色社会主义的文化根基、文化本质和文化理想，标志着我们党对中国特色社会主义有了更加明确而开阔的文化建构，是我们推进文化现代化的根本遵循。

从文化现代化在民族复兴进程中的目标任务来看，在改革开放后我们党对社会主义现代化建设做出“三步走”的战略安排和十八大提出“两个一百年”奋斗目标的基础上，党的十九大对新时代中国特色社会主义现代化建设做出“两步走”“两个十五年”的战略安排，对文化现代化阶段目标任务也做出了重大部署。2020年全面建成小康社会时，文化现代化要实现文化更加繁荣，国民素质和社会文明程度显著提高，公共文化服务体系基本建成，文化产业成为国民经济支柱性产业，中华文化影响持续扩大的目标；2035年基本实现社会主义现代化时，文化现代化要实现社会文明程度达到新的高度，国家文化软实力显著增强，中华文化影响更加广泛深入的目标；到本世纪中叶建成富强、民主、文明、和谐、美丽的社会主义现代化强国时，文化现代化要实现我国物质文明、政治文明、精神文明、社会文明、生态文明的全面提升，中华民族将以更加昂扬的姿态屹立于世界民族之林的目标。文化现代化越来越直接地与建设社会主义现代化国家、实现中华民族伟大复兴的目标相联系，为推进文化现代化指明了方向。

（二）文化现代化的建设基础得到巩固加强

改革开放特别是党的十八大以来，我国的科学技术、文艺创作、公共文化服务、哲学社会科学等领域均取得了丰硕成果，文化事业和文化产业蓬勃发展，国家文化软实力和中华文化影响力大幅提升，文化建设迎来了繁荣兴盛的美好前景，为文化现代化奠定了坚实基础。

科学和技术知识方面。改革开放以来，我国于1978年、1995年和2006年分别召开过三次科学技术大会。特别是1978年召开的全国科学大会在我国科技发展史上具有里程碑意义，在邓小平同志“科学技术是第一生产力”这一科学论断的激励和指引下，我国科技事业取得了长足进展，仅1979—1994年这15年共取得重大科技成果34.5万项，是改革开放前30年的19.3倍。此后，我们党根据新形势和新实践对马克思主义科技学说做出了新的发展，提出科技创新理论，实施科教兴国战略，建设创新型国家，有力地推动了我国科学技术的快速发展与长足进步。据中国科学技术信息研究所发布的统计数据，2001—2011年，我国科技人员发表国际论文共被引用519.14万次，排在世界第7位。党的十八大以来，我们党推进实施创新驱动发展战略，创新型国家建设成果丰硕，量子通信、中微子、铁基超导、外尔费米子、干细胞和再生医学等面向世界科技前沿的重要科技成果水平达到世界前列；2007—2017年，我国科技人员发表的国际论文共被引用19335万次，超越英国和德国跃居世界第二位，提前实现“十三五”国家科技创新规划要求国际科技论文被引次数达到世界第二这一目标。

艺术和情感心理方面。改革开放以来，我国文艺创作迎来了新的春天，产生了大量脍炙人口的优秀作品，一批精品工程和重点项目的实施，带动了文艺作品质量的整体提升。比如，自1991年开始实施的精神文明建设“五个一工程”，对繁荣文艺创作起到了有力推动作用。

2017年第十四届精神文明建设“五个一工程”奖评选出电影11部、电视剧（片）11部、戏剧10部、广播剧8部、歌曲10首、图书10部，并授予7部作品特别奖，67部作品充分展现了文艺工作座谈会以来文艺创作的丰硕成果和崭新成就。其中比较有代表性的2017年暑期档《战狼Ⅱ》掀起观影热潮，以56.8亿元人民币成功跻身全球TOP100票房影片榜，也是亚洲电影首次入榜，打破了好莱坞电影对该榜的垄断。坚持按需配置公共文化服务，满足对接人民的文化消费需要。截止到2017年10月，全国建成县级文化馆3153个，博物馆、纪念馆4109个，乡镇（街道）文化站41175个，有2/3的村有了文化中心，所有社区都有了文化活动室，现在，覆盖城乡的国家、省、市、县、乡、村（社区）六级公共文化服务网络已经基本建成。[1]为了补短板、填空缺，我国还专门实施了贫困地区百县万村综合文化服务中心建设、流动文化车和村文化活动室设备配置等精准扶贫工程。

政治法律道德思想及规范方面。改革开放后，我国法治建设进入快车道。1982年修订《宪法》，1997年党的十五大将“依法治国，建设社会主义法治国家”确立为基本方略，2014年十八届四中全会提出全面推进依法治国，总目标是建设中国特色社会主义法治体系，建设社会主义法治国家。特别是以习近平同志为核心的党中央把法治作为社会主义核心价值观的一大要素在全社会培育弘扬，树立法治意识，弘扬社会主义法治精神，建设社会主义法治文化，增强全社会厉行法治的积极性和主动性，形成守法光荣、违法可耻的社会氛围，全体人民都成为社会主义法治的忠实崇尚者、自觉遵守者、坚定捍卫者，形成社会主义法治国家的坚强支撑。随着社会主义市场经济的发展，人们公共交往活动领域日益扩大和增多，我们党着眼建构与社会主义市场经济相适应的、每个公民都应身体力行的、一般的社会公共生活准则，大力推进公民道德建

[1] 郑海鸥、任珊珊、王珏：《文化繁荣，故事还能更精彩》，《人民日报》2017年11月2日，第12版。

设。2001年9月，中共中央印发《公民道德建设实施纲要》在道德理论上有所创新，在道德实践和道德规范上有所突破，提出了在全社会大力倡导“爱国守法、明礼诚信、团结友善、勤俭自强、敬业奉献”的20字公民基本道德规范，对以往社会主义道德建设中未予关注的问题，在新的历史条件下予以解决，是中国特色社会主义文化建设的新发展，是对马克思主义伦理思想的丰富和发展；深入实施公民道德建设工程，持续开展了全国道德模范评选表彰活动，促进了公民道德素质和社会文明水平的提高。

哲学社会科学方面。我们党历来高度重视哲学社会科学。自改革开放以来，我国哲学社会科学事业呈现出繁荣发展的良好局面。广大哲学社会科学工作者自觉加强以马克思主义为指导的哲学社会科学各学科基础理论研究与学科建设，取得了扎实成果。中央于2004年印发了《中共中央关于进一步繁荣发展哲学社会科学的意见》，2016年印发了《中共中央关于加快构建中国特色哲学社会科学的意见》，对加快构建中国特色哲学社会科学做出全面部署。2004年启动的马克思主义理论研究和建设工程，是党的十六大以来中央组织实施的思想理论建设的标志性工程。工程取得了突出的成果，在马克思主义经典著作编译和基本观点研究、毛泽东思想和中国特色社会主义理论体系研究、重大理论问题和现实问题研究、学科体系和教材体系建设、人才队伍建设等方面取得一系列进展。哲学社会科学学科体系不断健全，建设起一批有较高的理论水准和创新能力的基础学科、应用学科以及立足学术前沿的新兴学科和交叉学科。到目前为止，共有20个一级学科、400多个二级学科，构成了门类齐全、布局合理的学科体系。广大哲学社会科学工作者以先进的理论为指导，努力准确把握当今世界发展趋势，深刻认识当代中国经济社会发展规律，善于在实践中创新理论，服务社会，推出了一大批优秀成果，有些堪称代表当今中国水准的扛鼎之作。

（三）文化现代化的运行机制逐步科学规范

自改革开放以来，随着经济社会快速发展，文化内容形式多样，文化建设运行复杂，文化与经济、政治之间关系密切，文化改革加速推进的特点也越来越明显。我们党认真研究把握文化建设发展规律，始终坚持中国特色社会主义文化发展道路，已经形成一套比较完整的组织领导体系、政策法规体系和文化管理体系，文化现代化的运行趋于稳定规范，高效科学。

党的领导更加有力。为了适应中国特色社会主义文化发展形势，我们党先后召开了三次中央全会，专题研究部署文化建设问题。一是1986年9月召开的十二届六中全会，讨论通过《中共中央关于社会主义精神文明建设指导方针的决议》；二是1996年10月召开十四届六中全会，审议通过《中共中央关于加强社会主义精神文明建设若干重要问题的决议》；三是2011年10月召开十七届六中全会，做出《中共中央关于深化文化体制改革　推动社会主义文化大发展大繁荣若干重大问题的决定》。党的十八大以来，党中央高度重视文化建设，为加强和改进宣传思想文化工作和理论研究工作，先后召开了全国宣传思想工作会议（2013年8月19日）、文艺工作座谈会（2014年10月15日）、新闻舆论工作座谈会（2016年2月19日）、网络安全和信息化工作座谈会（2016年4月19日）、哲学社会科学工作座谈会（2016年5月17日）等会议，习近平总书记分别作了重要讲话，亲自分析文化形势、沟通文化思想、凝聚文化共识、谋划文化发展，为新时代中国特色社会主义文化建设指明了方向。这充分反映了我们党是一个具有高度文化自觉、文化责任和文化自信的党，体现了我们党担负新的文化使命，在实践创造中进行文化创造、在历史进步中实现文化进步的决心和信心。

政策法规体系更加完善。自改革开放以来，文化建设的法制化进程不断加快，文化立法、普法、执法及法制监督已成为文化工作极其重要的环节。文化领域的法规制度建设从无到有，从零散杂乱到渐成门类，逐步建立起了覆盖公共文化服务、文化遗产保护、文化市场管理、知识产权保护、文化产业发展等领域的法规体系。截止到2014年年底，我国与文化关系密切的法律有3部，行政法规有10多部，与文化工作密切相关的地方性法规140多个，地方政府规章50多个，文化部现行有效的部门规章29个[1]。目前，我国文化领域法律已经增加到7部。这些法律、法规和规章的颁布施行，有力地推动了文化事业和文化产业的繁荣发展。在一系列政策法规的推动下，“十二五”以来文化建设取得了一系列成就，公共文化服务体系基本建立，文化产业实现跨越式发展，现代文化市场体系基本建立，文化市场监管进一步加强，文化遗产保护体系基本形成，对外文化交流和贸易迈上新台阶，文化人才队伍发展壮大，人才结构更加合理。

文化体制改革深入推进。自改革开放以来，特别是进入21世纪以来，我国文化体制改革取得了显著成绩，文化活力明显增强。党的十六大做出了深化文化体制改革的战略部署，党的十七大对进一步深化改革提出了新的要求，文化体制改革阶段性任务顺利完成。党的十八届三中全会做出全面深化改革的战略部署，推动文化体制改革在新的起点上向纵深推进。一是加强顶层设计，文化体制改革总体框架确立。制定《深化文化体制改革实施方案》，出台40多个改革文件，细化了改革的路线图、时间表、任务书，逐步形成“一个工程”和“四大体系”，即文化精品创作工程和现代公共文化服务体系、中华优秀传统文化传承体系、现代文化市场体系、对外文化交流体系。二是坚持把社会效益放在首位，社会效益和经济效益相统一的体制机制不断健全。明确提出“社会效益指标考核权重应占50%以上”的国有文化资产管理体制等重大举措。目

[1] 蔡武:《大力推动文化法治建设开创文化法治工作新局面》，人民网，2014年12月25日，http：//theory.people.com.cn/n/2014/1225/c207270-26275917.html。

前，全国178家省属重点文化企业中，绝大多数企业明确把“社会效益第一、社会价值优先”的经营理念写入企业章程，其他企业将在修改章程时予以明确。[1]三是促进标准化、均等化发展，现代公共文化服务体系建设迈出重大步伐。十七届六中全会通过《中共中央关于深化文化体制改革　推动社会主义文化大发展大繁荣若干重大问题的决定》，将公共文化的主要内容概括为“六大任务”，即以保障人民群众读书、看报、看电视、听广播、进行公共文化鉴赏、参与公共文化活动等基本文化权益为主要内容；2015年年初出台的《国家基本公共文化服务指导标准（2015—2020年）》，提出了包括基本公共文化服务项目、硬件设施和人员配备在内的3大类、14项、22条基本公共文化服务指导标准，在“六大任务”的基础上有明显拓展；2017年年初，国家颁布《公共文化服务保障法》，将公共文化建设纳入规范化轨道。

[1] 刘阳、郑海鸥:《坚定文化自信，开创社会主义文化繁荣新景象》,《人民日报》2017年7月24日，第1、4版。

三、中国文化现代化的新机遇

当今世界正在发生深刻变动，经济复苏乏力，局部冲突和动荡频发，全球性问题加剧；当今中国正在发生深刻变革，经济实力、科技实力、国防实力、综合国力进入世界前列；当前我们党所肩负的使命和任务正在发生重大变化，中国特色社会主义进入新时代，文化现代化能不能抓住机遇、乘势而上，取决于我们对文化建设的思考深度和认识高度，取决于我们工作的推进力度和落实程度，取决于我们的精神状态和奋斗姿态。

（一）经济的高质量发展为文化现代化奠定了坚实基础

从世界范围来看，2008年国际金融危机爆发以来，全球经济增长乏力，世界进入一个新的经济周期，我国经济发展也出现了新常态，呈现出速度变化、结构优化、动力转化三大特点。我们党坚定不移贯彻新发展理念，保持了经济中高速增长，经济总量稳居世界第二，对世界经济增长贡献率超过30%。从马克思主义经济与文化关系来看，经济发展新常态给中国文化现代化带来的机遇较为乐观。

一是发展方式转变催生文化快速发展。当前，我国经济已由高速增长阶段转向高质量发展阶段，增长速度要从高速转向中高速，发展方式要从规模速度型转向质量效率型，经济结构调整要从增量扩能为主转向调整存量、做优增量并举，发展动力要从主要依靠资源和低成本劳动力等要素投入转向创新驱动。实现这四个“转向”，必须坚持稳中求进的工作总基调，以提高发展质量和效益为中心，以推进供给侧结构性改革为主线，加快实施创新驱动发展战略，促进经济提质增效升级。目前，中国已成为全球最大的制造国和出口国，却处于全球价值链低端，迫切需要转变经济发展方式。相对于工业、农业等传统产业而言，文化产业具有产业性的文化行为、企业化的经营方式、文化性的市场转换、文化与市场的结合、文化与科技的融合[1]等特征，由于其对自然资源依存度低、低碳环保、业态灵活，对增加第三产业比重、促进传统产业优化升级、优化经济发展结构发挥积极作用。文化产业能提升中国产品的质量与竞争力，增加产品和服务的文化附加值。

二是文化消费增长拉动文化快速发展。进入新时代，我国社会主要矛盾已经发生了转化。人民美好生活需要日益广泛，对物质文化生活提出了更高要求。目前，我国已经成为仅次于美国的全球第二大消费市场，但是文化产业的消费占比与发达国家相比还有较大差距，特别是文化消费的占比还有待提高。随着人们物质生活的不断改善，必将使潜在的文化消费大市场拓展更大空间，推动文化产业的大发展。上文提到，2014年我国文化消费潜在规模为4.7万亿元，而实际消费仅为1万多亿元，缺口超3万亿元。这一方面反映出我国文化产业链单一，文化消费结构不合理，另一方面也给丰富完善文化产业链、加大文化传播力度、净化文化市场生态环境、刺激文化消费增长留下了巨大的发展空间。

三是技术手段创新促进文化快速发展。新时代互联网的发展与普及已成为不可逆转的趋势，网络技术改变了文化产业形态和传播方式，为文化快速发展提供了新机遇。我国新网民的稳健增长和手机网民规模的持续扩大，是促进网络文化消费的一大动力。中国互联网络信息中心（CNNIC）发布的第39次《中国互联网络发展状况统计报告》显示，截至2016年12月，中国网民规模达7.31亿人，相当于欧洲人口的总量，互联网普及率达到53.2%。“互联网+”代表一种新的经济形态，推动了文化产业与互联网跨界融合，为文化产业的创新提供了便捷、低成本、

[1] 张颢瀚、沈山:《第五产业论》，中国社会科学出版社2014年版，第47—48页。

多渠道的技术平台；同时，便于对传统信息传播方式进行深度改造，从根本上推动文化产业实现高层次的集约化经营、科学化管理和专业化发展。2016年，以“互联网+”为主要形式的文化信息传输服务业营业收入同比增长超过30%；全国备案上线的网络电影5556部，40家主要网络文学网站推出作品1454.8万件[1]，彰显了新兴文化业态的蓬勃生机。

（二）深化文化体制改革为文化现代化激发了内在活力

从党的十六大做出深化文化体制改革的战略部署15年以来，文化体制改革接力推进，目前进入到深化、提升的阶段，更加注重深化改革的系统性、整体性和协同性，一系列具有重大突破性的政策法规已经和即将出台，为文化现代化进一步突破体制机制障碍、焕发活力提供了新机遇。

一是提高文化管理效能和服务水平，为文化现代化“松绑”。经过文化体制改革的深入实践，文化建设取得了实质性进展，但一些制约文化科学发展的深层次矛盾和问题还没有完全破题，需要进一步创新发展思路，深化文化体制改革。党的十九大对完善文化管理体制，加快构建把社会效益放在首位、社会效益和经济效益相统一的体制机制做出了全面部署。一方面，加快转变政府职能。发挥市场在文化资源配置中的积极作用，文化行政主管部门进一步理顺与所属企事业单位、中介组织的关系，加快推进政企分开、政事分开、管办分离，逐步实现由直接管理向间接管理转变，由办文化为主向管文化为主转变，由管微观向管宏观、由主要管单位向管理全社会转变，加强市场监管，规范市场行为，打击违法犯罪，保护知识产权，维护文化市场秩序，更多地运用政策、法律等手段来引导文化产业，为文化产业发展创造良好的法制环境、政

[1] 刘阳、郑海鸥:《坚定文化自信　开创社会主义文化繁荣新景象》,《人民日报》2017年7月24日，第6版。

策环境和市场环境。总之，政府职能转换要以整合资源、推进文化资源的产业化运作为目标，侧重于解决市场化解决不了的问题。另一方面，政府在宏观领域加强对文化事业和文化产业的调控。政府强化自身市场监管、社会管理和公共服务职能，明确政府与各类文化市场主体之间的权、责、利关系，共同构建完整的文化管理职能体系；广泛搭建文化平台，制定和发布文化产业政策，提供市场信息，积极引导社会消费，转变人民群众消费观念，等等，一些束缚文化现代化的体制机制已经或将会逐步得到解决。

二是健全现代文化产业体系和市场体系，为文化现代化“加油”。随着社会主义市场经济体制的不断完善，市场对文化繁荣兴盛的作用越来越明显。党的十九大对健全现代文化产业体系和市场体系、创新生产经营机制、完善文化经济政策、培育新型文化业态做出了全面部署。第一，加快构建统一开放竞争有序的现代文化市场体系。制定统一的文化市场规则，保证文化市场自由流动性；鼓励众多文化市场主体和文化产品参与竞争，活跃文化市场；加强对文化市场的执法监管，维护良好的文化市场秩序。第二，加快培育合格文化市场主体。建设一批核心竞争力强的大型文化企业公司或集团，鼓励有实力的文化企业以资本为纽带实行兼并重组，打造一批具有较强国际竞争力的“文化航母”；同时，通过信贷支持、加强服务等积极扶持中小文化企业，增强中小企业文化群体活力。第三，完善文化经济政策。提高文化支出占财政支出的比例，扩大政府文化资助和文化采购；加快发展文化创意、动漫游戏等新兴文化产业，催生新的文化业态，推动文化产业转型升级。

三是完善公共文化服务体系，为文化现代化“增效”。当前，我国公共文化产品和服务供给在总量、结构和质量上都还不能有效满足人民群众的精神文化需求，迫切需要摒弃传统的文化事业模式，正确处理实体建设与内容建设、设施建设与产品服务供给等关系。党的十九大对完善公共文化服务体系、深入实施文化惠民工程、丰富群众性文化活动做出了全面部署。一方面，就是要在与群众文化需求有效对接的前提下，创作、生产和提供大量的公共文化产品与服务，确保在总量、结构和质量上能基本满足人民日益增长的美好生活需要；另一方面，就是要在进一步加强公共文化服务设施网络建设的同时，建立以群众需求为导向的公共文化服务供给机制，更加重视公共文化产品的内容建设、创作生产，扩大公共文化产品和服务的有效供给，不断提高公共文化服务质量与效能，增强人民群众文化获得感。

（三）国际地位空前提升为文化现代化提供了广阔舞台

当前国际战略格局和国际体系正在发生深刻调整，全球治理体系正在发生深刻变革，国际力量对比正在发生近代以来最具革命性的变化。中国的发展壮大，成为推动国际格局和国际体系深刻调整最重要的动因，全球经济和战略重心开始从欧洲向亚太转移，中国进入日益走近世界舞台中央、不断为人类做出更大贡献的新时代，给中国文化现代化提供了广阔舞台和发展机遇。

中国国际地位提升形成了中华民族文化自信的有力支撑。文化并不是凭空产生的，人们对特定文化的信心也决非完全由激情或热情所致，而是有着现实的物质基础。从根本上来说，文化是精神生活的反映，是上层建筑的重要组成部分，而物质决定精神，经济基础决定上层建筑。纵观近代以来的历史，中国文化自信的逐渐丧失，源自以鸦片战争为起点的西方列强不断入侵下中国的被动挨打困境，中国人民对自身文化的反思、质疑直到信心丧失殆尽，并转而投向西方文化的怀抱，从根本上来说是由于先进资本主义生产方式在与落后的封建生产方式较量中取得了绝对优势。然而，改革开放以来，中国经济的持续高速发展，在30多年里取得了西方在几个世纪里才取得的经济发展成就，并带来国家实力的快速增长和国际地位的空前提升。“中国文化不利于经济发展”或不利于建立强大实力国家的“魔咒”也就被打破了。历史以自己的耐性证明，中国文化与西方文化相比，其对于经济发展和国家实力增长的作用，不仅不处于劣势，而且具有明显的优势。那么，原来将实力积弱归罪于中国文化落后而导致文化自信丧失的论调，也就不攻自破，文化自信由此可以重建。

中国国际地位提升改变了世界文化格局。近代以来，西方国家挟持其进化的政治理念、先进的科学技术和强大的军事经济实力，通过殖民主义的征服和帝国主义的扩张，建构了一个以西方为主导的世界，形成了以西方为中心的世界文化格局。西方文化中心的形成，是文化通过资本的力量向世界扩张的结果。一方面，西方文化作为强势文化在全世界推行其文化霸权主义，挤占其他文化生存发展空间；另一方面，世界各国的文化在这个过程中，也完成了冲突交流和借鉴融合的过程，在这个过程中不同的文化也表现出了不同的竞争力，获得了不同程度的发展。进入21世纪以来，虽然以西方为中心的根本格局没有改变，但是新兴大国的崛起以及地区区域合作力量的加强，使世界政治经济格局发生了深刻的变化。其中有代表性的就是中国已经成为世界第二大经济体，在国际舞台上扮演着越来越不可忽视的重要角色。正如美国知名战略家布热津斯基所说，中国的崛起不仅标志着西方“一家独大”的终结，也标志着全球权力中心的相应东移。世界政治经济格局的变化也必然反映在世界文化格局上，中华文化在世界上的影响力、吸引力正逐渐增强，预示着中华文化在世界文化格局中的定位已经开始发生新的变化。

中国国际地位提升促进了对外文化交流。当今世界各国正在成为文化、利益交融的命运共同体，中国正在以开放自信的大国形象与世界各国之间开展合作交流，中华文化通过一系列载体平台走向海外，发挥重要影响。截至2013年，我国已与全球149个国家签署了文化交流合作协定，同160多个国家和地区保持着良好的文化交流关系，建立了中欧、中英、中非、中阿、东盟10+3、中日韩、上合组织等近20个区域性多边和双边政府合作机制，与97个国家签订并执行近500个文化交流合作执行计划。我国主流媒体和文化阵地加快进军海外的整体步伐，中华文化“走出去”的国际战略部署有了更多“落脚之地”。中国国际广播电台已经能用64种语言，通过调频广播、卫星电视、互联网、移动终端等新的传播平台向全球传播信息；根据2012年12月国务院批复的《海外中国文化中心发展规划》，到2020年将在全球建成50个海外中国文化中心；截至2014年9月，全球已建立465所孔子学院和713个中小学孔子课堂，共计1178所，分布在123个国家（地区），成为中国文化传播的全球品牌和平台。

四、中国文化现代化的新挑战

当前，世界正处于大发展、大变革、大调整时期，各种思想文化相互激荡更加频繁，竞争角力更加激烈；文化在经济社会发展中的地位日益凸显，围绕大局、凝聚力量、增强信心的作用更加突出；意识形态领域斗争依然复杂，引领社会思潮的任务更加繁重；深层次矛盾日益凸显，深化文化体制改革更加迫切。这些都给中国文化现代化带来了前所未有的挑战。

（一）世界多极化引发文化安全威胁

冷战结束后，随着两极格局的终结，世界出现了多极化发展趋势。但世界多极化进程，是由各个国家之间错综复杂的利益关系决定的。国家之间的利益冲突，必然反映到文化的冲突与较量上来，以强势文化对弱势文化的冲击和影响达成维护国家利益的战略目的，必然给弱势文化安全带来极大的冲击和威胁。文化安全的威胁主要表现在国家的文化主权安全和民族的文化生态安全两个方面。

一方面，威胁国家文化主权安全。当今世界，构成世界各国之间关系的基本要素发生了重要的变化，其中之一就是文化地位的上升。在当今国际关系的多个要素中，文化问题的敏感性大大加强，引起了国际关系中的一些重要的变革。文化因素在国际关系领域中主要有两个方面的动向，一个是文化扩张主义，一些国家制定了文化战略，用来确定有利于本国国家利益的文化规则，表现为强势文化的“文化霸权”；另一个是一些国家在“文化霸权”的冲击下，积极地维护文化主权。文化主权是伴随着国家主权产生的权利，一个在世界上被认可的具有生存权和发展权的国际政治实体，不仅享有政治上的完整主权和经济上的完整主权，同时还应该享有包括社会意识形态、特定的价值观念等完整的文化主权。西方国家在长期的发展过程中，在经济上取得了世界性优势，其基本的经济体制和规范在世界得到了传播。他们积累了经济、技术、科学、资本、规范等方面的先发的优势，西方国家的文化依靠这种优势向全世界渗透和传播，占领世界大部分的信息、话语、娱乐方式的权利和空间，对发展中国家实行西方模式和价值观的强势传播，强烈地冲击着发展中国家和民族的文化认同，动摇着这些国家和民族共同的价值观和思想道德基础。

进入新时代，随着我国国际地位的提升，虽然中华文化在世界文化格局中的定位已经开始发生新的变化，但西强我弱的总体态势没有改变。在这个态势下，西方“文化霸权”主要通过三种方式来实现文化扩张。一是推行“教育文化交流”计划。利用本国教育资源优势，面向全世界吸收培养他们认为有前途的学生、专家学者，希望通过此举，使这些人把“自由、民主、人权的精神带回自己的祖国”。二是利用强大媒介进行文化价值观扩张。当前在世界最有影响的五家电视广播公司中，美国就占了三家，即美国广播公司（ABC）、全国广播公司（NBC）、哥伦比亚广播公司（CBS）。正是由此，仅占世界人口5%的美国，却垄断了世界90%的新闻、80%的网上信息资源，形成了以美国为主导的全球信息传播体系，为推进美国文化价值观渗透发挥了重要作用。三是大规模输出文化产品。根据联合国教科文组织统计，美国电视节目的出口量比居第二位的英国多7倍，并拥有唯一的全球影片发行网。美国电影产量占世界的6%—7%，却占了世界银幕播放时间的50%。在如此全方位、大信息量的“文化轰炸”面前，谁能保证人们不按照美国的价值观和思维方式去思考问题呢？就连美国电影导演达利尔·柴纳尔都认为好莱坞的电影，“是摧毁共产主义的最有效力量”。

另一方面，威胁民族文化生态安全。文化生态是借用生态学的方法从文化学的视角进行研究的一个概念，是1955年美国人类学家斯图尔德在其《文化变迁论》中首次提出的。文化生态和自然生态一样，是人类发展的环境和条件，是社会大系统中的一个有机的亚系统，其运动是有规律、有秩序的，并拥有自调控、自组织机制。因此，一定的民族文化和传统文化无疑是文化生态系统的一部分，而且是极其重要的一部分，在维护文化生态的和谐与可持续发展方面具有其他文化形式和形态不可替代的功能和地位。

如同自然生态可以遭到破坏一样，文化生态也会产生失衡。文化生态失衡的主要表现就是文化多样性的丧失。我们知道，在西方强势文化的影响下，许多极有特色的民族传统文化已经失去了其赖以生存的根基，有的甚至已经悄悄地远离了我们并永久地消失了。对于此现象，早在1972年11月16日在巴黎召开的联合国教科文组织第17届会议就通过《世界文化和自然遗产保护公约》，明确提出人类要警惕民族文化的毁灭将导致世界各民族遗产的消失。近代以来，在西方强大和中国孱弱的逻辑支配下，对中国文化不自信、对中华民族五千年灿烂文化的价值视而不见，将西方文化定为一尊的论调不在少数，心态上已被西方强势文化奴役。2011年全球差传（基督教术语，布道宣教之意）数据显示：全球广义上的基督徒已达32亿人；伊斯兰教徒增幅较大，达到15.78亿人；印度教徒及佛教徒占据第三位和第四位，分别是9.5亿人和4.68亿人，并且这种宗教信仰泛化和扩大化趋势在我们国家也不断蔓延开来。[1]再反思对比一下占世界人口近1/5、唯一拥有五千年未中断文明史的中国，中华民族文化生态安全受到的威胁已经到了不得不引起我们高度重视的地步。

[1] 资料引自《凤凰周刊》2011年第25期，第47页。

（二）经济全球化造成激烈文化竞争

全球化是当今时代的显著特征。经济全球化对中国文化发展的影响是多方面、多层次的，推动中国社会转型，对中国文化发展的社会基础产生了影响；日益激烈的国际文化贸易竞争，对中国文化产业结构产生了影响；大量外来文化资本、文化产品和与以往不同的文化发展模式，对中国文化事业和产业发展产生了影响。这些影响对中国文化现代化带来的挑战主要表现为以下三个方面。

第一，“文化经济化”倾向削弱了文化独立性。伴随着经济全球化的进程，文化与经济“一体化”日益明显。根据马克思主义观点，文化发展由一定社会的经济政治状况决定，但也有其相对的独立性。然而，在经济全球化的背景下，文化发展的独立性越来越弱，“经济文化化”和“文化经济化”成了经济全球化的一个突出现象。经济全球化首先是市场的全球化，造成市场化利益导向和市场法则在文化活动中的普遍运用，文化市场成为整个经济市场中的一个重要组成部分，文化活动也成为一种经济活动，需要靠市场运作才能开展。文化主体更加关注其文化产品能否赢得市场，市场的占有率即上座率、收视率、点播率、发行量、点击率，等等，似乎成了文化影响力的评判标准。文化一旦被经济利益绑架，经济上的优势就形成了文化上的强势，经济上的强权就形成了文化上的霸权，这对正在追求实现现代化的广大发展中国家来说，要按照自己的文化发展道路实现文化现代化就难上加难了。

第二，文化贸易中核心文化产品发展受到影响。随着中国文化“走出去”规模迅速扩大，我国对外文化贸易和投资增长迅速。有数据显示，2016年我国全年文化产品进出口总额为885.2亿美元，其中出口为786.6亿美元，实现顺差为688亿美元。[1]光鲜数据的背后，我们也能感

[1] 陈恒：《2016年我国文化产品出口增长迅速？》，《光明日报》2017年3月10日，第1版。

觉到隐忧。在世界文化贸易中，发达国家明显处于文化产业链上端，以创意开发为龙头的文化产业，靠科技应用和资本运作支持，文化竞争力明显强于我国。从统计数据来看，我国不同类型的文化产品国际竞争力相差较大，其中，工艺品 RCA（显示性比较优势）指数在2002—2015年一直大于3.0，表明我国工艺品在国际市场上竞争力极强；新媒体 RCA 指数由最初的4.28降为2015年的2.43，虽然依然具有较高的竞争力，但竞争优势逐渐降低。[1]除工艺品及新媒体之外，我国设计产品和表演艺术都具有较强的国际竞争力。虽然我国表演艺术 RCA 指数达到了2.5左右，但我国表演艺术出口的提高主要源于数量的增加，并没有实现效益同步提升。视听媒介与出版物 RCA 指数都低于0.8，表明我国这两类产品在国际市场上竞争力都极弱，而这两类产品都属于我国核心类文化产品，说明虽然我国一般类文化产品竞争力较强，但是核心类文化产品竞争力依然较弱，我国对外文化贸易的“含金量”并不高。

第三，文化事业和文化产业发展空间受到挤压。随着经济全球化深入发展，特别是我国加入世界贸易组织之后，逐步开放文化市场，我国的文化产业越来越多地接触国际市场，应对国外文化产业的挑战。我国长期以来将文化作为事业进行管理，不善于进行产业经营，即使已经完成转制改企的单位，在产权变更、员工身份转变、管理运营、资金筹措、市场开拓等方面仍面临严峻挑战。特别是在全球化竞争加剧、市场准入放宽、大量外资涌入的背景下，对中国文化产业的冲击影响明显增强。我国加入世界贸易组织后，外资进入中国文化产业领域，在中国建造和改造影剧院、建立音像发行企业、投资互联网行业的比例都可以接近或达到50%，这些无疑大大增加了外国文化资本、文化产业和文化产品对我国文化事业和文化产业发展的影响。大量文化产品和文化资本的涌入，抢占中国的文化市场，压缩中国文化事业和产业发展的空间，对中国的文化事业和产业的发展造成巨大的压力。

[1] 闫丽君：《中国文化产品贸易发展现状及竞争力研究》，《经济论坛》2017年6月第6期。

（三）社会信息化增加文化管控难度

在人类社会向信息社会迈进的历程中，最深刻的社会变化毋庸置疑就是社会信息化。对社会信息化有多重理解，为便于开展文化研究，我们取狭义理解，即社会信息化是以信息技术及设备、信息应用系统等来装备社会各个领域，使信息资源得以充分开发并畅行无阻，从而使全社会过渡到信息化社会的过程。社会信息化在极大地促进了经济社会发展和文化交流融合的同时，也为思想文化传播和意识形态控制带来了一定难度，从而给传统文化建设带来挑战和考验。

第一，信息繁杂增加了文化内容理性整合的难度。社会信息化条件下，信息传递载体更加多样、速度更加快捷、获取更加便利，碎片化、情绪化的信息在发布技术准入门槛不断降低的情况下，大大增加了流通的信息总量，正面积极和负面消极的信息互相交织。而主流意识形态则需要对整个社会发展的本质、规律进行科学把握，通过对各种思想、价值理念的理性整合，才能实现主流意识形态认同。显然，信息的繁杂增加了主流意识形态主导和理性整合的难度，往往容易淹没核心价值理念，冲击意识形态的主导地位。在社会信息化条件下，增加了社会的开放程度，多元的思想观念和价值理念并存，社会成员的民主参与意识也大大增强，在价值观的选择上有了更多的选项。以往通过行政手段干预，建立在组织权威基础上的意识形态主导地位受到了挑战，在一定程度上削弱了主流意识形态的价值引导和控制能力，给主流意识形态认同带来了一定困难。由此，有学者认为“年轻人由于对媒体信息快餐的依赖而失去对政治生活的兴趣，恐怕是一个带有根本性的问题”[1]。可见，社会信息化极大地促进了社会成员对文化内容的选择和获取，却大大增

[1] ［德］托马斯•迈尔、郭业洲、陈林：《关于媒体社会中政党政治的对话》，《当代世界与社会主义》2000年第4期。

加了文化内容整合特别是主流意识形态认同的难度。

第二，网络化传播弱化了主流意识形态的权威认同。以前，我国主流意识形态教育主要采用自上而下的单向灌输方式，由于意识形态的强大控制力以及组织的权威性，容易形成思想观念和价值取向的一致性，从而实现对主流意识形态的认同。对于传统信息传播及意识形态宣传、教育来说，主、客体之间的关系是明确的，也是固定的，且往往是分离的、不对等的。但是，对于网络信息传播来说，主、客体可以实时在线、共同在场，代表主流意识形态的官方主体和社会成员客体之间仅仅是网络上点对点的关系，这与传统单向灌输式的主流意识形态宣传对客体的影响力差别很大。另外，网络化传播大大降低了信息发布、传播的门槛，“人人拿着麦克风”，可以随时随地甚至随意发布自己的看法和观点。由于网络空间的虚拟性，发布意见和观点变得更加简单，甚至可以进行情绪化表达，官方主流意识形态的权威性地位被弱化降低。时下，一些世俗化的大众网络文化极为盛行，往往对主流意识形态的表达话语进行曲解或肆意调侃，主流意识形态的影响力和凝聚力、严肃性和权威性受到严重挑战。

第三，社会信息压力挤占了思想文化的时空。从某种意义上说，社会信息化使信息总量可以无限增加，但作为信息接受主体的人在同一时空内接受信息量却是一定的。在现代化进程中，科学技术飞速发展，人们需要学习、运用、更新、创造的信息量在不断增加，获取、加工、整合信息的压力不断加大。这种逐渐增加的知识、信息压力，使社会成员特别是青年学生要拿出大部分的精力来获取科学文化信息，学习科学文化知识，在不知不觉之中忽视了思想文化的培育和建构。在西方现代化进程中，由于崇拜带来经济发展的科学文化，在思想上成了科学文化的奴隶，变成了“单向度”的人。当前我国经济发展取得巨大成就，但整个社会的道德、诚信等思想文化建设却出现了一些不容回避的问题，等等，这些都是社会信息化条件下表现出来的文化难题。

（四）文化多样化带来社会思潮多元

当今世界，文化多样化持续推进，不同文化、文明、思潮理念相互交流借鉴，推动人类文明不断向前发展。中国长期封建统治、短暂思想启蒙、改革开放的开拓性和探索性、资本主义因素的存在、经济全球化背景以及西方发达国家的挑战，等等，导致文化多样化在中国长期存在、深入发展，伴随着社会思潮也日益多样并相互激荡。社会思潮的多样存在及其交流、竞争，对文化自信造成一定程度的冲击和侵蚀。

在对待中华优秀传统文化方面，儒化思潮的冲击不容小觑。儒化思潮是一股封建复古主义思潮。这股思潮总的原则是要把儒学变成“国教”，把中国演变成“儒士共同体专政”的国家。他们设想，“儒士共同体专政”通过“儒家议会三院制”实现对国家政权的掌握和控制。“儒家议会”选举组成政府。“儒家议会”由“庶民院”“通儒院”和“国体院”三院组成，“庶民院”代表“民意”，其议员由民众普选产生；“通儒院”代表儒家圣贤理想，其议员通过考试、举荐等方式产生；“国体院”代表儒家传统，其议员从历代圣贤、帝王和名人的后裔（如孔子的后裔）中挑选，通过继承和任命产生。他们主张通过“上行路线”和“下行路线”来实现“儒士共同体专政”的策略，即“在上层儒化中国共产党，在基层儒化社会”，认为只要共产党变成了儒士共同体，“仁政也就实现了”。在文化层面，他们主张的核心是用儒学来替代马克思主义。此外，国外一些媒体也借机鼓噪，其用心也可见一斑。

在继承和弘扬革命文化方面，主要受到历史虚无主义思潮的冲击。历史虚无主义的实质就是虚无历史，这股思潮集主观主义、相对主义、解构主义于一身，呈现出明显的反历史性特征。在历史本体论上，不承认历史文化的继承性与连续性，表现出“否定过去”“割裂传统”的反历史主义倾向；在历史认识论上，借口历史认识中无法消解的主体性因素，否认历史认识的客观性，强调“历史是任人打扮的小姑娘”；在历史方法论上，混淆历史的支流与主流、现象与本质，非此即彼、二元对立，具有明显的形而上学性；在历史价值论上，高举后现代主义大旗，消解历史的神圣性和敬畏感，恶搞历史，亵渎历史。他们以反思历史为名，歪曲“解放思想”的真意，通过捕风捉影、子虚乌有的故事来贬损和否定中国共产党领导的革命、斗争和建设史，且在当代社会有愈演愈烈的趋势，说明历史虚无主义已经呈现出明显的侵蚀主流唯物主义历史观的特征及症候。

在坚持和发展社会主义先进文化方面，以“普世价值论”思潮的冲击为最烈。普世价值论是将“自由、民主、人权”等资产阶级价值观念当作人类普世价值的一股思潮，它是在西方历史文化基础上形成的，反映垄断资本的利益和意志，并为西方国家推行全球霸权服务的价值理念。普世价值论要求我国“从指导思想上确立普世价值的观念”，不能用“中国特色”拒绝“普世文明”，实际上是掐掉了作为文化内核的价值观的实践基础，把价值观看成是先在的、永恒的、抽象的东西，因而不是客观的真理；普世价值论认为我国社会主义核心价值观等同于西方“普世价值”，实际上是抹杀了作为文化内核的价值观形成过程中人的主体作用，忽视了不同民族、不同国家由于其自然条件和发展历程不同，产生和形成的核心价值观也不一样的客观实际。剥开普世价值论的外衣，这股思潮的影响就是一个危及我国文化安全的政治问题，然而，社会上对其认同者包括学者在内还不在少数，既需要在学术上进行批驳，也需要从政治上加以揭露。

第五章　中国文化现代化的道路选择

道路决定出路，选择什么道路，坚持什么道路，历来是党和国家事业兴衰成败的决定因素。争取民族独立、人民解放和国家的繁荣富强，即实现现代化，构成了近代以来中国历史和文化的主题。为了图强振兴，追赶世界潮流，中国人民经历了艰难的思想跋涉和痛苦的实践磨砺，终于选择了社会主义现代化道路，确立了以马克思主义为指导的社会主义文化发展方向，推动中华优秀传统文化创造性转化、创新性发展，继承革命文化，发展社会主义先进文化，走出了一条具有鲜明的科学性、民族性、时代性的中国文化现代化道路。

一、坚持走中国特色社会主义文化发展道路

走什么路，朝什么方向迈进，是推动社会主义文化繁荣兴盛的根本性、战略性问题。中国特色社会主义文化发展道路内涵丰富，凝结着中华民族的优秀文化传统和人类文明有益成果，是马克思主义科学真理和党领导人民进行的文化实践相结合的产物，其主要内容包括文化的指导思想、方向目标、动力任务等。建设社会主义文化强国，必须坚持中国特色社会主义文化发展道路。

（一）适应我国社会制度、发展道路的必然选择

文化总是在特定的社会条件下存在和发展的。有什么样的社会制度和发展道路，就需要什么样的文化与之相适应。由于社会政治经济的性质和发展阶段的不同，不同国家必定会形成不同的文化发展道路。比如，旧中国是一个半殖民地半封建社会，占统治地位的是帝国主义的洋奴文化、封建主义的愚昧文化和官僚买办资本主义的专制文化，因此毛泽东提出在新民主主义革命的过程中，要建设与此根本对立的民族的、科学的、大众的新民主主义文化。也就是，要走出一条同新民主主义的政治和经济相适应的新民主主义文化发展道路。文化建设在中国特色社会主义事业的总体布局中，既要反映经济建设、政治建设、社会建设的时代要求，又要为经济建设、政治建设、社会建设提供健康氛围、精神动力和智力支持，具有独特的功能和作用。这就是中国特色社会主义文化道路的根本依据。

改革开放以来，我们党立足于我国正处于并将长期处于社会主义初

级阶段的基本国情，成功开辟了中国特色社会主义道路，形成了中国特色社会主义理论体系，确立了中国特色社会主义制度，实现了经济发展的历史性进步。中国共产党既是政治的先锋队，也是文化的先锋队，在开辟中国特色社会主义道路的过程中，自觉地从社会主义初级阶段的实际和中国特色社会主义经济、政治蓬勃发展的实际出发，创造了生机勃勃的中国特色社会主义新文化。正是在这样伟大的文化建设过程中，中国共产党站在时代前列，引领文化发展进步，走出了一条中国特色社会主义文化发展道路。实践证明，只有坚持中国特色社会主义文化道路，才能确保文化建设的正确方向，才能更好地推动中国特色社会主义建设伟大事业。

（二）我们党长期艰辛探索实践的历史选择

中国特色社会主义文化发展道路的形成不是一蹴而就的，而是我们党带领人民长期艰辛探索实践的结果，既包含文化建设理论的结晶，也包含经验教训的升华，并伴随中国特色社会主义事业进程不断发展。中国特色社会主义文化发展道路的形成和发展，体现了中国共产党强烈的使命担当和高度的文化自觉。

回顾我们党近百年的奋斗历程，无论是革命战争年代还是建设改革时期，我们党都能在马克思主义指导下，紧密结合中国实际，围绕实现民族复兴宏伟目标提出文化主张和文化纲领，把文化进步的根基深扎在推动社会发展的历史实践中，确保能够勇立时代潮头，引领文化先声。在新民主主义历史阶段，具有较高马克思主义理论素养的中国共产党领导人如李大钊、陈独秀、瞿秋白、毛泽东等，结合当时经济社会实际，提出新民主主义文化，体现了中国共产党人在新民主主义革命时期对文化问题的高度重视和在这个问题上的认识水平。毛泽东是中国共产党人关于新民主主义文化观在理论探索上的集大成者。改革开放以来，中国共产党在坚持以经济建设为中心推进社会主义现代化建设的过程中，一而再，再而三地提出物质文明与精神文明要“两手抓，两手都要硬”，提出要发展社会主义先进文化，强调要促进文化事业和文化产业同发展，等等，推动文化建设不断取得新成就，走出了中国特色社会主义文化发展道路。党的十八大以来，以习近平同志为核心的党中央在实践中不断深化对文化发展规律的认识，在加强主流意识形态建设、坚定文化自信、传统文化创造性转化和创新性发展、深化文化体制改革、建设社会主义文化强国等方面逐步形成了新的文化发展理念。这些理念，是在文化建设实践中艰难探索逐步形成的，丰富了中国特色社会主义文化发展道路的内涵，为我们坚定文化自信、推动社会主义文化繁荣兴盛提供了遵循。

（三）遵循中国特色社会主义文化发展规律的科学选择

文化作为社会结构一个独立的层面，其发展演进与经济、政治、社会等有着相对的独立性和内在规定性；中国特色社会主义文化是社会发展规律和历史前进要求在文化上、精神上的反映，是人民大众意志和愿望的凝聚和体现。因此，中国特色社会主义文化发展道路，必须要遵循中国特色社会主义文化发展规律，集中体现中国文化的鲜明特征和社会主义文化的特殊要求。

坚持为人民服务、为社会主义服务。中国特色社会主义文化属于建立在社会主义经济基础上的意识形态上层建筑，服务于以公有制为主体的社会主义经济基础。以公有制为主体的社会主义经济基础，代表的就是最广大人民的根本利益，这两个方向是一致的。改革开放以来，我们党集中发展社会生产力，完善社会主义制度，改善人民的物质文化生活，满足人民日益增长的美好生活需要，体现了为人民服务和为社会主义服务的完全一致性。偏离了社会主义方向，就是脱离了人民群众的立场，违背了人民群众的根本利益。市场经济的深入发展对文化建设产生了重大影响，走中国特色社会主义文化发展道路，不能在市场经济大潮中迷失方向，不能在“为什么人”的问题上发生偏差。一方面，必须坚持以人民为中心的工作导向，始终把满足人民群众美好生活需要作为文化建设的出发点和落脚点，让文化建设服务人民、文化成果惠及人民，更好地推动人的全面发展。另一方面，必须坚持把社会效益摆在首位，社会效益和经济效益相统一。适应社会主义市场经济发展要求，更加自觉地围绕中心、服务大局。充分发挥文化既直接贡献于经济增长，又能提升经济发展质量的积极作用，让文化与经济相融合，生成最具有竞争力的经济发展优势。

坚持百花齐放、百家争鸣。“双百”方针是我们党指导科学文艺事业的指导方针，也是中国特色社会主义文化建设的基本方针。毛泽东同志于1957年在《关于正确处理人民内部矛盾的问题》的讲话中第一次系统地论述了这一方针。半个世纪以来，“双百”方针对我国的经济社会建设，特别是文化发展产生了重要的推动作用。“双百”方针充分体现了人类认识发展的自然规律。人类的认识过程总是存在着矛盾，存在真与假、善与恶、美与丑的对立，以及不同思想和学派的对立，这就是说，没有矛盾，就没有发展。若想解决这些矛盾，就必须允许形成不同观点和风格的学术派别或艺术流派，只有实行“双百”方针，在比较和斗争中，才能辨别真善美和假恶丑，才能发展科学，繁荣艺术。“双百”方针营造了健康和谐、富有活力的文化环境。文化的发展与文化环境关系密切，导向正确、积极健康的文化环境能够成就文化理想，生动活泼、宽松和谐的文化氛围能够焕发文化创造力；反之，单调沉闷、封闭压抑的文化环境致使文化失去活力和吸引力，鱼龙混杂、污浊不堪的文化环境致使文化变质，阻碍经济社会发展。“双百”方针提倡尊重差异、包容多样，各种观点、各种流派、各种风格的文化，只要是有利于实现中华民族伟大复兴的，都可以在中国特色社会主义文化中得到体现。当然，坚持“双百”方针还必须准确把握纷繁复杂的文化现象，辨析主流与支流、区分先进与落后、划清积极与消极，对落后、腐朽和反动的文化坚决抵制批驳，营造风清气正的文化环境。

坚持创造性转化、创新性发展。人类的文化创造是在历史中完成的，不断地积累、创新就形成了文化长河。任何一个国家和民族在推动现代化建设的进程中，都不可避免地面临着如何对待本国、本民族所固有的历史和传统文化的重大问题。这个问题处理得好，就可以使优秀传统文化变成现代化建设的文化资源；处理得不好，就会变成现代化建设的阻力。在中国，与近代以来一直存在的全盘否定传统文化的文化虚无主义和死守旧有文化传统的文化复古主义这两种相互对立的极端观点不同，中国共产党在领导中国革命和社会主义建设的长期实践中，始终是传承和弘扬中华优秀传统文化的促进者。在新的历史条件下，习近平总书记强调：“中国共产党人不是历史虚无主义者，也不是文化虚无主义者。”因此，“应该科学对待民族传统文化，科学对待世界各国文化，用人类创造的一切优秀思想文化成果武装自己”。[1]基于上述历史唯物主义的传统文化观，习近平总书记在主持十八届中央政治局第十三次集体学习时提出，对中华优秀传统文化“要处理好继承和创造性发展的关系，重点做好创造性转化和创新性发展”[2]，其核心是以时代精神激活中华优秀传统文化的生命力。新时代推动文化繁荣发展，必须做到不忘本来、吸收外来、面向未来，更好构筑中国精神、中国价值、中国力量，为人民提供精神指引。

[1] 习近平：《在纪念孔子诞辰2565周年国际学术研讨会暨国际儒学联合会第五届会员大会开幕会上的讲话》，《人民日报》2014年9月25日，第2版。

[2] 习近平：《习近平谈治国理政》，外文出版社2014年版，第164页。

二、凝练培育社会主义核心价值观

我们提到过，文化是以人为圆心，按照信仰信念、习俗规范、艺术情感、科学知识四个层次由内向外组成的同心圆系统。文化要素越接近圆心，性质也越稳定。价值观就是处于圆心的文化要素，是文化要素中最稳定、居于支配地位的部分。核心价值观是一个社会中居于统治地位的价值观念，是一个社会长期普遍遵循的相对稳定的根本价值准则。社会主义核心价值观，从地位来讲，它是社会主义核心价值体系的灵魂，体现了社会主义的本质属性；从产生来讲，它是在我国革命、建设和改革实践中形成与发展起来的，并引导我国健康发展的价值理念与目标；从功能来讲，它从根本上决定着中国特色社会主义文化的属性和发展方向。中国特色社会主义进入新时代，实现中华民族伟大复兴，客观要求凝练培育社会主义核心价值观。

（一）社会主义核心价值观的再凝练

社会主义价值观是在科学社会主义实践中产生的，深刻反映着社会主义基本的、长期稳定的社会关系及价值追求。从2006年十六届六中全会通过的《中共中央关于构建社会主义和谐社会若干重大问题的决定》第一次明确提出“建设社会主义核心价值体系”这个重大命题和战略任务时起，学术界关于社会主义核心价值观的讨论就没有停止过，多年来一直都是学术研究热点。据不完全统计，学术界对社会主义核心价值观共提出过60多种表述，涉及90多个具体范畴。在对社会主义核心价值观的认识不尽一致、观点不尽相同、看法多种多样的情况下，党的十八大提出以“三个倡导”为基本内容，积极培育和践行社会主义核心价值观，及时统一了思想认识，明确了努力方向，形成了建设社会主义核心价值体系的强大合力。

但同时我们也应该看到，“三个倡导”的价值理念，并不是社会主义核心价值观的最终结论，而是为积极培育社会主义核心价值观奠定了理念基础，为进一步凝练升华社会主义核心价值观留下了广阔的空间和充分的余地。社会主义核心价值观应该是最高层次、哲学意义上的价值观，能够把不同层面的价值理念统领起来，把社会主义的基本价值规范、现实价值目标和未来价值理想贯穿起来，能够集中体现当代中国精神，更加言简意赅，易懂、易记、易传。基于这些考虑，可以把社会主义核心价值观表述为“自由、和谐、仁爱”。这六个字，从人类社会、社会主义社会和中国社会三个层面构成社会主义核心价值观的内核。

自由。自由是人类的天性，人类追求自由，就像享受阳光、呼吸空气一样，与生俱来。作为人的基本权利和属性，自由通常指个体从外界种种束缚中解放出来，具有自主的意志和行动的自由，能够充分展示和发展自己的个性，实现自由全面发展。对此，马克思说：“自由的有意识的人的活动恰恰就是人的类特性。”[1]

自由是社会主义价值观的题中应有之义。人的自由全面发展是马克思主义的最高命题，是社会主义的终极价值和根本指向。很长一段时间里，一些人谈自由、人权就色变，认为那是资产阶级倡导的东西，是资本主义的东西，社会主义作为对资本主义的批判和超越，应该回避甚至批判资产阶级标榜的价值理念。这种观念实际上将自由、人权等价值理念看作资产阶级的专利，将自由民主制度视为西方专有的东西，无形中，将自由与社会主义剥离开来。如此一来，就把自由这种原本为人类所共同追求的价值理念、原本作为人所追求的美好的东西、社会发展创新的重要价值支撑给忽略了。实际上，在马克思对

[1]《马克思恩格斯文集》(第一卷)，人民出版社2009年版，第162页。

社会主义的设想中，自由被置于十分重要的地位，甚至被视为社会主义最本质的东西。马克思、恩格斯在著作中，一再表达着对资本主义自由的严重不满，认为资本主义的自由是资产阶级的自由，是虚伪的自由。但是，马克思、恩格斯对资本主义自由的批判并不意味着他们认为社会主义应该放弃对自由的要求；相反，在他们看来，社会主义应该在吸收资本主义自由观的合理成分的基础上，创造出比资本主义更高层次的、更为真实的自由。正因为如此，马克思、恩格斯在《共产党宣言》中更是十分明确地指出，未来的共产主义社会，“每个人的自由发展是一切人的自由发展的条件”。

中国共产党始终把不断实现人的自由全面发展作为社会发展的重要标志，致力于中国人民的自由和思想解放。中国共产党在一大制定的纲领中就旗帜鲜明地指出，我们党代表绝大多数人的根本利益，是为人类的彻底解放而奋斗的，我们的目标是实现共产主义。正是在此思想的指引下，中国共产党带领全国人民进行了轰轰烈烈的革命运动，推翻了“三座大山”的统治，完成了社会主义改造，实现了民族独立、人民当家做主。改革开放以来，我们党大力倡导坚持“解放思想，实事求是”，努力改善人民的生产和生活条件，不断解放和发展生产力，采取了一系列保障公民权利的有力措施，取得了举世公认的成就。中国特色社会主义取得的巨大发展成就进一步促进了自由的实现，为人的自由全面发展创造了良好的条件。同时，我们需要清醒地认识到，人的自由的实现程度受社会发展水平的制约。社会主义作为人类自由发展的一个历史阶段，它的自由仍然无法摆脱人对自然和社会条件的依赖，是相对的、具体的和历史的。

把自由作为社会主义核心价值观的内核，充分展示了中国特色社会主义核心价值观积极承接人类共同价值追求的开放姿态，体现了我们党坚持最低纲领和最高纲领有机统一、坚持价值目标与价值理想的有机统一。

和谐。和谐是对立事物之间在一定条件下动态的对立统一，是不同事物之间互相促进、共同发展的关系。和谐不是某一种特定物，而是一种协调的关系、一种良好的状态、一种美好的追求。这种好的关系、状态及其理想追求，对人的全面发展具有重大深远的类似“终极关怀”的价值。和谐作为事物的一种存在状态，在社会领域主要表现为人与人、人与社会、人与自然之间矛盾关系协调、稳定的状态，在社会主义社会，还是社会主义文明在社会领域的价值诉求，具体表现为对民主法治、公平正义、诚信友爱、充满活力、安定有序、人与自然和谐相处的社会形态的追求。马克思、恩格斯将“自由人的联合体”作为社会发展程度的最高境界，把共产主义社会定义为“人和自然界之间、人与人之间矛盾的真正解决”，是“人类同自然的和解及人类本身的和解”，即实现了各种矛盾关系的和谐统一。不难看出，马克思主义创始人所追求的未来共产主义社会的本质特征是和谐。和谐对于人的需要、全面发展和人之为人的类本质的实现，具有重大的价值意义。

新中国成立之后，特别是社会主义制度建立之后，中国共产党人开始了如何建设社会主义的曲折探索。1956年4月，毛泽东同志在《论十大关系》中论述了社会主义建设中要处理好的十个方面的关系，提出要从本国实际出发，调动一切积极因素，为社会主义建设服务。1957年2月，在《关于正确处理人民内部矛盾的问题》一文中，毛泽东同志运用马克思主义对立统一的基本观点，提出了关于正确区分两类不同性质的矛盾和正确处理人民内部矛盾的科学论断，为正确认识社会主义社会的矛盾、团结一切可以团结的力量、实现社会和谐和建立和谐社会奠定了重要的哲学基础。改革开放以来，我们党在推进马克思主义中国化新的实践中，逐步形成了构建社会主义和谐社会的重大战略思想，做出了社会和谐是中国特色社会主义本质属性的科学判断，把对社会主义本质的认识提升到了一个新的高度。

社会主义核心价值观语境下的和谐价值理念，可谓社会主义制度的本质规定，它集中体现了以人民为中心价值原则的基本功能指向。一方面，以“和谐”为核心价值理念的社会建设的出发点和归宿是为了最广大群众的根本利益，它始终贯穿着以人民为中心的价值诉求；另一方面，以人民为中心的价值诉求必须落实为构建社会主义和谐社会的现实运动，才能得到历史的实现，以和谐为基础的“人本”与以人本为价值原则的“和谐”，在社会主义和谐社会建设这个实践载体中，得到了互相整合、互相促进的内在统一。社会主义现代化建设是亿万人民群众广泛参与的创造性事业，其主体是人民群众，根本目的是为最广大人民谋福利，促进社会全面进步和人的全面发展。作为社会主义现代化建设的核心价值追求，和谐这一理念本质上是为了人民群众与依靠人民群众的有机统一。

把和谐作为社会主义核心价值观的内核，充分揭示了社会主义制度的本质属性，表现出社会主义之于资本主义等其他社会学说无法超越的明显优势，是国家富强、民族振兴、人民幸福的重要保证，是推进中国特色社会主义伟大事业的一个愿景和过程，更是我们必须坚持倡导的核心价值理念。

仁爱。“仁、义、礼、智、信”是中华民族传统价值观中起着价值导向和道德规范作用的核心理念，其中“仁”（即“仁爱”）居于第一层面，具有核心作用，决定和影响着其他价值理念，是中华民族传统价值观的重要内容和道德精神的象征。

儒家“仁爱”思想认为，仁爱带给他人温馨的感觉、强大的力量，能给别人带来仁爱的人，必然会得到别人的爱戴和尊重，能同心中有爱的人在一起是莫大的幸福；提倡把“爱亲”规定为“仁”的开始，进而推广到爱他人、爱物和爱自然，达到了“仁者以天地万物为一体”和“泛爱众”的境界。所以仁爱既能充分展现中华民族传统的崇高精神境界，又涵盖了现代西方社会所倡导的“博爱”价值理念的基本内涵，既是我国传统核心价值理念中极为重要的内容，也是人类的共同价值追求。

仁爱作为儒家的核心思想，主要讲的是一个人应该具备的生活理念和态度，它是一种主观的道德修养，一种内在的道德自觉，为仁由己不由人。一个人只有正确的生活理念和人生态度是远远不够的，再富有仁爱之心，不能身体力行、付诸实践，就不能发挥仁爱的现实效应。为此，孔子强调“义以为质，礼以行之”，说的就是“礼”与“仁”的关系，要达到“为仁”的自觉性，必须通过“礼”这种外在的制约，把“仁”的德行修养，完全变成一种内在的、自觉的道德规范。从这个意义上说，仁爱就超越了单纯个人主观境界修养要求，有了更加丰富的社会意义，给我们协调处理人际社会关系提供了道德准则。比如，仁爱体现在执政理念上，就是要坚持以人为本、关心群众疾苦、改进民生问题；体现在处理个人与他人关系上，就是要严于律己、宽以待人，己所不欲、勿施于人；体现在职业道德领域，就是要诚信待人、本分做事，等等。仁爱作为中华传统核心价值观的重要内容，对今天的社会主义现代化建设依然具有现实意义。

把仁爱作为社会主义核心价值观的内核，充分体现了具有悠久历史文明的中华民族特色，是区别于其他社会价值观的主要标志。中国特色社会主义核心价值观，必须立足于中国的历史文化传统，把中华民族传统核心价值观作为最基本的价值资源，而仁爱为中华儿女所普遍认同和共同遵循，适宜作为社会主义核心价值观中体现中华民族特色的核心价值理念。

（二）培育和践行社会主义核心价值观

社会主义核心价值观仅停留于价值理念层面还是不够的，必须由理论诉求转化为实践诉求，由主导要求转化为主体需求，才是文化现代化的正确道路和紧迫任务。为此，党的十九大报告指出，要把社会主义核心价值观融入社会发展各方面，转化为人们的情感认同和行为习惯。这就明确了培育和践行社会主义核心价值观的目标任务，回答了培育和践行社会主义核心价值观的途径和方法。与此同时，我们也应该看到，培育和践行社会主义核心价值观不是一朝一夕的事情，不可能在短时间内一蹴而就，更不可能毕其功于一役，必须持续推进、久久为功。

第一，抓好思想教育。核心价值观的培育离不开理论灌输，打牢思想根基。在思想教育过程中，一是要把知识教育与价值观教育统一起来。从本质上看，思想教育首先是知识教育，同时也是价值观教育、信仰教育，把两者统一起来是思想教育的本质要求。信仰离不开知识，离开了知识的信仰是宗教，是盲目信仰，因此知识教育是必要的基础性的；但知识不等于信仰，知识的掌握程度不能直接转化为信仰的坚定程度。当前，我们在进行思想教育时，比较注重知识教育，而对价值观教育重视不够，突出表现在只满足于通过知识掌握情况评判信仰转化情况，这显然是不够的。二是要把社会主义核心价值观教育与马克思主义基本理论教育统一起来。从内容上看，进行思想教育，首先必须认真学习和掌握习近平总书记与党中央关于培育和践行社会主义核心价值观的重要思想和重要论述，这既是培育和践行社会主义核心价值观的重要内容，又是思想前提。同时，还要认真学习马克思主义基本理论，把价值观奠定在科学的世界观、人生观和历史观之上。这是因为价值观是以世界观、人生观和历史观为基础的，价值观只有奠定在世界观和历史观的基础上，其信念和信仰才能坚定。比如科学家牛顿，在价值观上他是信神的，这是因为在世界观上他认为是神创造了自然界和世界。

第二，突出实践养成。把社会主义核心价值观融入社会发展各方面，必须突出实践养成。价值观是客体与主体之间价值关系的反映，马克思主义认为，这个反映必须通过实践磨炼，并且反复循环，才能融入主体血脉，真正成为人们的灵魂、准则和追求，从而做到自觉信奉、敬仰和践行。比如，古希腊的斯巴达人崇尚勇敢、坚韧、守纪、忠诚等价值观，为了培育这种价值观，他们让青少年在黑夜里单独行走，以培养他们的勇敢；让他们在烈日下长时间赤脚，而且是走在荆棘丛生的路上，以培育他们的坚韧；他们很小就开始过团队生活，稍大后过严格的军营生活，以此来培养守纪和忠诚。正是通过这样的践行，古希腊的斯巴达人牢固地确立了这些价值观，并把它们融会贯通到自己的行动中。我们今天在培育社会主义核心价值观的过程中强调实践养成，与斯巴达人的重践行、与宗教徒的苦修行有本质区别，但离开了实践这个载体是不行的。实践养成包括多种形式，主要有在社会主义现代化建设中磨砺、在主题实践活动中锤炼、在履行岗位职责中转化、在日常生活中养成。突出实践养成，就是要把这些实践形式与培育和践行社会主义核心价值观紧密结合起来，通过这些活动，把社会主义核心价值观内化为人们的价值追求和自觉行动。

第三，优化制度机制。社会主义核心价值观是一种精神原则，这种精神原则只有通过一系列机制环节，才能有效转变为人们的思想和行动。一是把社会主义核心价值观的基本思想、精神、原则，转化为一定的工作政策，体现在行动纲领上。社会主义价值观的自由这个理念，体现在每个人都能得到充分自由发展，但每个人的自由发展又并不以牺牲其他人的自由发展为前提，是个人自由与社会自由的高度统一。比如，人们有通过网络表达诉求的自由，但网络造谣并不是言论自由。二是把社会主义核心价值观的基本精神和要求，转化为全体社会成员的言行规范和行为准则，使社会主义核心价值观培育具体化、生活化、常态化。比如，已经施行的《公民道德建设实施纲要》，还要细化行业领域、企业单位具体的市民公约、乡规民约、学生守则等行为规范，把社会主义核心价值观的要求落细、落小、落实。在这一点上，我国古代通过吉、凶、宾、嘉、军五种礼节规范来保证“仁、义、礼、智、信”价值观的实现，可以借鉴。三是把社会主义核心价值观融入法治建设，把社会主义核心价值观的要求体现到宪法、法律、法规、规章和公共政策之中，转化为具有刚性约束力的法律规定。注重把一些基本道德规范转化为法律规范，把实践中行之有效的政策制度及时上升为法律法规，推动文明行为、社会诚信、见义勇为、尊崇英雄、志愿服务、勤劳节俭、孝亲敬老等方面的立法工作，使符合核心价值观的行为得到鼓励，违背核心价值观的行为受到制约。

三、繁荣发展中国特色哲学社会科学和文学艺术

哲学社会科学作为揭示自然发展规律、社会发展规律和人类自身发展规律的知识体系，是人们认识世界、改造世界的重要工具，是推动历史发展和社会进步的重要力量；文艺代表时代风貌，引领时代风气，举精神之旗、立精神支柱、建精神家园，都离不开文艺。夺取新时代中国特色社会主义伟大胜利，哲学社会科学具有不可替代的重要地位，文艺具有不可替代的重要作用。繁荣发展中国特色哲学社会科学和文学艺术，主要任务就是进一步坚持马克思主义在哲学社会科学领域的指导地位，加快构建中国特色哲学社会科学学科体系、学术体系、话语体系，创作无愧于时代的优秀作品。

（一）以科学的态度和方法坚持马克思主义指导地位

当代中国哲学社会科学是以马克思主义进入我国为起点的，是在马克思主义指导下逐步发展起来的。繁荣发展中国特色哲学社会科学，必须在坚持马克思主义指导地位这个根本原则上坚定不移。

第一，以科学的态度对待马克思主义。对待马克思主义的态度问题，始终是哲学社会科学领域坚持马克思主义指导的首要问题。以科学的态度对待马克思主义，就是对马克思主义要坚信但不迷信，把马克思主义看作是行动的指南而不是教条。马克思主义是普遍真理，揭示了人类社会发展的一般规律，具有普适性，而不仅仅是某个社会，或是社会发展的某个阶段的“主义”。马克思主义是我们立党立国的根本指导思想，是我们党始终沿着正确方向前进的根本思想保证。中国共产党近百

年的发展历史充分证明，马克思主义永远不能丢。丢了马克思主义，就丢掉了共产党人建立和发展的理论基础。哲学社会科学领域坚持马克思主义指导，就要从事实出发，而不是从原则出发，不但应当了解马克思、恩格斯研究资本主义社会矛盾所得出的一般规律性的结论，更为主要的是掌握他们观察问题和解决问题的立场和方法。马克思和恩格斯都坚决反对以教条主义的态度对待马克思主义，要求人们根据它的立场观点和方法，探索解决发展变化实践中遇到的新问题。我们不能要求马克思和恩格斯在100多年前就能预测世界科学社会主义运动所能遇到的各种问题，并给出准确的答案。比如，马克思生活的时代，工人阶级和资产阶级之间的矛盾突出，因此马克思主义主要代表无产阶级立场。如今传统意义上的产业工人在发达国家占劳动力总人口的比例已很小，广大知识分子、中产阶层已成为社会进步不可或缺的部分。在我们国家，只要他们坚持“四项基本原则”，今天我们无疑也必须视他们为人民的范畴，保护他们的利益。他们之中的优秀分子也可以入党。

第二，坚持马克思主义宣传贯彻与教学研究相结合。马克思主义是一种特殊的进步的意识形态，也是关于社会发展普遍规律的学说。正是在这两种意义上，马克思主义既是政治的工具，也是科学的理论。作为政治工具，它成为我们党长期坚持的指导思想，是各行各业、方方面面的行动指南，当然也包括哲学社会科学领域，决定着哲学社会科学领域的价值立场、发展方向。作为科学理论，它是需要我们长期系统深入研究的学科，只有这样，才能更好地掌握运用马克思主义的基本原则和方法，探索解决新情况、新问题，推进马克思主义时代化、大众化，从而更好地发挥政治工具功能。在马克思主义教学研究过程中，走学科化、科学化才是根本的出路。正是在这个意义上，马克思主义理论一级学科得以顺利建立，下面再划分为六个二级学科专业，促进了马克思主义理论的教学和研究。但这也造成了一些矛盾和问题。因为马克思主义理论的一个突出特征是整体性，人为地把它划分为马克思主义哲学、马克思主义政治经济学、科学社会主义三个部分的做法已经得到纠正，但是成为独立的一级学科后客观上也造成了与其他相关学科的分离，比如历史学、社会学、新闻学等。马克思主义理论学科内部所设六个二级学科专业之间划分也不够科学，存在生硬切割的痕迹。比如马克思主义发展史二级学科专业在逻辑上就包含与之相并列的马克思主义中国化研究、国外马克思主义研究两个二级学科专业。这是应该引起我们注意的。

第三，坚持在实践中发展马克思主义。理论只有植根于实践，才会有生命力。实践性是马克思主义的根本属性，内在地要求其必须回应现实的需要，在回答和解决现实问题中丰富和发展自己，因而具有鲜明的时代性。作为科学真理，马克思主义具有普适性，没有也永远不会过时，它依然葆有其创立之初的旺盛生命力。中国特色社会主义进入新时代，面临许多新情况、新问题，在实践中发展马克思主义主要应做好三个方面：一是“马克思主义时代化”，也就是不断把马克思主义融入时代的发展之中，科学解读马克思主义的当代价值，充分发掘马克思主义与当前的时代特征和社会实践密切相关的理论内容；二是“时代化马克思主义”，也就是不断把时代的发展融入马克思主义之中，运用马克思主义的立场、观点和方法，形成新的思想和新的观点，实现马克思主义理论体系的创新发展；三是用马克思主义解决时代课题，这是实现前两者辩证统一的桥梁和纽带。当前，最重要的就是要学好用好马克思主义时代化、中国化的最新成果——习近平新时代中国特色社会主义思想，理解掌握以习近平同志为核心的党中央治国理政的韬略和方法，体会蕴含其中的智慧和风范，真正用以武装头脑，指导实践，为续写当代中国马克思主义新篇章提供有力的学理支撑。

（二）加快构建中国特色哲学社会科学学科体系、学术体系、话语体系

任何事物的发展都有蕴藏其中的内在规律，构建中国特色哲学社会科学学科体系、学术体系和话语体系，要按照具有中国特色、中国风格、中国气派的要求，统筹谋划，系统推进，形成中国特色哲学社会科学的鲜明特色和整体优势。

第一，加快构建中国特色哲学社会科学学科体系。目前，我国哲学社会科学学科体系已经基本建立，2011年最新划分的13个学科门类中，包括哲学社会科学9个门类和30多个一级学科，但还存在学科设置同社会发展联系不够紧密、学科体系不够健全、学科设置比较陈旧、发展也不够平衡等问题。首先，着力加强马克思主义理论学科建设。进入新世纪，党和国家实施了马克思主义理论研究和建设工程，中发【2004】16号文件规定马克思主义理论为一级学科。截至2016年年底全国高校共设立马克思主义理论一级学科博士点37个，一级学科硕士点176个，二级学科博士点和硕士点600多个。这些学科布点有很多是新设立的，学科建设基础比较薄弱，必须采取措施加大学科战略规划、培养方案、队伍力量、评估体系、管理机制等建设力度，尽快使学科建设步入健康发展轨道。其次，统筹推进哲学社会科学学科建设。对哲学社会科学具有支撑作用的普遍意义的基础学科仍要作为重点加以建设。随着各学科领域之间的交流融合不断深入，原有学科界限被打破，形成医疗哲学、环境史等交叉学科和新兴学科，还有如文献学等冷门学科。这样的分类不是固定不变的，在统筹力量协调推进之外，要努力实现基础扎实、重点突出、创新引领、冷门不绝的学科局面。再次，完善教材体系建设。把教材体系建设作为重要抓手，推动教材编修体制机制创新，充分调动各方面的积极性。比如，马克思主义理论研究和建设工程重点教材的编修

和使用目前取得了较好的效果，可以推广到其他学科。

第二，加快构建中国特色哲学社会科学学术体系。有资料显示，党的十八大以来，哲学社会科学领域高校共出版著作11万部，发表论文131万篇，承担各类研究项目134万多项，提交各类资政报告4.3万篇[1]，涌现出一批精品力作，但还存在质量不高、大师不多、风气不端的问题。首先，要以新时代中国特色社会主义伟大实践为基础，提升学术成果质量。改革开放以来，中国特色社会主义取得了举世瞩目的成就，这是构建中国特色哲学社会科学学术体系的源头活水。哲学社会科学工作者应从学理层面对中国的宝贵经验加以分析总结，借鉴国外的科学理论和有效方法，提炼出中国经验，形成中国特色的哲学社会科学研究范式，提升中国哲学社会科学学术成果质量。其次，构建中国特色哲学社会科学学科人才体系。按照造就学术大师、培养专家学者、积蓄后备人才的思路，通过实施哲学社会科学人才工程，完善人才遴选机制，加大对哲学社会科学人才扶持关爱力度等，加速哲学社会科学人才培养和成长。再次，进一步规范学术管理机制。深化学术管理机制改革，建立资源整合、研究规范、成果评价、奖惩激励机制，建立学术规范，净化学术环境，激发学术活力。重点处理好学术自由与政治原则的关系，正确区分学术问题和政治问题，明确学术主体享有的学术自由与责任；加强学术道德建设，加强学术主体道德修养，自觉抵制和从严查处学术不端行为，维护学术诚信；区分不同层次的学术价值，鼓励探索和包容失败，杜绝学术腐败。

第三，加快构建中国特色哲学社会科学话语体系。当前，我国哲学社会科学在解读中国实践、解决中国问题、构建中国理论上，还没有把握话语主动权，甚至常常处于“失声”状态，迫切需要引起重视，采取措施迅速改观。比如，中国特色社会主义取得了经济发展的巨大成就，

[1] 张东刚:《构建具有中国特色的哲学社会科学学科体系、学术体系、话语体系》,《文化软实力》2016年第2期。

传统的政治经济学和西方经济理论显然不能适应今天中国特色社会主义经济建设的客观需要，迫切需要构建中国特色社会主义经济学学科。首先，立足于中国特色社会主义实践，提炼新概念、凝练新观点、锤炼新表述。中国无可比拟的悠久文明、波澜壮阔的革命实践、举世瞩目的建设成就，都是中国特色哲学社会科学可以调用的话语“资料库”。应努力用马克思主义的立场、观点和方法，中国的语言风格、思维习惯等提炼出标识性的概念、范畴、原理和表述，抓住“中国事情中国来说”的话语权，“世界的事情应有中国声音”的参与权。以习近平同志为核心的党中央提出的“中国梦”“一带一路”“人类命运共同体”等概念，就是这种话语创新的集中体现。其次，推动哲学社会科学话语体系的大众化。哲学社会科学的理论具有一定的思辨性和抽象性，其成果要能够为人民群众所理解、掌握和转化运用，就必须用群众的语言说群众听得懂的话。这就要求哲学社会科学工作者具有深厚的理论功底和务实的工作作风，才能够把深奥烦琐的学术话语体系转换成群众喜爱接受的传播话语体系。但这也要避免哲学社会科学话语表达的庸俗化倾向。再次，推动哲学社会科学话语体系的国际化。要讲好中国故事，积极推进中国文化走出国门，用优秀文化产品展示中国形象、传播中国声音；要主动设置议题，在自由、民主、人权等与西方话语争执较为明显的问题上主动回击，推广中国的主张和理念，让世界更多地理解和认同中国，从而提高中国在这些问题上的定义权和解释权；要创新话语表达方式，中国特色哲学社会科学不仅要用中国的话语表达方式在中国传播，而且还要用世界上多种话语方式向国外输出，从而扩大中国特色哲学社会科学的国际影响力。

（三）创作无愧于时代的优秀文艺作品

文艺作品是文化创造能力和水平的外在表现，是文化传播的重要载体和形式。改革开放以来，我国文艺在中国特色社会主义伟大实践的舞台上快速发展繁荣，精品力作纷呈，为人民提供了丰富的精神食粮，向世界展示了中华文化魅力。然而，也不可否认，文艺创作在一定程度上还存在有数量、缺质量，有高原、缺高峰的现象，存在着这样或那样的问题。繁荣发展文学艺术，最根本的是要把创作优秀作品作为中心环节，创作生产出更多积极向上、感染力强，温润心灵、启迪心智，传播广泛、影响久远，思想性、艺术性、观赏性相统一，为人民群众所喜爱的优秀作品。

第一，以中国精神为魂，以人民群众为根。文艺创作来源于生活。中国文艺创作的舞台在中国大地，素材来自中国实践，展示的是中国精神，歌颂的是中国人民，深深扎根于广袤而深厚的文化土壤之中。五千年中华文明史孕育的中国精神，含有深厚的精神底蕴和独特的文化气质，曾经是西方人心中的“东方传奇”，更足以让中华民族引以为傲，屹立于世界民族之林，是新时代文艺工作者取之不尽、用之不竭的精神财富；自新中国成立特别是改革开放以来，中国特色社会主义伟大实践，创造了世界上绝无仅有的发展奇迹，积累了人类社会发展进步的宝贵经验，丰富和发展了中国精神的内涵，增添了中国精神的时代光辉，储存着文艺创作取之不尽、用之不竭的源泉材料。新时代创作优秀文艺作品，就是要讲好中国故事，传承好中国精神，这是优秀文艺作品的灵魂。一度在少数文艺创作中出现的追随西方潮流、贬损中国形象的倾向，是侵蚀文艺创作健康发展的病毒，我们要高度警惕，决不容许其侵蚀社会主义文艺的健康肌体。

人民群众是历史的“创作者”和“剧中人”，是活跃于历史进步舞台上的主体力量。新时代的文艺创作，只有镜头对准人民，真情歌颂人民，才能保证方向不会跑偏，内容不会“虚焦”。一是坚持为人民创作。这是文艺工作者要明确的“我是谁、依靠谁、为了谁”的根本性、方向性问题。文艺创作必须站在人民的立场上，使自己的身份与人民保持一致，在认识、理解人民群众的过程中重塑自我，在抒发人民情怀的同时升华自我；始终把人民作为文艺创作的价值主体，在满足人民需要中实现文艺创作价值。二是深入生活，扎根人民。文艺离不开生活的积累，脱离了生活的文艺创作是凭空捏造，无病呻吟。必须深入到人民群众的现实生活中寻求创作的灵感、发掘创作的主题、积累创作的素材，进行美的发现与创造。三是文艺创作由人民评判。以人民为文艺作品的鉴赏家和评判者，要把人民群众的口碑作为最大褒奖，把人民群众的评价作为第一追求。

第二，以提高质量为本，勇攀艺术高峰。质量是文艺作品的生命。毛泽东强调文艺要坚持政治标准和艺术标准，达到真、善、美的统一。新时代优秀的文艺作品，必须是勇攀艺术高峰、精心打磨的艺术精品。一是用现实主义精神和浪漫主义情怀观照现实生活。文艺创作离不开现实生活的实践，有血有肉的文艺作品也离不开文艺创作者扎根实践、深入基层的现实主义精神。中国特色社会主义进入新时代，丰富多彩的现代化实践召唤着文艺创作者去发掘、去表现，人民群众日益增长的美好生活需要牵引着文艺创作者快出作品，出好作品。但是，文艺创作不可能只是对现实生活进行单纯的描写和复述，文艺创作者观照现实的浪漫主义情怀才是文艺作品美的源泉。为此，需要文艺创作者不断提高驾驭和把握现实生活的能力，把文艺创作的过程变成生活的深加工、思想的再提炼的过程，通过歌颂光明、抒发理想、引领道德来反映揭示现实生活中的真假、善恶和丑美，实现真实生活的艺术升华。二是以艺术创新增强文艺作品感染力、影响力。艺术的魅力在于个性化的表达，内容上新鲜、形式上新颖，给人力量、催人向上的文艺作品往往最吸引人，给人印象最深。有的文艺作品主题很好，内容丰富，制作精良，投入很大，但就是吸引力不大，人民群众不买账，其中一个重要原因就是个性化不强，创新不够。为此，需要文艺创作者自觉把艺术创新作为永恒追求，在传统与现代碰撞、本土与外域结合、借鉴与超越并重中，以独特的表现手法、鲜明的艺术风格自成一派，以适应当今社会已经发生的深刻变化，满足人民群众审美新的要求。三是坚持思想性、艺术性、观赏性有机统一。文艺作品既要观照现实，又必须高于现实，有其自身的特殊规律。实现文艺作品思想性、艺术性、观赏性的有机统一，需要文艺创作者遵循艺术的规律，把政治标准和艺术标准统一起来，用文艺作品弘扬主旋律、传递正能量；把艺术殿堂和实践大地联结起来，做到坚守审美理想不落俗套，深扎实践根基作品鲜活；把艺术表达和群众话语对接起来，用人民群众听得懂的语言，喜闻乐见的形式，创作人民群众喜爱的文艺作品，实现中国精神的准确表达、优美表达、有效表达。

第三，加强引导和管理，保证文艺市场健康有序。这些年，文艺市场在繁荣发展的同时，也存在着不容忽视的问题。有的站不稳“为什么人”的立场，在市场经济大潮中迷失了正确方向，文艺的责任与良心失守，沦为金钱的奴仆、市场的奴隶。这些问题不仅影响着文艺市场的健康发展，而且影响着社会精神生活的健康向上。文艺创作是一种精神生产活动，马克思在分析资本主义社会时就明确批判过“纯粹为交换而进行，因而纯粹生产商品”的资本主义精神生产陷阱。在经济利益的驱使下，资本主义精神生产忽视了它的社会责任，以社会需求和市场需要为借口制造并推销文化垃圾产品，使人们长期沉浸在低层次甚至是消极、负面的精神满足中，是名副其实的“精神鸦片”。新时代创作优秀文艺作品，需要文化管理部门树立社会效益为先的导向，引导文艺创作准确把握社会效益和经济效益的辩证关系。文艺创作者主要依靠作品高尚的灵魂、充沛的情感、生动的形象去吸引、感染、征服人，而不是靠低俗、庸俗甚至恶俗的文化商品去迎合、诱蚀、麻痹人。当然，这并不意味着优秀的文艺作品就不需要考虑市场需要和经济效益，优秀的文艺作品需要通过适当的包装宣传，扩大市场影响，做到既能在思想上、艺术上取得成功，又能在市场上受到欢迎。新时代创作优秀文艺作品，需要文艺创作者不忘初心，始终保持对艺术的敬畏与热情。如果一个艺术家被利益驱使，披上商人的外衣，就会失去对心灵的拷问与净化、创作的灵感与激情，他的作品就会因失去灵气而干瘪无味。新时代文艺创作还需要良好环境支持，在政治上给予信任和呵护，在创作上给予激励和扶持，在生活上予以关心和爱护，才能创作出更多更好的优秀作品。

四、建设各种形式的亚文化

改革开放以来，我国物质生活领域发生了巨大变化，反映到文化层面，就出现了社会精神生活和文化的多样化。对于当前社会精神生活和文化的多样化，不同的人有不同的概括。从文化所起的不同作用来看，可以把当前文化的多样化概括为主文化、亚文化和反文化并存。所谓主文化，是指在精神领域占主导地位、在社会生活中发挥主导作用的文化，即中国特色社会主义文化；所谓亚文化，是相对于主文化而言的，是指在精神领域处于次要地位，并在满足人们多方面精神需求中发挥积极作用的文化；所谓反文化，是指在价值观和思维方式上否定或背离主文化的文化。对于亚文化的作用，我们要从三个方面来认识和理解，一是社会精神生活和文化的多样化，是社会物质生活特别是经济生活的多样化在人们头脑中的主观反映，具有历史必然性；二是它反映了人们精神世界和个性特征的多样性，满足了广大人民群众多方面的精神文化需求，具有时代进步性；三是在适当的条件下，亚文化可以朝主文化和反文化两个方向转变，具有可控易变性。进入新时代，建设各种形式的亚文化，是推动社会主义文化繁荣兴盛的必然选择。

（一）发展多种形式亚文化

亚文化的主体是由民族、阶级、阶层、职业、地域、性别、年龄等的差异所形成的众多群体。不同民族，有自己民族的亚文化，如一些民族特有的节日文化；不同阶级，有自己阶级的亚文化，如农民文化；不同企业，有自己企业的亚文化，如企业精神等。亚文化依赖多元化社会而存在，多元化的社会催生出了复杂的亚文化群现象，社会成员常常同时身处多个亚文化之中。新时代中国在经济发展的同时，亚文化也广泛崛起，对推动文化繁荣以及社会发展发挥越来越重要的作用。

一是促进文化的创新。由于主文化在社会中居于主导和支配地位，具有超稳定性，但同时也具有发展创新的“惰性”。亚文化由于受众群体和建设规模都相对较小，其更新和传播速度往往更快，是新质文化容易“破土冒尖”的文化载体。比如，儒家文化作为主文化维护了我国两千年封建社会的统治地位，其间虽也经历了先秦子学、两汉经学、魏晋玄学，到隋唐佛学、儒释道合流、宋明理学的发展演变，但维护少数统治阶级利益的核心价值没有变，它的创新是在少数青年先进知识分子发起的新文化运动中开始实现的。其主要原因，就是在“西学东渐”过程中，青年先进知识分子这个群体接受“民主”“科学”等新质现代文化更快，当这个群体的亚文化生成并发展壮大，达到一定规模和程度后就会对整个社会的价值观念产生影响，动摇主文化的地位。

二是满足社会成员需求。主文化作为占统治地位，为维护统治阶级利益服务的文化，要求社会群体遵循统一范式的“大一统”的价值观念、思维方式和行动规范，这在一定程度上忽略了群体之间的差异性，使不同民族、不同阶层群体的文化需求得不到满足。而亚文化为不同群体的文化发展提供了载体，作为主文化的有益辅助和补充，可以发展塑造既符合主文化要求，又具有本群体文化特质的新的文化形态。

三是实现文化多元发展，防止文化垄断。形态多样的亚文化推动了社会的发展和进步，也是一个社会开明开放、充满活力的标志。然而，主文化常常由于服务于统治阶级的需要，充当维护统治地位的工具，对不同声音的亚文化进行打压、遏制，甚至抹杀，形成主文化的垄断。从文化史角度看，自明朝万历年间利玛窦通过传播科学知识从事传教活动开始，现代文化在中国社会已经孕育，但清军入关后为了维护统治地位，大兴文字狱，历顺治、康熙、雍正、乾隆四朝，持续130余年，就文字狱数量而言，有一百六七十起，比历史上其他朝代文字狱总数还要多，数量之多、规模之大、牵连之广、杀戮之血腥，均称空前。就在明清改朝换代，清政府推行文化垄断之际，西方发生了工业革命，现代文化破土而出，推动了经济社会发展，中国丧失了发展机遇。有学者认为清政府把工业革命首先发生在中国的机会拱手让给了西方，当然这个观点有牵强附会之嫌，但文化垄断对文化现代化造成破坏的教训是值得记取的。

四是加强群体整合，维护社会稳定。由于主文化的意识形态属性，其在维护社会和谐稳定方面往往凸显刚性的一面，亚文化由于更好地符合了不同群体的利益追求，往往能够发挥更大的整合和凝聚作用。比如，针对目前我国已经有超过1亿的群众信仰宗教，我们党认识到在社会主义初级阶段，宗教不仅依然存在，在一定程度和某些方面，还可能有所发展，制定了尊重和保护公民宗教信仰自由权利的政策，赢得了信教群众的拥护和支持。相反，如果用行政手段强行限制、削弱甚至消灭宗教，在当前这个发展阶段只会适得其反。

（二）积极支持引导亚文化

主文化、亚文化和反文化只是从文化发挥作用的角度来划分和认识的，在不同条件下，主文化、亚文化和反文化是可以相互转化的，特别是在特定条件下亚文化可以转变成主文化，也可以转变成反文化。因此，中国文化现代化必须发挥主文化的主导作用，积极支持引导亚文化建设。

一方面，积极创造亚文化生成发展的环境和条件。相对于主文化来说，亚文化处于从属地位，具有自发性，制约其生成发展因素较多。从国际上看，在经济全球化的过程带来快速融合的世界文化潮流中，弱势文化向强势文化趋同的倾向越来越明显，文化多样性也面临着前所未有的挑战。从国内看，由于经济发展落后、地理位置偏远和人口素质不高等各种因素的影响，少数民族文化的发展一直受到影响和制约，导致民族文化活力和竞争力不足；城乡二元结构矛盾也同样制约着广大农村地区文化的推广和发展，少数传统曲艺后继乏人，面临断代危险。维护文化多样性，需要在加强主文化建设的同时给予建设多种形式的亚文化支持与保障。比如，我国已经加入《保护非物质文化遗产公约》和《保护和促进文化表现形式多样性公约》，并认真履行公约义务，积极发挥大国作用。党中央、国务院专门实施中华优秀传统文化传承发展工程，加快城乡文化一体化发展；鼓励广泛开展群众性文化活动，提高基层文化建设水平；支持群众依法兴办文化团体，精心培育植根群众、服务群众的文化载体和文化样式等；启动发现和培养“三类人”[1]专项工程，保证这些亚文化的代际传承。

另一方面，加强对亚文化的管理引导。尽管形式多样的亚文化有利于增强整个社会的文化活力，有利于推动社会进步，但也给我国的文化建设带来两个方面的挑战，一是亚文化过度发展模糊甚至淹没了主文化；二是亚文化中的消极、落后、颓废因素给反文化的存在提供了机会与可能。这就要求我们在坚持中国特色社会主义文化一元主导的同时，加强对亚文化的管理引导。要加强管理，在数量、规模和频率上对亚文化建设有所控制。比如，据中国田径协会相关数据显示，近5年来，我国马拉松赛事的数量由2011年的22场逐渐增加到2015年的134场，办赛数量呈现出井喷状态。从本质上来讲，马拉松赛事是在特定时间内进行的以跑步为主题的群众性体育活动，它既是一种社会现象，也是一种历史现象，更是一种文化现象。在马拉松赛事这种民间体育亚文化井喷发展的同时，其在组织管理、服务保障等方面存在的问题也日益凸显。据《南方日报》报道，2016年清远马拉松比赛近2万人参赛，救治总人数为12208人次，

[1] “三类人”即乡土文化能人，民族、民间文化传承人特别是非物质文化遗产项目代表性传承人。

其中晕倒20人，送医院救治17人，危重症5人，有3人入住ICU[1]。主办方组织不严密，参与者盲目性大于理性，是马拉松赛事这种民间体育亚文化有脱离健康发展轨道苗头的主要原因。从文化管理部门来讲，应该鼓励基层文化建设和群众文化活动，但如果门槛太低、不加控制，就会事与愿违。因此，在内容、方式和途径上对亚文化建设要有所选择。坚持用主文化的价值观念、行为规范、审美情趣、思维方式去引导和影响亚文化，使之成为积极、健康、向上的文化，成为主文化的有益补充。比如，军营文化是社会亚文化的一种，其中尚武、血性等是军营亚文化的特质，而且自古以来我国军中就有“煮酒论英雄”的传统。在这种文化的熏染下，少数部队和官兵对饮酒的控制和管理不够严格，影响了战斗力，损害了军队和军人形象。在这种形势下，中央军委及时颁布“禁酒令”，要求军人苦练本领，少些酒气，多些英气，确保军营亚文化始终在中国特色社会主义主文化的影响支配下健康发展。

（三）鲜明批判抵制反文化

反文化表现为对主文化的背离和否定，有不同的表现形式，从当前来看，主要包括落后文化、腐朽文化和反动文化，它们对主文化的危害程度不同。反动文化我们好理解，比如，资产阶级自由化思潮就属于对中国特色社会主义主文化具有全局性危害的反文化。落后、腐朽文化，作为另一种与主文化对立的力量也无处不在，也对人们起着潜移默化的影响，比如，黄色、黑道、腐败、神秘等文化，这些色情暴力、封建迷信、旧俗陋习、落后观念、歪理邪说等，每向人们渗透一点，都会腐蚀、弱化和干扰人的精神和意志，导致人们不良的破坏性行为。对反文化的危害，即使是局部性危害，也必须鲜明地批判抵制。具体来说，要

[1] 刘秋宜:《清远马拉松2万人参赛1.2万遇伤病5人重症住院》,《南方日报》2016年3月24日，第D5版。

努力改造落后文化，坚决批判抵制腐朽文化和反动文化。

坚守主文化阵地，唱响主旋律。当前，在我国文化格局中，文化的多元并存是合理的，关键在于怎样在这种多元文化中保证主文化的主导地位。一般来说，先进文化所蕴含的价值观念，是社会转型时期建立一系列道德规范的价值尺度。当某种先进文化逐渐形成，它就会作为人类社会发展合目的性的一种潜在力量，通过知识体系、价值观念、思想信仰和行为方式，教化和规范社会成员的行为，保持社会的认同，凝聚社会的共识，制约社会发展的特色和方向。中国特色社会主义文化是我国现阶段多元文化的主心骨，它引导、规范和灌输主流的价值观念，以维护社会稳定和有序发展。因此，要坚守主文化阵地，对中华优秀传统文化加大正面宣传力度，而且要经常讲、反复讲，通过学校教育、理论研究、历史研究、影视作品、文学作品等多种方式，加强爱国主义、集体主义、社会主义教育；对一般性争论和模糊、错误认识，不能靠行政、法律手段来解决，而是要靠马克思主义真理的力量，靠深入细致的思想政治工作，用真理揭露谎言，让科学战胜谬误。比如，封建迷信反文化在一些地方死灰复燃，明目张胆地同科学文明争夺阵地，其重要原因就在于科学知识普及不力。据社会学家对某偏僻村庄的调查，该村农民用于烧香祭祀、算命拜神等方面的“愚型消费”比其用于农业生产的再投入还要多。对此，各级政府、组织要坚信优秀文化的价值，始终高举科学旗帜，利用各种传播媒介，坚持不懈地做好科普工作，坚持讲科学，反对伪科学，造成声势，促进全社会逐步形成“学科学、爱科学、讲科学、用科学”的良好风尚。

针锋相对勇于斗争，打赢文化主动仗。坚持正面宣传教育为主的方针，绝不意味着放弃针锋相对的斗争。反文化为了瓦解马克思主义，瓦解中国特色社会主义理论体系，极力宣扬西方的价值观、政治准则和腐朽的价值观念，宣扬和炒作各种反对马克思主义、反对中国特色社会主义理论体系的社会思潮。对反文化的侵蚀和影响，不能含糊，不能妥协，更不能退让。一是旗帜鲜明斗争，揭露反动本质。随着我国经济社会的快速发展和文化多样化持续推进，意识形态领域并不平静，近些年出现了一系列错误思潮。比较有代表性的有“西山会议”主张、“民主社会主义”热潮、“普世价值”热，等等，都针锋相对地否定社会主义道路，主张搞资本主义。有的甚至直截了当地反对共产党领导，主张实行西方多党制模式。对这些错误思潮，要“钻进铁扇公主肚子里斗”，揭露他们的目的就是要同我们争夺阵地、争夺人心、争夺群众，最终推翻中国共产党领导和中国特色社会主义制度。二是敢抓敢管，把主动权牢牢掌握在手上。着眼于团结和争取大多数，有理、有利、有节开展舆论斗争，帮助人民群众划清是非界限、澄清模糊认识。对那些恶意攻击党的领导、攻击社会主义制度的反动言论，一切报刊图书、讲台论坛、会议会场、电影电视、广播电台、舞台剧场等都不能为之提供空间，一切数字报刊、移动电视、手机媒体、手机短信、微信、博客、播客、微博、论坛等新兴媒体都不能为之提供方便。三是根据形势发展的需要，创新斗争方法手段。解决“本领恐慌”的问题，尽快掌握“网络”这个舆论战场上的主动权，真正成为运用现代传媒新手段新方法的行家里手。密织网络空间“防火墙”，严密防范网上攻击渗透行为，组织力量对错误思想进行及时有力的批驳，使我们的网络空间晴朗起来。

五、推进文化事业与文化产业协调发展

我们党始终注重促进文化事业和文化产业协调发展，党的十五届五中全会首次提出文化产业的概念；十六大正式将文化事业和文化产业区分开来，是对文化理论认识的重大突破；十七大进一步对二者作了论述，并强调要解放和发展文化生产力、提高国家文化软实力；十八大提出要推动文化事业全面繁荣、文化产业快速发展的要求；十九大明确把推动文化事业和文化产业发展作为坚定文化自信、推动社会主义文化繁荣兴盛的重要内容。可以说，在中国特色社会主义文化发展道路上，促进文化事业和文化产业协调发展是一个重要的要求，意义重大。

（一）准确把握文化事业和文化产业的辩证关系

公益性文化事业和经营性文化产业都是文化建设不可或缺的重要组成部分。之所以要将文化事业与文化产业区分开来，主要是因为文化产品既具有意识形态属性，又具有经济属性；既具有教化育人的公益性功能，又具有创造社会财富的经营性功能，是这两种属性和两种功能的辩证统一体。现代社会，文化渗透到经济、政治各个领域发挥作用的过程中，文化事业与文化产业相互联系、相互促进，共同贡献于经济社会发展进步。尽管文化事业和文化产业在文化建设中所承担的任务是不同的，它们各自发挥作用的方式与途径也是不同的，但最终服务经济社会发展的目的是一样的。因此，应区分文化事业和文化产业，既统筹兼顾、协调推进，也要区别对待、分别发展，充分释放社会主义文化建设的生机与活力。

党的十九大提出，要加快构建把社会效益放在首位、社会效益和经济效益相统一的体制机制，为我们正确处理文化事业与文化产业的关系提供了基本遵循。关于经济效益和社会效益的关系问题，上文我们已经作过论述。把社会效益放在首位，这是由社会主义制度和我们党的性质、宗旨决定的；坚持社会效益与经济效益相统一，这是由文化建设的规律决定的。两者的关系处理不当，就会给经济社会发展带来危害。我们党曾经坚持“文化要为政治服务”，强化文化的社会功能，忽略文化的经济功能，人们不仅精神上贫瘠，生活上也极端困苦；西方资本主义国家在现代化进程中，曾经片面地追求发展经济，文化被绑上了经济快车，忽略了文化的社会功能，人们普遍精神阵地失守，造成社会问题突出的现象。我们党要建设的是中国特色社会主义文化，文化事业与文化产业都必须坚持把社会效益放在首位，紧紧围绕培育和践行社会主义核心价值观开展。发展公益性文化事业，就是要把满足人民群众基本文化需求作为主要任务，突出的是公益性，不搞产业化，同时也要在内部建立激励和约束机制，增强文化事业活力；发展经营性文化产业，就是要把为人民群众提供差异化、多样化、多层次的文化产品和服务作为主要任务，发挥文化对调整经济结构、转变增长方式的重要作用，在经济效益同社会效益发生冲突时，要服从让步于社会效益。

（二）拓展文化事业与文化产业协调发展途径

在相互配合和协调的情况下，文化事业与文化产业相互促进，文化事业的繁荣发展会为文化产业的发展培育出良好的文化土壤、消费人群，健康的文化产业也会带动文化事业的蓬勃发展。从文化建设的内容上看，统筹文化发展规划、整合文化建设力量是拓展文化事业与文化产业协调发展途径的重点。

第一，统筹文化发展规划。文化事业和文化产业虽然属性不同，但并不是截然分开的两个领域。少数人认为文化事业具有意识形态属性，是不能市场化的，而文化产业因追求经济效益必须在市场中生存。其实，这是一种误解。文化事业和文化产业都是满足人民群众文化需求的一种文化运行模式，价值主体的一致性决定了这两个领域你中有我，我中有你，这也是文化体制改革非常复杂的一个重要原因。从宏观层面来说，在制定文化发展规划时，要将两者统筹起来考虑，既要考虑到两者的差异性、不同步性，又要考虑到两者的互动性、一致性，在工作指导上确保不打乱仗。从微观层面来说，文化主体单位要统筹搞好文化事业的公益性服务和文化产业的经营性业务之间的关系。比如，在文化体制改革中，我国重要的新闻媒体都实行了向国有事业单位改制，同一个单位既要履行宣传党的路线、方针、政策等文化事业的功能，又要参与文化的市场化竞争，必须进行商业化运作才能确保生存。这两大业务板块之间的关系，就是文化事业与文化产业的关系，需要相互配合和协同发展。

第二，整合文化建设力量。由于文化建设内容复杂、涉及面广，组织和实施难度大，单靠某一方力量都不足以实现文化繁荣发展。推进文化事业和文化产业协调发展，政府必须要唱主角，同时要充分调动社会各方面力量参与的积极性，努力形成多元投入、协调发展的格局。在社会主义市场经济条件下，文化资源配置由市场主导没有争议，政府的作用除了提供公共文化服务、完善公共文化服务网络、保证公共文化服务均衡化发展等文化事业性功能之外，还要为各类文化主体创造良好的政策环境和市场环境，采取政府扶持、补贴资助、减免税收等措施鼓励各类文化企业参与公共文化服务，这样就会使越来越多的文化企业在获得经济效益的同时推动文化事业的发展。社会力量在文化建设中的作用，主要体现在加快发展文化产业，促进产业结构优化升级，提高规模化、集约化、专业化水平，促进文化产品和要素合理流动，优化文化资源配置，优化文化产业结构布局，强化文化科技支撑，扩大和引导文化消费等方面。具体来讲，就是要加快完善现代文化市场体系和现代文化产业体系，重点任务是发挥重点文化企业辐射带动效应，形成文化产业基地化、集团化、园区化建设规模；加快文化与科技及其他产业的融合，发展新兴文化业态；扩大文化对外贸易；等等。

（三）创新文化事业与文化产业协调发展机制

党的十八大以来，作为全面深化改革重要组成部分的文化体制改革蹄疾步稳、压茬跟进。党的十八届三中、四中、五中、六中全会改革举措确定的104项文化体制改革任务，有99项已如期或提前完成，其他5项正按计划推进；中央文化体制改革发展工作领导小组确定的330项任务，目前绝大多数已经完成[1]，文化领域重要基础性制度框架基本确立，重点难点改革任务取得实质性突破，文化政策法规体系不断完善，文化事业和文化产业发展活力显著增强。推动文化体制机制创新发展，就是要按照文化事业与文化产业协调发展的原则，解放和发展文化生产力，推动社会主义文化繁荣兴盛。

在发展文化事业方面，积极推进公益性文化事业单位改革，引入竞争和激励机制，激发内在活力，提高服务水平；加强基层公共文化服务体系建设，保证稳定的经费投入保障能够得到落实；完善吸引和鼓励捐赠、赞助等各项文化经济政策，提高财政资金使用效益，创新财政专项资金投入方式，积极引导社会力量参与公共文化服务体系建设；拓宽服务领域、创新服务方式，推动各种文化设施共建共享，促进公共文化服务的多元化、社会化；建立政府对公共文化事业投入的绩效考评机制；等等。

在发展文化产业方面，一是大力发展特色文化，以龙头产业带动区域文化产业发展。挖掘开发不同地区、不同形态文化产业的文化竞争优势，鼓励优先发展，形成特色明显、龙头带动、整体发展的文化

[1] 本书编写组：《党的十九大报告学习辅导百问》，学习出版社2017年版，第133页。

产业格局。这也同样适应于我国文化产业参与国际文化贸易竞争。二是放宽市场准入，以市场机制为基础调整和重组文化经济利益关系，积极稳妥地构筑国家文化产业发展的文化经济利益共同体。文化产业不仅是涵盖领域广泛的现代产业群，还是一个国际化的产业，应对经济全球化背景下的国际文化贸易竞争，仅有国有文化产业力量是不够的。必须充分整合社会主体参与文化产业意愿，建立以多元化文化投资主体为核心的文化产业政策体系。三是加大政府投入，落实文化产业优惠扶持政策。大幅度增加中央财政扶持文化产业发展专项资金和文化体制改革专项资金规模，实行文化产品和服务出口退税及相关优惠政策，建立文化企业“走出去”的鼓励机制和奖励机制，形成文化产品对外输出的稳定渠道，等等。

第六章　中国文化现代化的资源整合

文化不仅具有排他性，也具有融合性。各种文化在相互碰撞、冲突、交流、融合中不断吸收借鉴其他文化中有价值的因素，克服自身不适应经济社会和时代发展的因素，从而实现变迁创新，增强文化的生命力和活力。也正是各种文化随着社会发展而不断借鉴融合、变迁创新，造就了绚烂多姿的人类文明。中国文化现代化，就是在继承中华优秀传统文化基础上，积极选择、吸收、融合人类一切有益文明成果，由此产生出与中国现代化相适应的中国特色社会主义文化的过程。

一、整合各种文化资源是中国文化现代化的必然选择

中国文化是在近代以来与西方文化对阵失败后被迫走上现代化道路的，这个失败是农业文明对阵工业文明的失败，并不是中国文化中所有的要素都落后于西方。反观中国文化发展史，至少在两千多年的封建农业文化体系中，中华文化是明显耀眼于西方的。即便是今天，中华文化中也有许多值得我们继承、值得西方学习的先进因素。实现中国文化现代化，铸就中华文化新辉煌，并不是要把原有的中华传统文化打碎重建，而是要整合各种文化资源，实现对原有文化的开拓和发展。

（一）五千年中华文明整合包容特质的体现

在世界四大文明体系中，其他三大文明均曾断裂过，原因至今仍无定论。唯有中华文明一脉相承，没有中断，原因也有很多，但中华文明很强的整合包容性是其在延续力上有自己优势的重要原因。正是这种整合包容性，化解了中华文化与其他文化的冲突，吸收了多种文化的先进因素，维系了中华文化脉络绵延不绝，滋养了中华民族生生不息。

第一，中华文化以其整合包容性成为世界唯一没有中断的文化体系。和其他文化在游牧时代孕育、生长和定型不同，中华文化是农耕文明的典型。农耕文明重稳定轻迁徙，重合作轻竞争，重继承轻掠夺，重积累轻挥霍，因此以儒学为代表的中华传统文化主张厚德载物，整合包容，主张思想文化多元开放，对外来文化向来不排斥。从中国传统文化内部来看，中国传统文化是以中原农业文化为中心的，除此之外，还包括北方草原游牧文化、南方山地游耕文化等其他文化类型。自秦汉以

来，这些文化类型都在不同时期对中原农业文化中心形成了不同程度的冲击，其中冲击最严重的是蒙古文化和满族文化。然而，即使是蒙古族、满族入主中原，占据了经济政治的统治地位，蒙古文化、满族文化这些游牧文化也没有能够取代中原农业文化。恰恰相反，倒是中原农业文化整合了蒙古文化、满族文化的许多因素，推进了中华文化的发展，表现出了较强的整合力和包容力。从中华传统文化与外域文化的关系来看，按照梁启超的看法，在鸦片战争之前，中华传统文化与外域文化有两次大的交流与碰撞，一次是汉唐时期的“佛学西来”，一次是明万历时期开始的“西学东渐”。在这两次大的交流和冲突中，中国传统文化都表现出了较强的整合力和包容力。

第二，中国历代主流意识形态主张和而不同、兼收并蓄。我国古代思想家十分重视对“和”“合”的研究和倡导，主张和而不同、兼收并蓄。强调“和”“合”并不是无矛盾、无差别，而是在承认差别、承认多样性基础上，不断解决矛盾，协调有序推进的一种状态和境界。因此，和而不同、兼收并蓄的前提在于承认个性文化之间的差异，融合不是取代别人的个性文化，而是承认别人的个性文化，尊重别人的选择，实现一种个性差异的内在组合。在诸子百家时期，各种思想文化激荡碰撞。孔子说“和无寡”，他正视华夏文化与四夷文化之间的差异，主张华夷一统，用华夏文化的先进优势消除差别，而不是灭除四夷文化独尊华夏文化，他对儒学以外文化传统的继承和吸收确实有大家的风范。孔子“集文化大成于华夏”的思想得到孟子的认可与继承，孟子认为中华文化应该胸怀博大，如大海一般整合包容，发出了“观于海者难为水”的感叹，极大地丰富了中国传统文化中的整合包容思想。到了汉代，为了维护封建统治的稳定，统治者采纳董仲舒“罢黜百家，独尊儒术”的主张。这个主张容易被人误解成文化垄断，而实际上董仲舒所主张的“儒术”，本身就和春秋战国时期儒家思想的原貌大相径庭，而是掺杂了道家、法家、阴阳家的一些思想，是把其他思想派别进行整合了的新儒家思想，实现了儒家思想的与时俱进。汉代之后，宗教思想日益盛行，儒家思想吸收了道教思想，形成的儒道互补型儒家学派思想影响了中国民众和士人的性格特征，为此林语堂认为道家思想和儒家思想是中华文化精神的“一体两面”；到了宋明时期，以程朱理学派和陆王心学派为代表的儒家学派又吸收了佛学的一些思想内容，从而形成了三教合一型的儒家学派。正是中国历代主流意识形态主张和而不同、兼收并蓄，才维护了两千年封建统治的江山稳固。

第三，多种文化综合创新是中国文化现代化的动力所在。近代以来，以农耕文明为特质的中华传统文化的弊端日益显现，由资本主义现代化进程引发的世界范围内文化交流融合碰撞空前激烈，在已经进化到工业文明阶段的西方文化面前，中国传统文化何去何从激发了诸多学者、思想家的民族和家国情怀。在中西文化交汇的早期，涌现出了一批名留青史的思想家，主要代表人物包括严复、康有为、谭嗣同、章太炎、梁启超和王国维等。由这些思想家的理论路径来看，他们致力于对西方文化的译介和对传统儒学的反思，在吸取西方文化思想的基础上充实、改造传统儒学，对儒学的概念、义理及理论体系进行了诸多理论探索，从而使儒学形成了明显有别于古代的特征，奠定了具有近代特征的儒学思想。在20世纪20—40年代，强劲的西方文化思潮冲击着中华传统文化的地位，并由此爆发了“新文化运动”。出于对中华传统文化的使命感，以马一浮、熊十力、梁漱溟、张君劢、冯友兰等为代表的一批学者以复兴传统儒学为目标，开始致力于融合多元文化为一体，从东西方的各种思想文化中吸收营养，期望以此为儒学和中华传统文化开出新生命。中国共产党诞生后，坚持以马克思主义为指导，走多种文化综合创新的文化发展道路，中华传统文化开始了创造性转化和创新性发展的现代化新征程。

（二）马克思主义立场、观点、方法的根本要求

马克思主义认为，文明多样性是人类社会的基本特征，也是人类文明进步的重要动力。人类思想史上各种关于文明的观点和理论本身就构成了文明多样性的表现形式，建立在唯物史观基础上的马克思主义文明理论独具特色，它科学揭示了各种文明的多样性通过民族性格、情感、气质的多样性以及语言、文化、宗教信仰的多样性等表现出来，由人的实践方式以及人赖以生存的自然环境的多样性等综合因素决定。文明的多样性没有否定文明之间的共同性，文明多样性与共同性是对立统一关系。马克思关于文明多样性的重要思想，对我们理解和坚持各种文化之间的交流、沟通与融合的文化发展道路，推进中国文化现代化具有重要意义。

马克思的唯物史观解开了人类文明多样性之谜。在马克思以前和他的同时代，有许多不同派别的思想家、哲学家将人类文明起源及其多样性归结于上帝的创造或者文化自身运动的结果，带有明显的神秘主义和唯心主义色彩。黑格尔认为，世界文明的中心在德国，日耳曼文明是所有文明的终点，其他表现为多样性存在的各种文明都是日耳曼文明在不断否定自身过程中留下的不同形式。斯宾格勒认为，文化起源于性灵最深处，每一种文化都有自己的观念、愿望、情感等，所以表现出文化多样性。汤因比反对西方文明中心论，他很重视文明之间的交流，认为封闭的文明是不能发展的，但同时他认为人类文明的最高境界只能由上帝来决定，只有建立起超越各种文明的世界性宗教，才能使人类文明免于死亡，这是明显的历史宿命论观点。马克思超越东西方文明对立，站在世界历史进程的顶峰，用唯物史观揭示人类文明的起源和发展。与唯心史观用精神因素说明人类文明起源与发展的做法相反，马克思坚持用生产方式来说明人类文明的起源和世界历史进程，认为只有从物质生产出

发，从生产力和生产关系、经济基础和上层建筑辩证关系的角度才能对文明的起源、发展以及多样性问题做出科学的解释，为人们提供了开启文明殿堂之门的一把钥匙。

世界文化的产生促进了各种文化的整合。马克思在人类文明史上第一次从唯物史观的立场完整正确地解释了人类文明的多样性，但马克思的理论贡献远不止于此，还向人们揭示了人类文明在普遍规律和特殊规律之间对立统一、交融互动下发展的总趋势和基本规律。因此，人类文明的发展是多样性与共同性辩证互动的过程。马克思认为，资本主义生产方式确立以后，就开辟了一个“历史向世界历史转变”的新时期，随着民族区域性的历史向世界历史的转变，文化发展的全球性和整体性趋势越来越明显。“由许多民族和地方的文学形成了一种世界的文学”，已经是一个不以人的意志为转移的客观历史过程。世界文化的形成，促进了不同文化之间的互动、沟通和调适，从而巩固和强调了各种不同文化的独特性。正是在多样性与共同性二元并存的发展中，人类文明才呈现出了绚丽的壮观景色。各种文明之间的交流与融合古已有之，轴心时代形成的世界文明四大中心便是不同文化交流整合的结果。进入世界历史阶段，特别是全球化进程中，交通与信息技术促进了各种文化的交流与整合，加速了文化的演进与变迁。

世界文化不是各民族文化的同一化。在目前关于全球化的讨论中，许多学者认为，马克思所说的“世界的文学”是一种取消了民族特色的具有普世性的文学。其实，这是一种误解。马克思所说的“世界的文学”绝不是丧失了民族多样性差异的文学。马克思“对于那些过低估计民族感情威力的所谓追随者，始终抱着敬而远之的态度。1866年，他就嘲笑过第一国际总委员会会议的法国代表们，因为他们宣称所有的民族甚至国家都是‘过时的偏见’，他还说这些代表，把否定民族特征理解为由模范的法国民族来吞并各个民族了。后来，他还称赞过俄国的经济学家弗列罗夫斯基，因为他‘很了解每个民族的性格特点’，另外，他把爱尔兰人的事业作为一个‘民族问题’来考虑”。[1]因此，马克思的世界文学，应该是包含了各民族文学的多样性和丰富性的文学。从实践发展上来看，多样性文明之间的相互交流与融合，为不同文明的发展拓宽了道路，增强了不同文明对时代发展变化的适应性，为人类文明多样性奠定了基础。在全球化进程中，尽管各民族文化彼此依赖，但只要各民族的生产方式以及赖以生存的自然环境的民族性特征存在，各民族的语言、心理、情感等的特征性就不会消除，民族文化的多样性就不会被共同性超越，世界文化的同一性就不会出现。

（三）中国特色社会主义伟大实践的时代呼唤

当代中国正经历着我国历史上最为广泛而深刻的社会变革，也正在进行着人类历史上最为宏大而独特的实践创新。这种前无古人的伟大实践，必将给文化繁荣兴盛提供强大动力和广阔空间。

深度彰显了构建人类命运共同体的诚意。进入21世纪以来，时代的发展变化，社会主义在中国的发展程度已经远远超出了马克思、恩格斯当时的想象。世界经济增长动能不足、局部冲突和动荡频发、全球性问题加剧，中国经济实力、科技实力、国防实力、综合国力进入世界前列，中国日益走近世界舞台中央。与此同时，我国正处于社会主义的初级阶段，事业的新发展和遭遇的新情况、新问题，需要我们在文化理想上实现新的突破，不断为人类做出更大贡献。党的十八大正式向全世界提出“倡导人类命运共同体意识”，表达了超越民族国家意识形态局限的最大诚意，得到世界多数国家响应和赞同。“构建人类命运共同体”，体现了我们党高度的文化责任和强烈的使命担当，以海纳百川、融合万方的开放姿态站在人类文化的广阔舞台上，在平等对待、互学互鉴、消

[1]［英］柏拉威尔:《马克思与世界文学》，梅绍武等译，生活·读书·新知三联书店1980年版，第194页。

除文化对抗中开展多种文化的交流融合。这种面向并指向人类美好理想未来的文化理想，打破了一些人所谓“修昔底德陷阱”的“铁律”，统摄并涵化了文化霸权主义的不和谐音符，在倡导以文明交流超越文明隔阂、文明互鉴超越文明冲突、文明共存超越文明侵略中展现了我国的文明大国形象、负责任大国形象和社会主义大国形象[1]。

充分体现了中国特色社会主义文化自信。文化自信是一个国家、一个民族发展中更基本、更深沉、更持久的力量。然而，这样的文化角色功能能否发挥好，这样的文化时代责任能否承担好，中华文化的软实力和国际影响力能否得到有效提升，却有一个基本的前提，那就是必须重建中国的文化自信。这是由于近代以来的历史经历，文化自信不足甚至文化自卑情结是中国社会长期存在的一个客观问题。如果不解决好文化自信的问题，那么再光辉灿烂的文化也可能只被当作黯淡无光的传统，再博大精深的文化也可能只被视为国民精神的痈疽或国民生活的“酱缸”。今天的国民文化心态，毕竟与近一个世纪前“新文化运动”时期不同，文化自信已经出现总体上的回归态势，而且国际政治格局的转变、中国国际地位的提升、中国已经成为世界第二大经济体等有力的事实，也推动着国人文化自信心理的成长。不过，既然西方中心主义仍然普遍存在并成为中国文化自信最主要的消解力量，那么要重建中国文化自信，就必须在中华文化与西方文化的比较之中来说明自身优势，并以比较优势作为重建中国文化自信的基础。[2]这就迫切需要提高文化开放水平，广泛参与世界文明对话，增强国际话语权，展示中华文化独特魅力。由于特殊的地理环境，中华文化诞生、定型、成熟于相对独立的文化生态系统，形成了独特的价值理念与思维方式，涵养了中华民族的特色、风格和气派。历史上，中华文化极大地吸引和影响了中国周边国家，形成了东亚儒家文化圈，为世界文明的发展做出了贡献。这些，都

[1] 习近平:《习近平谈治国理政》，外文出版社2014年版，第162页。
[2] 张志洲:《重建中国的文化自信》，人大复印报刊资料《中国外交》2014年第12期。

是作为中华文化滋养下的中国人民具有文化自信的充分理由。如果说近代以来中华文化由于惰性没有赶上现代化步伐，削弱了文化自信的根基情有可原的话，今天昂首屹立于世界东方、阔步奔向民族复兴新时代的中国人，就不应在重建中华文化自信上有丝毫犹豫。

二、整合厚植中华优秀传统文化精神基因

习近平总书记指出，有五千多年悠久历史的中华文明是中华民族自强不息、发展壮大的强大精神力量，中华文化是中华儿女共同的精神基因。[1]这个形象的比喻或隐喻，意在肯定文化精神具有代代相传的特征，揭示了中华文化葆有长久生命力的奥秘。中国特色社会主义文化无论怎么发展，都会打上鲜明的中华文化烙印。中华优秀传统文化的精神基因对延续和发展中华文明、促进人类文明进步发挥着重要作用，是推进现代化建设、实现民族复兴的特有优势。

（一）整合厚植中华优秀传统文化精神基因的重要意义

“文化基因”具有类似于生物基因的稳定性和可变性。文化基因的稳定性保证一种文化区别于其他文化的特质在传承过程中得以保存，可变性促使一种文化在与其他文化交流融合或是自身演变过程中能够主动积利除弊，实现文化创新。正是文化基因稳定性和可变性的统一，构成了中华传统文化发展、演变、创新的壮丽图景。

中华优秀传统文化精神基因保证中华文化生生不息。从世界文化发展史来看，基督教文化、伊斯兰教文化、儒家文化等，即使在经济全球化背景下，虽然文化交流比较频繁，依然能够保持各自特色，形成自己独立的文化圈，最根本的原因就是它们各自的文化基因不同。文化在发展，代际有传承。和人们无法割断自己的历史一样，任何一个时代的文化都不是从无到有、凭空产生的，都是在前一个时代文化基础上，吸收

[1] 习近平:《习近平谈治国理政》，外文出版社2014年版，第64页。

其他文化因素和时代因素，实现创新基础上的继承和发展。文化的代际传承，并不是把上一代文化的某些内容原封不动继承下来，而是“活的”文化基因的生长延续。中华文明之所以历经劫难从未中断，就是因为文化基因的稳定性在起作用，它们在文化继承中一再被肯定；又因为文化基因的可变性，它们在文化创新中依然被保留。中华文化的发展进化，就是不断传承与更新的对立统一。这个对立统一，表现在中华文化品质上就是既坚守本根又不断与时俱进。中华文化发展演变，就是在文化的传承与更新、稳定性和可变性的辩证运动内在规律支配下完成的，为中国文化现代化提供了重要启示。

中华优秀传统文化精神基因维系中华民族民族认同。文化是民族的血脉。同一民族因文化而凝聚在共同的精神家园内。民族认同是社会成员对自己民族归属的自觉认知，影响民族认同的因素主要有两个：文化和血统。血统是生物因素，文化是人为因素。从世界民族演变发展进程来看，文化在民族认同影响中起主要作用。目前世界上多个国家是由不同血统人群组成的民族共同体，中华民族更是团结了56个民族的大家庭；也有同一血统人群，由于分别在不同文化圈内生活，最终形成了不同民族。不同民族生活在不同的经济社会环境中，创造了不同的文化，这个文化就成了不同民族群体感悟自我的重要载体。反过来说，正是有了不同的文化基因，民族的区别才成为可能，民族是文化基因的产物。中华民族世世代代在生产生活中形成了中华民族最基本的文化基因，这些文化基因植根在中国人内心，潜移默化影响着中国人的思想方式和行为方式，是区别于其他民族的独特标识[1]。如果文化基因丢掉或者变异了，那么民族就将消亡。人类历史上，完全因为战争或是自然灾害灭亡的民族几乎没有，但是因为文化冲突丢掉文化传统而消亡的民族却不在

[1] 习近平:《在纪念孔子诞辰2565周年国际学术研讨会暨国际儒学联合会第五届会员大会开幕会上的讲话》,《人民日报》2014年9月25日，第2版。

少数[1]。正是在这个意义上，中华优秀传统文化精神基因是中华民族的“根”和“魂”；保护和传承中华优秀传统文化精神基因，对于实现中华民族伟大复兴意义重大，不可或缺。

（二）中华优秀传统文化精神基因的主要内容

我们所说的中国传统文化指的是中国古代文化，它萌发、形成、发展的时间上限可追溯到原始氏族公社时期，时间下限一般认为在鸦片战争前后。这期间，中国传统文化的生长和发展，经历了五个时期：一是夏商周的孕育时期；二是春秋战国的形成时期；三是秦汉隋唐的大发展时期；四是宋朝至明中叶的强化时期；五是明中叶至清朝的衰落时期。所谓的传统文化精神基因，有学者认为是指在传统文化中生成并在文化传承中发展的文化因子，是文化传承、传播的基本功能单位。它以思想理念的形式表现出来。

研究中华优秀传统文化精神基因这个问题，可以有不同的途径和角度，但最根本的还是要从社会经济、政治角度出发。中国的传统社会是以农耕经济发达而领先于世界的，从文化考古的研究成果来看，在陕甘、川渝、江浙等地区都发现了中华文化最早起源的遗迹，而这些地方都有适合农业耕种的基本条件。随着历史的发展和自然环境的变化，大体在今河南、陕西一带，主要是淇河、沁河、渭水两岸，土地肥沃，适于耕种，农业耕种水平超过了其他地区，形成了中原文化，自然也成了中华文化的中心，中华文化的根基大致如此形成。中华先民们在农业耕种中为了提高耕种水平，不得不注重对自然界细致的观察与研究，以掌握自然规律，应对经常发生的自然灾害，由此形成了中华文化中吃苦耐劳、团结协作、崇和反战、自立自强的精神基因，但也形成了重农抑商、求稳怕变的精神基因。中国的传统社会是靠宗法伦理维系的，强调

[1] 耿识博：《习近平“文化基因”论的内涵探析》，《中共中央党校学报》2016年第3期。

的是人与人之间的忠孝仁义、和谐亲睦、互爱互助，但也形成了等级有序、集权专制、重义轻利的精神基因。

2014年，习近平总书记在纪念孔子诞辰2565周年国际学术研讨会上发表的重要讲话中概括出包括儒家思想在内的中国优秀传统文化观，如道法自然、天人合一的思想，天下为公、大同世界的思想，自强不息、厚德载物的思想，以民为本、安民富民乐民的思想，为政以德、政者正也的思想，苟日新、日日新、又日新，革故鼎新、与时俱进的思想，等等，共十五个方面。2017年1月中共中央办公厅、国务院办公厅印发《关于实施中华优秀传统文化传承发展工程的意见》，将中华优秀传统文化传承发展的主要内容划分为核心思想理念、中华传统美德、中华人文精神三个层面，并明确提出“传承发展中华优秀传统文化，就要大力弘扬讲仁爱、重民本、守诚信、崇正义、尚和合、求大同等核心思想理念”[1]。这些文化思想体现着中华民族世世代代在生产、生活中形成和传承的世界观、人生观、价值观、审美观等，其中最核心的内容已经成为中华民族最基本的文化基因。这些最基本的文化基因，是中华民族和中国人民有别于其他民族的独特标识。

（三）整合厚植中华优秀传统文化精神基因的主要任务

整合厚植中华优秀传统文化精神基因是一项复杂的系统工程。为此，中央专门制定《关于实施中华优秀传统文化传承发展工程的意见》，明确了传承中华优秀传统文化的原则要求、重点任务、保障机制，特别是启动了一系列内容具体、主体明确、标准清晰的重点工程，使整合厚植中华优秀传统文化精神的任务落到实处。

第一，端正对中华优秀传统文化的认识态度。上文我们已经提到，

[1] 中共中央办公厅、国务院办公厅:《关于实施中华优秀传统文化传承发展工程的意见》，人民日报2017年1月26日，第6版。

当前社会思潮中，对中国传统文化的认识还不够统一，存在偏激情绪和偏颇倾向。整合厚植中华优秀传统文化基因，首先要秉持客观、科学、礼敬的态度，取其精华，去其糟粕，扬弃继承，转化创新，不复古泥古，不简单否定。同时必须明确认识到，整合厚植中华优秀传统文化精神基因不是简单的文化复古，而主要是在弘扬文化精神、涵养民族感情、赢得文化认同、坚持文化自信的“形而上”层面传承中华优秀传统文化；根据现实的需要，在继承中华优秀传统文化精神的基础上，巧妙精当、大气磅礴地加以文化创新，不断铸就中华文化新辉煌。

第二，坚持创造性转化和创新性发展，使中华优秀传统文化精神基因与当代文化相适应、与现代社会相协调。可变性是文化基因的一个重要特性，是文化得以传承、创新的关键。随着现代化进程深入推进，文化赖以生存的经济政治条件发生了变化，内在地要求中华优秀传统文化与之相适应，重点是做好创造性转化和创新性发展。创造性转化就是对中华优秀传统文化中仍然有现实时代价值的部分加以改造，赋予其新的表现形式，使其更好地发挥作用；创新性发展就是按照新的时代要求，对中华优秀传统文化的内涵加以补充、拓展、完善，激发中华优秀传统文化新的活力。坚持“两创”方针，其核心是坚定文化自信，正确认识中华优秀传统文化精神基因与新时代中国特色社会主义实践之间的关系，主动用中华优秀传统文化回应时代的需要与挑战，解决民族复兴进程中的问题。关键是找对路径和方法，要让今天的年轻人接受、认同中华优秀传统文化，摆脱生硬的、居高临下的说教套路，在不断赋予优秀传统文化新的精神内涵的前提下寻找、发明、尝试各种现代表达形式。比如，运用互联网等现代科技手段，使中华传统文化“活”在当下。应当注意，创新贵在独辟蹊径，但不是一味标新立异；贵在别具一格，但不能追求怪诞；贵在突出个性，但切忌胡编乱造。

第三，让中华优秀传统文化精神基因贯穿国民教育始终、滋养文艺创作、融入生产生活。文化基因与生物基因有相似之处，但最根本的区别是生物基因在生物进化过程中得以遗传保留，具有自然属性；而文化基因必须在作为文化主体的人的实践活动中才能传承，具有实践属性。文化根植于人民群众的生产、生活实践，中华优秀传统文化精神基因只有全面融入国民教育，重归人民群众的日常生产、生活，才能有长久生命力，真正实现活起来、传下去，这也是优秀传统文化传播传承工作的难点和关键。国民教育一直是各类人才培养的主渠道和知识传播创新的主要阵地，在国民教育中加大中华优秀传统文化比重，贯穿基础教育、职业教育、高等教育等各级各类教育，体现在教学大纲、课程设计、教材体系、校园文化等方方面面，对于保护和传承中华优秀传统文化具有特殊而重要的意义。优秀传统文化只有深度融入人们的生产、生活，才能让广大人民群众在实际参与中感知其魅力。综合运用人民群众喜爱的新颖、便捷的文化表现形式和传播方式，为传统文化注入现代元素，让传统文化与当代生活接轨，易于让当代人接受，融入当代人的日常空间中。比如，推进传统戏曲进校园、进社区，实施中华老字号保护发展工程，强化国民礼仪规范教育等，强化传承中华优秀传统文化的社会氛围；制作节日里的中国、舌尖上的中国等富有中华优秀传统文化气息的宣传类节目，让人民群众感受到中华优秀传统文化基因在生活中无处不在，魅力无穷，进而增强文化自信与自觉。

三、整合汲取西方文化现代化因素

现代化是近代以来的世界性动向，也是实现中华民族伟大复兴的中国梦的题中应有之义。然而，现代化的钟声首先由欧洲敲响，因此世界现代化进程就呈现出西方先于东方并影响东方的展开过程。从文化角度来说，现代化的因素首先在西方文化中生长、发展，并成为推动经济社会变革的重要力量，而在同时期的中国，长期超稳定的封建社会统治，导致现代化因素没有在中华文化中生长、发展起来，或者是生长、发展明显落后于西方文化。在此意义上，推进中国文化现代化，整合汲取西方文化现代化因素显得尤为必要与迫切。

（一）整合汲取西方文化现代化因素的重要意义

从文化史角度分析，在人类历史的初期，各民族的文明都是在相对封闭的范围内独自成长的，但随着社会生产力的提高，交流工具的发展，各民族、国家之间的文化交流越来越普遍。社会主义只有充分吸收借鉴资本主义有益因素发展完善自己，才能真正超越资本主义。我们只有对西方文化采取批判借鉴的态度，才能形成优于资本主义的中国特色社会主义文化。

第一，弥合中国传统文化现代化因素的需要。马克思主义认为，生产力的发展程度决定文化的实现程度。因此，自工业革命以来的西方文化比近代以来的中国传统文化拥有整体的先进性。那么，中华传统文化与西方文化相比缺乏现代化因素主要有哪些表现呢？一是主体意识不强。在中国的文化传统中，中国的现实社会只有“家国”与“父君”而没有“个人”。中国人被家国和忠孝伦理等束缚与限制，逐渐形成“驯顺”的奴性人格，主体意识淡漠。这与西方存在于基督教精神和罗马法律里的活生生的个人主义形成鲜明的对照。二是民主精神匮乏。由于中国传统文化竭力地把人变成伦理化的人，将人的自主实践活动纳入封建纲常的轨道之中，窒息和阻塞了民主意识的生成与发展，而民主精神是现代化文化的重要因素之一，民主制度是现代政府合法性的必要依据。具有两千多年君主专制传统的中国文化恰恰缺乏现代性的民主精神与民主制度，从而使中国现代化道路困难重重。三是科技意识不强。爱因斯坦曾经说过，西方的形式逻辑体系和系统的实验论证是近代西方科学比较发达的两个重要基础[1]。令人遗憾的是，虽然中国也有与形式逻辑、因明逻辑相并列的世界三大逻辑之一的墨辩逻辑，但它从来都没有成为中国的显学，也没有在中国形成传统。因此，传统逻辑教育的缺失就成为限制中国近代科技发展的一个瓶颈。四是道德观念陈旧。中国是一个有悠久道德主义传统的国度，而中国文化也具有泛道德主义的特色。也正是中国传统道德的发达，反而限制了其现代道德的发展。新文化运动提出了“打倒旧道德，提倡新道德”，明确提出了中国道德主义传统的“时效性”问题，再一次指出了中国文化现代道德观念薄弱的问题。正如黄仁宇所指出的那样，在道德的约束和规范下，拘谨和雷同往往被视为高尚[2]。文化的现代化必然包含着道德的现代化，为现代化松绑。

第二，吸取西方文化现代化进程教训的需要。自文艺复兴以来，西方文化中抽象的人本主义思潮一直占有很大市场，对人主体性尊崇异化为对人的需要无限满足的倾向越来越明显。在文化功利性价值指引下，西方成功完成了三次工业革命，在征服大自然的现代化进程中创造了辉煌的物质成就，也创造了西方文化现代化的“辉煌”。然而，随着人们对现代化所造成的灾难进行理性反思，西方文化中一些不可忽视的缺陷

[1] 许良英等编译:《爱因斯坦文集》(第一卷)，商务印书馆1979年版，第574页。
[2] 黄仁宇:《万历十五年》，生活•读书•新知三联书店2002年版，第235页。

日益明显。一是对大自然的忽视。抽象的人本主义思潮认为，人是世界的本原，大自然是为人类征服利用而存在的。为了获取经济发展原材料，人们对大自然肆意过度开发，生态系统遭到破坏，人类已经透支了未来。二是对科学技术的盲目崇拜。自工业革命以来，科学技术促进了生产力的飞速发展，人们在享受科学技术所带来的福利的同时，也承担了科学技术对人类造成的危害。这其中，核技术在第二次世界大战中的运用是典型例证，至今人们仍在核乌云笼罩下生活。三是伦理危机。西方文化对个人的崇拜、对科学技术的崇拜，降低了伦理关系对维护社会秩序的作用，给传统的伦理规范带来了挑战。比如，克隆技术的诞生使人们在庆幸一项新技术的成功给社会发展带来巨大益处时，也要面临一个无法回避和解决的伦理困境，因而强烈要求建立科技伦理规范。四是战争危机。战争的危机向来由竞争引发，西方文化中固有的竞争基因，使其始终不停歇地在全球寻找对手，以便其在对资源的竞争、对话语权的竞争中获得先机；西方文化中固有的西方中心论，使其始终保持对其他国家和其他文化的征服意识，这些都是未来战争的导火索。总之，西方文化在引发和促进现代化过程中，其优越的光环越来越黯淡，有很多值得我们吸取的教训。

（二）西方文化现代化因素的主要内容

西方文化现代化因素主要包括以下几个方面：

第一，知识经济观念。知识经济是指建立在知识和信息的生产、分配和使用基础上的经济，通俗地说，即“以知识为基础的经济”。托夫勒对“后工业经济”的论述、奈斯比特对“信息经济”的分析，有助于我们把握知识经济的特性。知识经济与以资源消耗为特征的传统经济的最大不同，在于它通过科学和技术知识提高人类生产实践的能力，大幅度提高工作效率和资源开发利用率。知识经济的产生，对人类现有的生产方式、生活方式和思维方式等产生了重大影响。从经济学角度考察，知识经济具有脑力劳动者是劳动主体、创造性脑力劳动是核心动力、智力资源是主要资源三个本质特征，其核心是建立在提高人类认识、改造自然能力的基础上，充分利用富有的自然资源来创造财富，减少对稀缺资源的依赖。在西方现代化进程中，谁拥有知识优势，谁就拥有财富，这就是知识经济向人们提出的挑战。

第二，主体性观念。主体性就是人作为主体所具有的能动性、创造性和自主性等属性。在西方资本主义社会，现代科学技术的发展，一方面促进了生产力的迅速提高、物质财富的迅速增加，另一方面却带来了贫富相差悬殊、机器对人的统治、人在“大众媒介”熏陶下成为“单向度的人”等大量异化现象。从这个意义上说，西方人本主义哲学强调唤醒人的主体性、尊重个性还是有一定积极意义的。确立主体性观念，对于当前我国社会发展也有重要意义，有助于树立公民意识，肃清臣民意识，有助于更好地满足人民日益增长的美好生活需要，有助于推进中国特色社会主义民主政治建设。

第三，法治观念。西方法治观念作为一种精神活动，最早源于古希腊。这里所理解的“法治”是资产阶级革命的产物，它是17—18世纪一些资产阶级启蒙思想家在反对封建专制和等级特权时提出来的。西方法治观念的核心是以法为最高权威，主张实行法治原则，反对封建社会的人治原则，提倡法律面前人人平等。法治观念和法治理论对18世纪末和整个19世纪西方各国的立法活动产生了深远的影响，促进了西方自由资本主义生产关系的快速发展。党的十八大以来，依法治国已经上升为我国的国家战略，成为推进中国特色社会主义伟大事业的重要组成部分，而依法治国实现的关键在于法治观念的转变、更新。中国传统文化侧重伦理，调整人际关系主要靠道德，这对建设社会主义现代化国家的阻碍是很明显的。因此，中国文化现代化要求增强法治观念。

第四，科学精神。现代化进程首先从西方开启，得益于西方科学的发达与领先。从文化角度分析，这无疑是由于西方科学携带了西方文化基因。对于人类来说，现代科学精神的起源可以追溯到古希腊，古希腊的科学理性精神蕴含了演绎推理的科学方法、寻求确定性的思维模式和探求未知的伦理关怀，为近代科学的发展奠定了思想和方法论的基础，也成了近代西方文化所蕴藏的科学精神文化基因的哲学源头。经过中世纪的缓慢发展，到了文艺复兴时期，理性作为思想解放的动力，在“复兴”的口号下获得了尊重和推崇，科学精神在西方文化中得到空前的发展。这种文化基因成了从内部推动西方现代化变革的重要因素，使西方文化释放出巨大的推动社会发展的物质力量，也成了促进西方文化自身演变进化以适应社会发展的重要动力。具体来说，西方文化的科学精神基因主要包括以下七个方面：具有一贯的“主客二分”传统，把自然界作为探索和利用的对象；热爱真理、追求知识的求真精神和理性觉悟；纯粹出于理性需要而非实用目的，对自然界奥秘执着的探索精神；注重运用逻辑思维分析问题，注重概念的精确和推理的严谨性；注重运用实验方法对知识进行检验和论证；具有强烈的批判精神，始终追求创新；认识到人的理性能力的有限性，求同存异、宽容失败的开放精神。[1]我国传统文化中几乎没有或极少这样的文化基因。

（三）整合汲取西方文化现代化因素的主要任务

出于种种原因，当西方一些发达国家正在实现由工业社会向信息社会的过渡时，我国从总体上还处于从农业社会向工业社会的过渡期。所以我们在发展战略上，既不能简单套用西方的发展战略，又不能失掉发展的战略机遇期。在文化建设上，要整合汲取西方文化现代化因素，在提高经济发展质量、促进社会进步等方面发挥积极作用。

第一，大力发展文化经济。文化经济是在物质经济发展到一定程度

[1] 钱兆华:《西方科学的文化基因初探》，人大复印报刊资料《科学技术哲学》2003年第11期。

基础上，人们为了追求精神生活、满足文化需要的产物，是文化在对人的精神需求的价值实现中产生的。相对于物质经济而言，文化经济是人更高层次需求的产物，对文化产品的个性化、多样化要求比较高，其审美需求远远大于物质需求，对于满足人民日益增长的美好生活需要作用更加突出。因此，在新时代社会主要矛盾转化情况下，大力发展文化经济意义更加明显。此外，大力发展文化经济，对于推动形成绿色发展方式和生活方式、实现我国经济高质量发展、建设现代化经济体系也至关重要。根据国家“十三五”时期文化发展改革规划，“十三五”末文化产业要成为国民经济支柱性产业，大力加强文化产业资源的合理配置，推动文化产业结构优化升级，充分释放文化产业发展的活力与动力，提升质量效益是一条必由之路。

第二，培育创新文化，形成崇尚创新尊重创造的社会氛围。科学既是一种智力上的探索活动，也是一种社会性的文化过程。文化因素对科学创新的影响要比经济因素大，这主要是因为科学创新不是简单的、线性的因果过程，它是在复杂的社会系统中包含若干因素的交互过程。其中，国家政策导向、科研创新体制安排、学术传统以及学者的探索动机、价值取向和思维模式都与文化因素有着密切的关联。从某种程度上说，我国文化中孕育创新的土壤并不丰厚，创新精神不强是一个不容回避的问题，主要表现在：官本位文化抵制创新，过分迷信权威扼杀创新，一元化的评价标准难以容忍失败，小生产意识不利于合作创新，诚信文化的缺乏使得创新制度失效[1]，等等。因此，新时代在我国培育创新文化主要应从以下四个方面努力：培养求真精神，超越实用理性的民族性格，确立学术研究的理想主义；营造宽松学术环境，鼓励创新、宽容失败；弱化中庸文化心理，在科学研究领域倡导冒险和竞争意识，重视思想的独创性；根除遵奉权威的学术传统，鼓励学术批评的文化氛围。

[1] 吴金希：《创新文化：国际比较与启示意义》，人大复印报刊资料《创新政策与管理》2012年第12期。

第三，建设社会主义法治文化。中国推行法治，在文化层面的障碍是：一方面，中国传统文化中的德治思想和伦理秩序观念与法治的理念不一致，成为推行法治的文化反向力量；另一方面，当代中国的法治理念诞生于建设社会主义法治国家的实践需要，带有浓厚的实用主义倾向，缺少法治文化定型、成熟所必需的法治理想主义的理性精神。因此，能够成功地为建设社会主义法治国家提供有力文化支撑的社会主义法治文化就很难真正建立起来。正是在这个意义上，需要对社会主义法治文化进行一场变革，这场变革应主要集中在三个方面，即法律意识启蒙、法治观念变革和法治理性革命[1]。一是法律意识启蒙。法治活动是人的法律意识的载体和外化物，是属人的活动，离不开法律意识的支撑。民众法律意识启蒙迫切和必要，是由我国公民法律意识淡薄的现状决定的。目前我国“七五普法”已经进入第三年，这是我国目前民众法律意识启蒙的最佳途径，虽然不同时期普法内容的重点不同，但民众的用法意识、权利意识培育必须长期坚持。二是法治观念变革。法治观念是法治的重要基础。法律只有被认同并内化为人内心的强大信仰，才会形成守法、用法自觉。从实践来看，中国民众法治观念变革的核心是摒弃人治思想，确立法治观念，改变“法仅仅是阶级斗争的工具”的认识，改变对权力的崇拜为对法的尊崇。三是法治理性革命。超越对法律的工具论、实用论的认识。如果仅仅把法治当作工具，需要就抓在手上，不需要就丢弃一边，建设社会主义法治国家就只能是空谈。因此，必须实现法治由实用理性到科学理性的革命，确立对法律的信仰，在全社会形成法的最高权威。从法律意识启蒙到法治理性革命，这是一个逐步深入的过程，也是社会主义法治文化逐步建构的过程。

[1] 蔡爱平：《以“三个代表”重要思想推动我国法治文化建设》，人大复印报刊资料《文化研究》2001年第1期。

四、整合贯通中国共产党革命文化优良传统

近代以来，革命成为中国历史的主题。但只有中国共产党真正实现了中国革命完全胜利，改变了中国命运。中国共产党人运用马克思主义，在带领全国人民反对帝国主义、封建主义、官僚资本主义的艰苦卓绝的革命斗争中形成了特色鲜明的革命文化。

（一）整合贯通中国共产党革命文化优良传统的重要意义

中国共产党和中国人民在革命斗争中形成的革命文化，是对中华优秀传统文化的继承与升级，并引领和发展了社会主义先进文化，是我们党最为独特、最为宝贵的精神财富，是文化自信和推进中国文化现代化的重要资源。

第一，传承与升华中华优秀传统文化的需要。上文我们提到过，革命文化指的是新民主主义的文化，为我们正确理解、把握革命文化内涵和价值提供了依据。一是革命文化孕育形成于中华优秀传统文化沃土。中国共产党诞生于风雨如晦的动荡岁月，一批深受中华优秀传统文化熏陶的先进分子胸怀救国民于水火的赤子情怀，带领人民开展了轰轰烈烈的革命运动，并在马克思主义指导下，找到了实现民族独立、人民解放的正确道路。中华优秀传统文化中修齐治平的理想担当、自强不息的奋斗精神、革故鼎新的智慧勇气等，内在地融入了革命文化之中，成为滋润革命文化的丰富养料。二是革命文化继承了中华优秀传统文化。在直面血与火、生与死的革命斗争中，中国共产党带领人民继承中华优秀传统文化中精忠报国、舍生取义、无私忘我等精神，经受了战斗的洗礼和

残酷的考验，为民族独立、人民解放做出了重大牺牲。正是这些中华优秀传统文化因素渗透进中国共产党人的血液，孕育形成了共产党人富有时代特征、体现民族特色的革命文化精神，成为中国文化自信的重要资源。三是革命文化升华了中华优秀传统文化。在优秀传统文化的熏陶滋养和革命实践的锻炼磨砺下，中国共产党在文化上不断从幼稚走向成熟。对革命文化发展做出重大贡献的毛泽东，把“民为邦本，本固邦宁”“君舟民水”的传统民本思想发展成为我们党“全心全意为人民服务”的根本宗旨，体现了革命文化对中华优秀传统文化的升华。因此，革命文化是中国共产党人带领人民从事伟大革命斗争实践中革命精神的结晶、革命风范的写照，充分展示了中华民族的民族品格，传承与升华了中华优秀传统文化。

第二，引领和发展社会主义先进文化的需要。革命文化是中国共产党人根本宗旨、理想信念和价值观的生动表达、集中表达，是社会主义先进文化的源头，并在中国特色社会主义伟大实践中焕发出勃勃生机，在新时代仍然具有重大价值和重要意义。改革开放后，整个国家的工作重心转移到经济建设上来，但党中央高度重视社会主义文化建设，把革命文化作为我们党从胜利走向胜利的根本所在，对传承和弘扬革命文化做出了具体部署。为此，邓小平把革命文化上升到中国人民的精神支柱、引领世界进步的力量和中华民族特有优势的高度，专门对革命文化中的“五种革命精神”[1]进行了概括，并把这“五种革命精神”作为新时期共产党员党性观念的试金石，要求全体中国人民都要继承和弘扬这些精神。这些重要论述，对革命文化在社会主义文化建设中的地位和价值作了精辟阐释，彰显了中国共产党人对革命文化的高度自信。正是有了革命文化的引领、号召和激励，中国特色社会主义建设取得了巨大成就，中国特色社会主义文化先进性不断显现。今天，我们发展社会主义

[1] 发扬革命和拼命精神，严守纪律和自我牺牲精神，大公无私和先人后己精神，压倒一切敌人、压倒一切困难的精神，坚持革命乐观主义、排除万难去争取胜利的精神。

先进文化，必须正确认识、倍加珍惜革命文化，将其融入社会主义先进文化的发展过程中，成为源源不断的内生动力。

第三，应对质疑甚至否定革命文化挑战的需要。革命文化不仅是中国共产党人的精神“营养剂”，也是中国人民文化自信的土壤，是中华民族的宝贵财富。然而，近年来历史虚无主义思潮以“碎片叙事”的方式歪曲革命文化，甚至是以“娱乐恶搞”的方式丑化革命文化，否定革命文化的历史事实、革命精神和时代价值，对人民群众特别是青少年一代造成了非常不好的影响。不管以什么方式质疑和否定革命文化，其本质都是在否定中国特色社会主义，挑战中国共产党的执政地位和领导权威。对这种消解红色经典、颠覆英雄人物、亵渎革命传统的反文化行为现象，我们必须予以坚决回击。革命文化不仅具有历史印证、文明传承的作用，还具有重要的价值导向功能。文化实践中，迫切需要用革命史实还原历史真相，戳穿历史虚无主义编造的谎言，拆除历史虚无主义立论的根基；用革命精神教育引导青年一代，通过正面宣传让他们在真切感悟苦难历程中铭记历史，懂得感恩；用革命文化中蕴含的马克思主义立场、观点和方法教育人民，提高辨别能力，自觉抵制历史虚无主义对革命文化的质疑和否定。

（二）中国共产党革命文化优良传统的主要内容

在革命文化的影响和熏陶下，我们党先后形成了红船精神、井冈山精神、长征精神、延安精神、西柏坡精神等伟大革命精神，这不仅是革命年代克敌制胜的法宝，也是建设中国特色社会主义鼓舞斗志、提振士气的利器，是激励我们前进的宝贵财富。伟大的精神来源于伟大的实践，新民主主义革命不同阶段的革命实践分别孕育了这些伟大的革命精神，赋予这些革命精神不同的内涵与特征，共同积淀形成了中国共产党革命文化的优良传统。

第一，坚定的理想信念。28年艰苦卓绝的革命历程，充满了艰辛和磨难、斗争和考验，中国共产党能够做到初心不忘、永不退缩，最终取得新民主主义革命的全面胜利，靠的就是坚定的理想信念。坚定的理想信念是红船精神的本质。当初，党组织立足未稳，反动派制造的白色恐怖使我们党的一大的正常召开都无比艰难，不得不辗转躲藏，最终在嘉兴南湖红船上完成，靠的就是坚定的理想信念。坚定的理想信念是井冈山精神的核心。大革命失败后，以毛泽东、朱德为代表的中国共产党人抱定"星星之火，可以燎原"的革命信念，积极创建井冈山革命根据地，在敌人势力的夹缝中求生存，由此迈开了中国革命走向成功的第一步。坚定的理想信念是长征精神的灵魂。在苏区反围剿失败，中国红军被迫实施战略转移的途中，能够在极端残酷的战斗条件下奇兵制胜，在极端恶劣的生存条件下绝处逢生，在事关中国革命去向的紧要关头保持正确方向，靠的就是坚定的理想信念。坚定的理想信念是延安精神的精髓。红军三大主力陕北会师后，以毛泽东为代表的中央领导同志带头高扬社会主义、共产主义的远大理想，宣传正确主张，吸引了许多优秀青年和先进分子齐聚革命圣地延安，以极大的热情为理想信念甘愿牺牲奉献，投身抗日战争和解放战争，凝聚起了新民主主义革命胜利的磅礴力量。坚定的理想信念也是西柏坡精神的重要特征。在革命转折的伟大实践中，针对一些党员干部中出现的理想信念动摇、革命意志衰退、居功自傲、不思进取等现象，我们党能够正确认识和把握形势，始终保持清醒头脑，牢记"两个务必"，向人民交出了合格的答卷。

第二，依靠群众、密切联系群众。中国的革命始终为了人民，从来没有离开过人民的拥护和支持。党自诞生之日起，从来没有自己的特殊利益，全心全意为人民谋利益始终是中国共产党的根本宗旨。井冈山时期，以毛泽东为代表的中国共产党人依靠群众的支持，建立、巩固和扩大了革命根据地，保存了革命的火种。长征途中，红军真心诚意依靠群众，主动保护尊重群众，以不同于旧式军队的严明纪律取得了群众的信任与支持，从而使革命的火种越烧越旺。延安时期，我们党鲜明地提出“全心全意为人民服务”的口号，正是我们党的这一根本宗旨，号召和团结了一大批进步人士加入革命的队伍中来；也正是这一根本宗旨，造就了我们党空前的团结和统一，为革命胜利凝聚了力量、赢得了支持。西柏坡时期，我们党始终把人民群众的冷暖疾苦记在心上，充分吸取了土地革命中积累的经验和教训，在解放区完善并颁布实施了《中国土地法大纲》，使受尽了剥削的贫苦农民在经济上翻了身；建立人民当家做主的民主政权，人民真正成了社会的主人。这都极大地调动了人民群众的生产和革命积极性，为赢得新民主主义革命胜利奠定了基础。

第三，自力更生、艰苦奋斗。中国共产党从红船起步，白手起家，到带领人民赢得革命胜利，离不开艰苦奋斗这个法宝。在井冈山和中央苏区时期，条件非常艰苦，毛泽东带头吃野菜，为了节省灯油将灯芯从三根减为一根；朱德和战士一起挑粮上山，领导干部和苏区军民一起自力更生、艰苦奋斗，保证了红色政权的存在和发展。长征时期，中国工农红军的物质生活资料极端缺乏，连基本的生存条件都无法满足；自然环境十分恶劣，战争环境也极为艰难。红军吃草根、啃树皮，单衣薄衫战风雪、斗严寒，凭借艰苦卓绝的拼搏精神，开创了中国革命的光明前景。延安时期，面对日本人和国民党反动派的军事进攻、经济封锁和陕北地瘠民贫的落后现状，党和边区广大军民一起，积极开展“自力更生、丰衣足食”的大生产运动，保障了生产生活，开辟创造了解放区的明朗天空，为战胜强大的敌人奠定了坚实基础。西柏坡时期，中国革命即将取得全面胜利，在这样重大的历史关头，如何经受住胜利之后执政的考验，避免“其亡也忽焉”的悲剧，成为摆在中国共产党人面前的重大历史课题。为此，毛泽东深刻总结了中国历史上朝代更迭的教训和我们党革命斗争实践经验，向全党提出“两个务必”的要求，艰苦奋斗因此也成为西柏坡精神中最具特色的内涵之一。

第四，从实际出发，实事求是。实事求是是中国共产党人在反对主观主义特别是反对教条主义斗争中，总结马克思主义普遍真理同中国革命具体实际相结合的经验所得出的科学结论，是中国共产党人根本的思想方法和工作方法。十月革命一声炮响给我们送来了马克思主义，但并没有给我们送来革命成功的具体方法。党的初创时期屡遭重创，就是没有很好结合中国革命具体实际贯彻马克思主义普遍真理的结果。在革命实践锤炼中，我们党不断成长成熟。井冈山精神强调敢闯新路，就是敢于跳出共产国际用苏联成功经验复制中国革命的禁锢，走“农村包围城市，武装夺取政权”的革命道路。实事求是也是长征精神的重要组成部分。长征是我们党在中央苏区面积不断被挤压，红军生存环境恶化的情况下，及时根据革命形势发展需要做出的“跳出包围圈”的战略转移决策；转移途中，我们党也没有机械地沿固定路线转移，而是因地制宜、灵活用兵、出奇制胜，最终成功到达陕北。延安精神反对主观主义、教条主义和党八股，提出“马克思主义中国化”的号召，主张“只有千百万人民的革命实践，才是检验真理的尺度”[1]。实事求是也是西柏坡精神的应有之义。毛泽东在中国革命即将取得全面胜利的关键时期，面临在革命和战争中成长起来的中国共产党能否领导中国人民建设一个繁荣富强的新中国这一现实任务时，要求广大党员干部努力学习经济社会各种知识，领导和开展经济建设，中国共产党人很快掌握了国家经济建设主动权，开启了建设新中国的美好规划和宏伟蓝图。

（三）整合贯通中国共产党革命文化优良传统的主要任务

革命文化跨越时空，富有魅力，是中华文化从衰落走向复兴的关键转折，是中国文化现代化的重要思想借鉴，是中国精神的重要组成部分，是中国特色社会主义文化自信的重要精神资源。新时代整合贯通中国共产党革命文化优良传统，激发出革命文化中蕴含的精神伟力，对实

[1]《毛泽东选集》（第二卷），人民出版社1991年版，第663页。

现中华民族伟大复兴的中国梦至关重要。

第一，挖掘释放革命文化优良传统的当代价值。新时代，革命文化优良传统在增强文化自信、建设先进文化、满足人民需求等方面，愈发凸显出时代价值。一是用革命文化培育以爱国主义为核心的民族精神。中国共产党领导人民进行的伟大革命斗争，是人类历史上独一无二的、可歌可泣的英勇壮举。经过革命建立了独立自主的新中国，中华民族的民族自尊心、自豪感空前增强。革命文化内在地成为以爱国主义为核心的民族精神的重要组成部分，成为弘扬和培育以爱国主义为核心的民族精神最好的教材和资源。二是用革命文化助力引领时代主流和社会风尚。革命文化为中国知识分子世界观的转变、马克思主义在中国的传播、中国共产党的建立及其领导下的民主革命准备了条件，是用马克思主义指导中国革命实践的产物。革命文化见证了中国共产党团结各方力量、带领人民抵御外侮实现民族独立、战胜强敌实现人民解放的整个过程，印证了马克思主义的科学真理性和中国共产党的无比先进性。发展社会主义先进文化，就是要把我们党领导的革命成功与新时代中国特色社会主义巨大成就联系起来，引导人民群众辩证地、历史地认识革命文化，从而坚定对马克思主义的信仰，对中国共产党的信赖。三是用革命文化引导满足人民精神文化需求。革命文化的生产主体是人民，本质上属于并服务于人民，代表人民的立场和利益，展现出与传统文化截然不同的一面。随着文化多样化时代的到来，各种文化代表了不同的立场，反映了不同的利益诉求，在一定程度上影响了人民群众文化主体地位的认同。在这种情况下，必须充分发挥革命文化来自人民、服务人民的优势，采用新的表现形式来讴歌人民、赞美人民、激励人民。通过纪念国庆、建党、建军活动，举办国家公祭日、烈士纪念日活动等，让人民在革命文化传承中感受到我们党一路走来，为中华民族谋复兴、为中国人民谋幸福初心不改的信号。

第二，采取多种形式宣传弘扬革命文化优良传统。在远离革命年代的今天，革命文化作为一种历史文化内容，要为人们所接受和认同，必须采用符合时代要求，广为人民接受的手段和形式进行宣传，否则很容易淹没在信息时代海量的宣传内容当中。一是拓展革命文化的宣传渠道。新的技术手段增加了文化流通传播的渠道，使文化宣传的针对性更强，效率更高。从目前国内文化宣传渠道来看，电影院线这个革命文化宣传阵地还有很大的潜力可以挖掘；红色网站平台数量还不够，吸引力和感染力还有待加强；国民教育系列中小学教材中，革命文化内容跟以前相比有所减少。拓展革命文化宣传渠道还要区分对象建设，比如区分年龄层次、文化程度、职业背景等。二是推进革命文化教育大众化。用鲜活的事例、生动的材料，通过纪念、瞻仰、慰问、走访、座谈等丰富多元的形式，增强传播效果，使公众更好地接受革命文化的熏陶教育。创作红色经典影视作品，革命题材电子游戏等，通过对革命历史的回顾增加人们对革命文化的认知。三是防止革命文化宣传“庸俗化”。这些年来，“抗日神剧”一直盛行荧屏，受到观众的批评质疑。文化管理部门曾发文对在影视剧拍摄中表现抗战、对敌斗争等内容进行随意篡改，将革命文化娱乐化的倾向进行整顿。对广大观众也要搞好正面引导，使其能够以正确的立场、心态和审美欣赏和消费革命文化作品。

第三，激发革命文化优良传统的生机活力。随着人们文化消费观念和方式的转变，发展红色旅游是让革命文化走进当代、走进人民群众、激发革命文化传统生机与活力的有效途径。近年来，全国共有5万个革命遗址被开发成红色旅游景点，还有12个重点红色旅游景区，30条红色旅游精品线路和100个红色旅游经典景区[1]，形成了一股红色旅游热潮，对激发革命文化优良传统活力形成了很大的帮助。首先，搞好统筹规划和管理。成立全国性的红色旅游景点审核机构，进行统一把关；突出红色旅游的正面引导和教育感化功能，防止恶意篡改和戏剧化包装革命文化优良传统。其次，要加大红色旅游线路的投入。本着保护历史原

[1] 鲁元珍：《长征精神，为红色旅游带来什么》，《光明日报》2016年10月6日，第8版。

貌、高起点规划建设的原则，集保护革命遗址、革命传统教育、文化旅游休闲功能于一体，建成高质量的精品工程、长久工程，防止因规划设计不科学而造成的破坏。再次，挖掘内涵，增强红色旅游产品的吸引力。要增加红色旅游的文化含量，用情景模拟、仿真音像等新的表现手法实现革命历史的艺术再现；将红色旅游与探险、休闲、观光、运动等旅游模式相结合，走出一条革命文化产业式发展的新路子。

第七章　中国文化现代化的协调推进

现代化是一场深刻的、全面的社会变革，是经济、政治、文化等各领域整体协调推进的过程。文化作为中国特色社会主义“五位一体”总体布局的一个重要组成部分，一方面其现代化进程内在地与经济、政治、社会、生态、党的建设等方面的现代化进程联系在一起，构成全面建设社会主义现代化国家的整体合力；另一方面，在全面建设社会主义现代化国家进程中，中国文化现代化也将得到全面的支持，实现整体协调推进。

一、中国文化现代化与“全面现代化”

中国是现代化后发国家，发展基础十分薄弱，对现代化发展战略的目标选择经历了由“工业化”到“四个现代化”再到“全面现代化”的探索转变过程。这个转变过程，是我们党对以生产力发展为中心的社会整体性变革过程这个现代化内涵的探索和深化，体现了我们的现代化不仅着重强调社会的物质发展，还强调社会的文化等各个层面的整体进步，是“全面现代化”。

（一）社会主义现代化目标的不断丰富与发展

实现中国社会的现代化，赶上和超过世界上的先进国家，一直是社会主义现代化建设的奋斗目标。我们党根据对社会主义现代化认识不断深入而提出的现代化目标，也是不断发展和变化的。

新中国成立以后，我们党在社会主义探索阶段确立的现代化目标，经历了从“工业化”向“四个现代化”的转变，这一问题的研究成果已经比较多，本书不再做深入探讨。优先发展重工业，建立独立的工业体系思想，是符合经济相对落后国家工业化进程的一般规律的。应当说，我们党将现代化的目标从“工业化”拓展为“四个现代化”，是对现代化规律探索的深化，体现了对现代化更为全面的认识，是一个巨大的进步。“文化大革命”让社会主义现代化建设遭受重大损失的深刻教训，让我们看到文化领域畸形发展的巨大危害。改革开放后，我们党在做出把工作重心转移到经济建设上来的重大决策的同时，认识到应该加强社会主义精神文明建设。经过中国特色社会主义的艰辛探索，我们党对社会主义本质有了清晰的认识，社会主义现代化建设也走上了正常快速发展的轨道。党的十三大上，我们党确定了在社会主义初级阶段建设有中国特色社会主义的基本路线，把我国社会主义现代化的目标由“四个现代化”，发展成为“富强、民主、文明”三位一体的现代化。随着市场经济的深入发展，特别是2003年我国人均GDP首次突破1000美元，人民的各种利益关系变得更加复杂多样，我国经济社会发展进入一个新的关键阶段，要求党和政府不断提高协调各种社会矛盾和利益关系的能力。基于这样的认识，我们党清醒地把握住了我国社会发展的阶段性特征，把社会和谐作为社会主义的本质属性来追求，党的十六届六中全会首次指出要把我国建设成为一个“富强、民主、文明、和谐的社会主义现代化国家”。党的十七大重申了这一重要论断，把我国社会主义现代化的目标由“富强、民主、文明”三位一体的现代化发展成为“富强、民主、文明、和谐”四位一体的现代化，标志着我们党对社会主义现代化建设规律的认识进一步深化。

党的十八大以来，以习近平同志为核心的党中央以巨大的政治勇气和强烈的责任担当，推动党和国家事业发生历史性变革，社会主义现代化建设取得历史性成就，在经济总量跃居世界第二的基础上，综合国力进一步增强，国际地位进一步提升，中国特色社会主义步入新时代。社会主要矛盾由人民群众日益增长的物质文化需要同落后的社会生产之间的矛盾，转变为人民美好生活需要和不平衡不充分的发展之间的矛盾。社会主要矛盾关涉现代化建设全局，主要矛盾变了，现代化目标也要发生相应变化。基于这样的认识，党的十九大综合分析国际国内形势和我国发展条件，对决胜全面建成小康社会提出明确要求，将实现第二个百年奋斗目标分为两个阶段安排，提出“在本世纪中叶建成富强民主文明和谐美丽的社会主义现代化强国”，把我国社会主义现代化的目标由“富强、民主、文明、和谐”四位一体的现代化发展成为“富强、民主、文明、和谐、美丽”五位一体的现代化，标志着我们要实现的现代化是

"全面现代化"。

（二）文化因素对现代化进程的影响

关于文化因素与现代化的关系问题，著名现代化问题研究专家罗荣渠认为，现代化主要是八种因素——生态因素、人口因素、社会因素、经济因素、技术因素、政治因素、文化因素、国际交往因素相互作用的产物。[1]其中文化因素是不可忽视的重要方面。我们重点分析在世界现代化进程中，比较典型的儒家文化对东亚地区、基督教新教伦理对欧美地区现代化产生的重要影响。

第一，儒家文化对东亚现代化的影响。在近代以前，东亚地区包括中国、日本、朝鲜等东亚国家，形成了以中国为中心的儒家文化圈。作为农业文明特质的文化形态，儒家思想很难滋生出以工业化为核心的现代化。为此，东亚各国现代化的早期，都普遍存在着对儒家思想的批判，把接收西方民主与科学思想作为现代化的原动力。20世纪下半叶，东亚经济起飞，东亚各国在这一时期取得了比欧美工业国家更突出的经济发展成就，向世界提供了另一种不同于欧美各国发展的现代化模式。人们在探索东亚经济起飞的原因时，把目光再次聚集到曾经遭受过无数批判的儒家思想，从而开始了对传统儒家思想的再定位。对西方现代化进程中弊端的认识，无疑也是东亚各国重新探索儒家文化价值的重要原因。一种得到普遍认同的观点就是儒家文化中蕴含的工作勤奋、敬业乐群、集体互助，修己爱人、谦和通达、回馈社会、自省独慎、坚韧自强、克己寡欲等伦理道德和规范，影响和培养了大批适应现代社会和现代企业需要的优秀工作者，促进了现代化经济的快速增长。此外，由于面临着西方文化冲击以及东亚各国在现代化进程中的反思，儒家文化本身也发生了很大的变化，对阻碍现代化的因素进行了调整，在现代化进

[1] 罗荣渠:《现代化新论——世界与中国的现代化进程》，商务印书馆2004年版，第528页。

程中扮演调节者、参与者的角色，并且所起的作用也越来越大。

第二，基督教新教伦理对欧美等国家现代化的影响。世界现代化的进程首先是从西方发起的，与非西方国家的外源式现代化不同，西方欧美等国家现代化是内生式的。由基督教文化中的新教伦理作为西方早期资本主义发展的精神支撑，是以德国著名社会学家马克斯·韦伯为代表的学者们的主流观点。从基督教文化中的新教伦理精神发展历史来看，它是从16世纪开始完全由上帝主宰的中世纪走向没落时出现的，经由文艺复兴、宗教改革和地理大发现揭开了现代化的大幕，并不可避免地与新生的资本主义生产方式结合到了一起，成为欧美等国家现代化的精神支撑。从新教伦理的精神内涵来看，主要指的是人生来以神赋的天职为使命，理性地追求预期利润的态度。其核心是合理性和禁欲，其信徒必须无条件认为自己得到上帝的选召，而只有完成上帝赋予的“天职”才能确保得到上帝的恩宠，只有以终生追求预期利润的世俗活动来回应上帝，其信仰才是有效的。这就把圣徒们之前必须在修道院和经书中度过的宗教生活方式，改为在现实生活中理性化改变世俗、驾驭自然的生活方式。很明显，新教伦理与强调以理性追求资本利润最大化的现代资本主义精神之间有一种“选择性的亲和力”，最终促成了资本主义现代化的产生。马克思认为，中世纪晚期西欧一些国家发起了城市自治化运动，由此而形成“市民社会”与“市民文化”中理性化的生活方式，为资本创造了生存与发展的空间，而资本本身就是一种解放与发展生产力的巨大力量。从这个意义上说，马克思与韦伯的观点并无二致。

（三）中国文化现代化对“全面现代化”发挥重要作用

罗荣渠认为，影响现代化的八种因素在现代化进程的不同阶段重要性是不相同的。大致来说，现代化初期经济、技术、政治、国际交往等快变因素影响较大，现代化后期生态、人口、社会、文化等慢变因素影响较大。[1]根据我们党对我国发展新的历史方位的科学判定，目前我们已经进入现代化后期，文化因素将会对现代化进程发挥重要作用。

从“全面现代化”的内涵来看，中国文化现代化是“全面现代化”的题中应有之义。“全面现代化”是指把现代工业、信息与科技革命作为推动力，以满足人民日益增长的美好生活需要为目标，不断提高发展质量和发展效益，实现从传统农业社会向现代工业社会转变并进一步地向现代信息社会转变，对经济、政治、文化、社会、生态等各个领域产生革命性影响。从“全面现代化”目标形成的历史进程来看，我们党对现代化的认识经历了从“工业化”到“四个现代化”，再到“全面现代化”逐步深入的过程，这个过程体现了我们党对文化领域的逐步重视，也体现了现代化目标中“文化含量”逐步增加。基于此，我们可以认为，中国文化现代化是实现建设社会主义现代化强国“全面现代化”目标的重要标志。从文化领域与社会主义社会其他领域的关系来看，文化是人们在实践中创造的精神成果的总和，既包括经济领域实践中创造的精神成果，也包括政治、社会、生态领域创造的精神成果。因此，文化与社会诸领域息息相关，是中国特色社会主义“五位一体”总体布局中最活跃的一个领域。对于目前的中国而言，经济发展已经具备一定基础，制度建设已经有了基本雏形，能否顺利实现向物质文明、政治文明、精神文明、社会文明、生态文明过渡的文化发展，则是成功完成现代化转型的关键所在。不难看出，抓住文化现代化这个重要的一环，对于激活“全面现代化”整体活力至关重要。

从我们党担负的文化使命来看，中国文化现代化和“全面现代化”协调推进是历史经验和客观规律的选择。100多年来我们的现代化进程，是从挽救民族危亡、谋求民族复兴开始的。这个使命历史地选择了中国共产党来承担。在现代化启动阶段，为了实现殖民地半殖民地的封建国家向独立民主的现代国家转变目标，我们党积极吸收各种有益文化

[1] 罗荣渠:《现代化新论——世界与中国的现代化进程》，商务印书馆2004年版，第528页。

思想，与各种落后、腐朽、反动的文化做最为坚决的斗争，创造出一种崭新的，民族的、科学的、大众的新民主主义文化，取得了新民主主义革命胜利。令人遗憾的是，革命成功之后，进入传统社会向现代社会转变阶段，我们未能根据经济社会发展需要及时调整文化策略，而是延续了革命时期的文化建设模式，开展“政治挂帅”“以阶级斗争为纲”的“文化大革命”，使本应该为社会主义国家经济发展服务、为现代化打牢经济基础服务的文化脱离了应有位置。从这个时期制定的“工业化”到“四个现代化”的现代化目标来看，文化现代化没有得到应有的重视。这种把文化从它应有的位置拔高出来、忽视文化建设规律的做法，不仅阻滞了现代化进程，也使文化发展失去了支撑，文化现代化步入歧途。改革开放以来，我们党果断把工作重心转移到经济建设上来，并且对现代化目标进行调整完善，使文化现代化在以经济建设为中心的现代化进程中也获得了应有的发展。经过长期努力，中国特色社会主义步入了新时代，我国已经进入现代化后期，文化因素将会对现代化进程发挥重要作用。这个重要作用主要体现在两个方面：一是经济发展方式的转换导致文化作为生产要素对经济发展贡献的比重更大；二是经济高速发展过程中造成的各个领域、各个层次的矛盾需要通过文化现代化来协调。基于此，党的十九大提出要坚持中国特色社会主义文化发展道路，激发全民族文化创新创造活力，建设社会主义文化强国；要在实践创造中进行文化创造，在历史进步中实现文化进步，明确把文化现代化纳入中国特色社会主义伟大实践，体现了准确把握社会主义建设规律的科学理性和实现中华民族伟大复兴的责任担当。

二、中国文化现代化与国家治理现代化

党的十八届三中全会第一次提出全面深化改革的总目标是完善和发展中国特色社会主义制度，推进国家治理体系和治理能力现代化，标志着我们党对社会主义现代化建设规律的探索从经济、政治、文化等社会领域的层面，进入制度建设的全新层面，共同构成“全面现代化”目标，丰富了我国现代化的内涵。中国文化现代化一方面在国家治理体系和治理能力现代化中发挥重要作用，另一方面也离不开国家治理现代化的保障支撑。

（一）国家治理现代化丰富了社会主义现代化内涵

国家治理体系是一系列国家制度的集成和总和。关于对制度的认识，是从国家的起源问题开始的。人类最基本的公共需求是对生命安全的保护，为了应对来自外部的威胁，人们不得不联合起来，这种不断重复的保护安全的活动和程序就被制度化了。“所谓制度，就是在群体满足公共需求的重复性实践活动中形成的程式化的行为模式的产物。”[1]保护安全的行为制度化时，国家的核心也就形成了。除了生命安全，人类还要生活、生产、交易和交往，会产生多样化的公共需求，这就产生了多样化的制度需求，也就有了制度的发展变迁。从中国特色社会主义现代化建设这个视角来看，建设社会主义现代化国家，实现民族复兴是全体中华儿女最为一致的公共需求。为了实现这个梦想，全体中华儿女

[1]［美］里普森:《政治学中的重大问题》（第10版），刘晓译，华夏出版社2001年版，第44页。

紧紧团结在一起，前仆后继，进行了艰辛的探索和努力，才形成了被实践证明无比正确的中国特色社会主义制度。

制度有两个显著的特征：一是具有根本性、全局性，二是具有稳定性、持久性。根本性、全局性是对国家治理现代化的共时性描述，标志着我们党对现代化的认识，已经超越了以往“工业化”“四个现代化”“全面现代化”等从某一领域逐步发展到多个领域的现代化认识逻辑，以全面深化改革为具体路径，把各个领域、各个方面不符合现代化要求的制度机制改革统一起来，激发各个领域、各个方面现代化的动力、活力。形象地说，国家治理现代化是“全面现代化”目标实现的关键点。稳定性、持久性是对国家治理现代化的历时性描述，标志着我们党对共产党执政规律、社会主义建设规律和人类社会发展规律的探索已经比较成熟，在实现中华民族伟大复兴征程上不走封闭僵化的老路和改旗易帜的邪路，永不懈怠、一往无前，接续奋进、持续发力，为建设社会主义现代化强国而努力奋斗。

从以上两个方面我们可以看出，国家治理现代化是我们党更加全面深入地探索和认识社会主义现代化规律的经验总结和实践成果。

（二）文化现代化为国家治理现代化提供重要保证

任何一个国家的治理体系和治理能力，都是在文化的影响与作用下形成的，与其历史传承、文化传统、价值观念密切相关。任何国家和社会的经济制度、政治制度、社会制度等制度体系，无不蕴含着特定国家和民族的核心价值。可以说，中国文化现代化不仅影响着中国特色社会主义的发展方向，而且是国家治理现代化的重要保证。

第一，文化现代化为国家治理现代化提供价值指引。国家治理现代化是一项复杂的系统工程，而每个领域、每个层次、每项工作背后最深层次的决定因素就是核心价值观。社会主义核心价值观为国家治理现代化设定了明确的价值目标，渗透在国家的路线、方针、政策的制定、实施和评价中，对国家治理现代化的价值取向加以引导，从而为国家治理现代化的行为实践提供内在动力。社会主义核心价值观为国家治理现代化提供价值目标指引，主要通过两个方面来实现。一是保证社会主义性质；二是提供价值导向。我们要实现的现代化，是社会主义国家的现代化。社会主义国家的国家治理，在治理主体上突出人民性，制度设计符合人民参与各级政权的要求，这与西方强调国家治理主体多元化有本质的区别，在资本主义国家参与社会治理的多元主体只能是掌握资本的精英团体；在由价值导向决定的治理目标上，按照党的十八大提出的社会主义核心价值观“三个倡导”的基本内容，从国家、社会和公民个人三个不同层面为当前我国国家治理中如何正确处理国家、社会和公民个人关系，做到统筹兼顾、协调发展，提供了有益的价值指导。

第二，文化现代化为国家治理现代化提供动力支撑。一定社会的文化赋予生活其中的每个人精神的指引，引领人们的理想信念，塑造人们的价值观念，规约人们的行为习惯。核心价值观对于决定整个社会的价值取向、整合社会意识、提升社会治理主体能动性发挥着重要作用。这是国家治理现代化的内生动力。一方面，培育和践行社会主义核心价值观，是国家治理现代化的重要方面。因此，国家治理现代化内在地包含了文化现代化，文化现代化的发展进步必然会生成推进国家治理现代化的动力。另一方面，社会主义国家治理主体的多元化是通过人民多种途径和方式参与社会治理来实现的，政党、政府、企业、社区、民间组织等在社会治理中综合发挥作用，只有把每一主体的积极性、主动性和创造性激发出来，才能保证国家治理现代化源源不断的内生动力。社会主义核心价值观可以有效整合社会意识，把全社会的力量凝聚起来，把多元的思想变为活跃的行为，最大限度地推动治理主体的社会实践活动。

第三，文化现代化为国家治理现代化提供价值评价。好的国家治理体系能够带来社会的稳定与繁荣，而一旦制度存在缺陷、不合时宜，便会影响社会稳定发展和国家长治久安。如何评价国家治理体系，需要我们站在全体社会成员的立场进行价值判断。价值评价实际上是为国家治理现代化提供价值标准，主要包括国家治理体系的合法性和有效性两个方面。马克思主义认为，一种合法的制度应该是得到广泛认同的制度，是一个共同体内部具有不同意志的社会力量均衡妥协的产物。国家治理体系的合法性，体现在治理体系符合所有成员的利益，即代表绝大多数人民的根本利益。社会主义核心价值观是所有社会成员价值诉求的集中体现，是判断国家治理体系合法性的有效标准。要判断国家治理体系的有效性，需要从国家治理体系的价值客体出发。社会不同领域、不同层次等价值客体对国家治理体系的价值诉求不同，包括经济发展的目的、政治进步的目的、保障人权的目的、促进社会道德建设的目的等等。为了兼顾各方不同的价值诉求，国家治理体系的评价也变得复杂多元，需要一个能够综合体现国家治理现代化效果的价值标准。社会主义核心价值观通过国家层面的价值目标、社会层面的价值取向、公民个人层面的价值准则，给国家治理体系的评价提供了一个合理完善的标准，从而最大限度地保证国家治理现代化实现的有效性。

（三）国家治理现代化保障文化现代化的顺利推进

国家治理现代化与中国文化现代化是相互整合、共同发展的共同体。国家治理现代化离不开文化现代化强大的价值功效和动力支撑，文化现代化也需要国家治理现代化提供制度保障和行动载体。

制度建设是国家治理现代化不可或缺的重要内容，文化现代化离不开国家制度体系的保障和依托。国家制度体系作为一种对社会成员具有约束力的行为规范，对文化现代化的制度保障主要表现在氛围营造和方向引导两个方面。文化现代化是一项长期工程，需要良好的社会氛围，这种社会氛围可以通过制度安排来形成。罗尔斯在《正义论》中认为，公正的制度能够让参与这些安排的社会成员获得公正的情感。当这种情感达到一定规模时，就会形成社会氛围。比如，把文化建设地位、文化工作保障等以政令形式予以发布，并进行正面有效地宣传引导，就会在全社会营造重视文化现代化、支持文化现代化的浓厚氛围。另外，国家制度体系作为上层建筑的一部分，蕴含着国家治理现代化的价值目标，这个价值目标与社会的核心价值观具有一致性。制度建设除了具有根本性、全局性和稳定性、持久性两个方面的显著特征外，还在发挥强制约束力的作用中体现方向性特征，即符合制度体系价值目标方向的就支持，不符合的就及时纠正。国家治理现代化对文化现代化的方向引导作用，就体现为及时通过强制的约束规范保证文化现代化的正确方向。

国家治理体系表明了国家治理主体和公民权利主体之间的关系，这种关系通过领导、管理、协同、服从、问责、监督等一系列具体的行动来表现，这些行动体系保证了社会的正常有序运转。因此，行动体系成为国家治理体系的重要构成。文化现代化不会自行展开，需要通过一系列的具体工作来实现，如果没有国家治理体系作为行动载体的支撑，文化建设就只能成为观念层面的空转，无法对经济社会建设发挥影响作用。国家治理体系通过行动体系的支撑，把文化层面治理的内容和要求贯彻到经济、政治、文化、社会、生态、党建和国防等具体行动领域，使文化现代化得到具体落实，真正扎根于经济社会全领域和各项工作。因此，文化治理是国家治理的基本内容，是文化现代化的重要任务，是国家治理层面支撑起文化现代化的载体和平台。

三、中国文化现代化与中国共产党执政方式现代化

执政方式现代化是指政党在新的执政环境中对执政的方法和形式所做的现代化调适。文化是影响政党执政环境的重要因素，是一个政党信仰的火种、精神的谱系、制胜的密码，凝聚着一个政党独有的精神基因，形成了自己独特的精神命脉。正是文化的力量推动着我们党从小到大、由弱到强、从胜利走向胜利，并以坚定的文化自信引领着中华民族走向解放和复兴。中国共产党执政方式现代化，必须充分考虑文化因素的影响，把握中国文化现代化的演进逻辑，做到同步协调，加力推进。

（一）中国共产党执政方式现代化的文化基础

中国共产党执政方式现代化的文化基础，主要指有利于改进中国共产党执政方式的文化前提和文化条件，包括思维方式、知识体系、精神作风、价值观念、信念信仰等。我们党是在回应挑战和实现文化转型的历史阵痛中，自觉担负起文化现代化的历史使命的，从而成为中华优秀传统文化的传承者、革命文化的创造者和社会主义先进文化的开拓者，奠定了坚实深厚的文化基础，成为推动中国共产党执政方式现代化的内在力量。

第一，科学正确的文化指导思想。20世纪初，中国社会处于中西文化论争、传统文化式微的文化背景下，少数先进分子在各种文化思潮激荡碰撞中接触到了马克思主义，迅速发现了其指导人类社会发展的科学真理性和价值合理性，并坚定不移地在中国大地实践推广。中国共产党能够成为中华民族文化中最先进部分的代表，并在众多文化思潮中选

择接受马克思主义，确定为自己的指导思想，表现出了超前的文化自觉和深厚的文化自信。从马克思主义发展脉络来看，它是在继承德国古典哲学、英国古典政治经济学和法国空想社会主义的基础上，以揭示和批判资本主义社会弊端为脚本，致力于实现个人自由而全面发展理想社会的过程中发展起来的新文化，包含了人类认识社会、改造自然的立场、观点和方法，是中国共产党执政方式现代化的理论指导，也是中国共产党执政方式现代化的精神动力。

第二，与时俱进的文化品格风范。与时俱进是马克思主义的本质要求，是其实践性品格的集中体现。将马克思主义与中国具体实际结合起来，紧紧把握时代潮流，解放思想、实事求是、与时俱进，这是中国共产党成功经验的真谛，也是革命、建设和改革经验教训的成功总结，已经内化为我们党的文化品格。与时俱进既是一种思想方法，也是一个历史过程，还是一种精神状态。这种文化品格反映在对中国共产党执政方式现代化的影响上，就是对执政方式现代化的认识探索永不停止僵化，党的执政方式必须符合社会主义现代化建设实际和时代发展要求。

第三，不忘初心的文化理想追求。我们党成立之初，就确定了为共产主义而奋斗的远大理想。中国共产党之所以能够战胜困难和强敌，带领人民从胜利走向胜利，不断创造新的成绩，最根本的原因就在于共产党人坚定信念，不忘初心。进入新时代，中国特色社会主义建设取得巨大成就，中国已经实现了从站起来、富起来到强起来的伟大飞跃。我们党面临的执政风险更加复杂，考验更加直接，不忘初心的文化理想追求激励着我们党牢记使命、永不懈怠，为夺取新时代中国特色社会主义伟大胜利注入更加深沉而持久的力量。

第四，先进稳定的文化价值尺度。文化由人创造，表现出来的是人的实践的力量。作为精神成果的文化，因此就有了对创造文化主体的价值意义，是文化主体实践能力的评价尺度，也是主体从事实践创造的精神动力和思想武器。社会主义核心价值观所蕴含的自由、和谐、仁爱等价值理念，是评价中国共产党执政方式现代化的价值尺度。中国共产党执政方式现代化，就要把自由、和谐、仁爱等价值理念贯彻到党的路线、方针和政策中去，不断提高党的执政方式，达到满足人民群众主体需要的程度，从而巩固党的执政基础，提升党的执政能力。

（二）中国共产党执政方式现代化的文化制约

文化对政党执政方式现代化的制约主要有内部制约和外部制约两个方面，内部制约主要是文化传统内的民族心理、风俗习惯等对执政方式现代化的消极影响；外部制约主要是异质文化出于霸权目的对执政方式现代化的阻滞。

一方面，中华传统文化对中国共产党执政方式现代化的文化制约。我们党执政方式现代化的基本要求和目标是科学化、民主化、法治化，反思当前党的执政方式还存在不小的差距和不适应的地方，中国长期的君主专制社会形成的传统文化中的消极因素，对中国共产党执政产生着内在而深刻的影响。中国共产党执政方式现代化的过程，从某种意义上说，就是克服传统文化消极影响的过程，主要有以下三个方面。一是传统农业文化的影响。传统农业社会重农抑商、求稳怕变的文化特质与现代社会格格不入，致使我们党在现代化探索中走了一些弯路。改革开放后，思想领域的解放引起了对科学技术的高度重视，科学的理论知识、方法技术应用于我们党治国理政实践，取得了突出成就。这是我们党执政方式现代化中克服传统文化消极因素影响态度最为坚决、效果最为明显的领域。二是集权文化阻滞民主化进程。以“君权神授”不可侵犯为特征的集权文化，通过一系列具体的统治制度确定下来，把国家公权力集中于皇帝手中，专制独裁成为一种重要执政理念和执政方式。这种消极文化因素阻滞了民主执政理念的形成与执政方式的改进，表现在执政主体上就是权力的私有化和专制化，是官僚主义滋生的文化源头；表现在社会成员上就是社会成员主体性丧失，迷信权威、因循守旧。三是礼法文化影响法治。礼法文化强调的是伦理秩序，确立了伦理在社会运转中的最高规范，法律只是处于辅助地位的统治工具。传统文化中礼法文化对党的执政方式现代化的消极影响主要有两个方面。一是消解社会成员法治科学理性的形成。由于道德伦理取代了法律至高无上的权威地位，法律信仰无法确立。二是“人治”思维突破法治界限，法律面前人人平等的法治文化无法形成。这与现代化的要求背道而驰。习近平总书记在党的十九大报告中指出的个人主义、分散主义、自由主义、本位主义、好人主义、宗派主义、圈子文化、码头文化，搞两面派、做两面人这些党内存在的问题，都能从封建传统文化中找到根源。

另一方面，西方资产阶级文化冲击影响。希伯来的宗教文化和古希腊的理性文化随着社会发展逐步融合在一起，共同形成了西方文化求善的人文主义和求真的科学主义倾向，并以此作为维护社会稳定、调节人际关系的准则。在这种文化特质的影响下，西方资本主义国家快速走上了现代化道路，培育了资产阶级自由主义、个人主义和利益至上的人生观、价值观。他们评判世界、评判社会的标准以资产阶级利益和个人利益为圭臬，与我们党以人民为中心的马克思主义指导思想截然不同。所以，马克思主义从诞生起，就遭到资产阶级的抵制和封杀。从20世纪中期开始，西方资产阶级转换了攻击马克思主义的方式，对坚持以马克思主义为指导思想的社会主义国家采取了“和平演变”的策略，苏联的社会主义大厦抵挡住了第二次世界大战德军坦克、火炮的攻击，却没能抵挡住文化战线的侵蚀。当前，新自由主义、普世价值、历史虚无主义等资产阶级改良主义的观点随着全球化的潮水涌向世界各地，我国同样无法幸免。自党的十八大以来，中央反腐败领导小组和公安部深入推进缉捕在逃境外经济犯罪嫌疑人的“猎狐行动”，抓获逃犯3317名，追缴涉案赃款数十亿元。[1]这些腐败分子在西方资产阶级腐朽文化的侵蚀下，丧失并践踏了执政理想，视西方世界为人间天堂，值得我们警惕和反思。

（三）中国共产党执政方式现代化的文化路径

中国共产党作为长期执政的政党，需要坚实的文化基础作为引领和支撑。面对复杂的执政环境和艰巨的执政考验，中国共产党执政方式现代化必须保持正确的文化引领、不断的文化创新、坚实的文化认同，这三个方面构成我们党执政方式现代化的文化路径。

第一，坚持文化引领。中国共产党作为由先进理论武装、由先进分子构成的政党，理应走在时代前列，以先进的文化引领社会、教育人民，这是我们党执政方式现代化的文化前提。作为指导我们党一路取得革命、建设和改革成功的马克思主义，是我们党必须高扬的文化理想。任何理论的优势都不是一劳永逸的，马克思主义也不例外。坚持文化引领，关键是要与时俱进地发展马克思主义，增强马克思主义的问题解释能力和实践指导能力。马克思主义是在与各种思潮针锋相对的论战中诞生和发展的，主动回应社会热点问题，公开接受挑战质疑，这是马克思主义的基本理论品格，也是理论魅力所在，更是马克思主义理论创新发展的动力源泉。只有如此，才能牢牢掌握引领当代社会思潮的文化主动权。

第二，加强文化创新。党的执政方式现代化的文化创新，主要任务是对传统文化的创造性转化和创新性发展以及借鉴人类一切有益文化成果，吸取西方现代化进程的经验教训，建设和坚持社会主义核心价值体系。与传统文化和西方文化不同的地方在于，社会主义核心价值体系着

[1] 张子扬:《中国“猎狐行动”5年来共缉捕逃犯3317名》，中国网，2017年11月2日，http://news.china.com/domestic/945/20171102/31627399.html。

眼于对现代化进程中人、自然、社会关系新的理解，创新价值理念，赋予社会主义核心价值观新的内涵。在人与自然的关系上，倡导可持续发展；在人与人的关系上，倡导建设人类大家庭；在国家与国家的关系上，倡导构建人类命运共同体；在人的自身发展上，倡导身心自由全面发展。这些价值理念，成为我们党执政方式现代化的重要保证。

第三，增进文化认同。文化认同是人类对文化的倾向性认识与认可，是民族凝聚力的源泉，是我们党带领人民建设共同精神家园、夯实执政根基的着力点。中国共产党团结带领人民实现中华民族伟大复兴，需要增强全国人民的凝聚力、向心力，以此来增强全体人民的中华民族共同体意识，增强对党的执政方式的认同和拥护。近代以来，中国各族人民在反抗侵略殖民、谋求民族独立的革命斗争中，中华民族认同感得到空前加强和升华，在中国共产党的领导下，实现了民族独立和人民解放，建立了社会主义制度，取得了中国特色社会主义建设的伟大成就，进一步增强了中华民族共同体意识的政治和制度基础。新时代通过增强中华民族共同体意识的文化基础来促进党的执政方式现代化，就是要对中国特色社会主义伟大实践进行持续性思考和开创性建设，发展社会主义先进文化，在文化层面的更高要求中增强党的执政意识、完善党的执政理念。

四、中国文化现代化与人的现代化

马克思对文化的理解是建立在实践基础上的，也就是说，人们在生产实践中既生产物质产品，也生产精神产品，进行文化创造。关于文化与人的关系，马克思、恩格斯曾在他们的一系列著作中表达了这样的思想：人创造文化，文化塑造人。在传统社会，人们创造了农业文化形态；在工业化、信息化社会，人们创造了工业文化和信息文化形态。这些文化形态的变迁，反映的是人的认识水平所达到的程度，即人的本质力量发展的程度。在这里，文化所反映的不是别的，正是人本身。因此，恩格斯强调，文化上的每一次进步，都是迈向自由的一步。所以，人既是文化的主体，又是文化的对象；人的现代化是文化现代化的最高价值追求，文化现代化是人的现代化的实现路径和表现形式，二者相互促进，相辅相成。

（一）人的现代化的基本内涵

文化是人的本质的反映。考察人的现代化，固然离不开对文化现代化本质要求的分析。根据上文所述，从文化角度可以将人的现代化的基本内涵归结为人的价值观念、道德素养、审美追求、思维方式的现代化问题，这里分而述之。

价值观念现代化。现代价值观念在一定的国家、民族的传统中生成，总是或多或少地会留下一些本国、本民族的印记。在当今以至今后的社会，不可能存在一种纯而又纯的价值观念，总是通过不同社会的价值观念体现出来的。随着文明的进步，人类的价值观念日趋多元化，似乎每一种价值观念都有其存在的根据，而且历史上存在过的每一种价值观念体系在今天都有人为其辩护，例如，中国传统的以道德为轴心的价值观念体系、西方古希腊以美德为轴心的价值观念体系和中世纪以上帝为轴心的价值观念体系。然而，只有基于价值主体的需要，而且能更好地满足这种需要的价值观念，才是先进的价值观念，这是价值观念现代化的方向和目标。就价值主体而言，中国共产党甫一成立，就把为中国人民谋幸福、为中华民族谋复兴作为自己的初心和使命；新中国成立后，人民实现了当家做主的历史性跨越；进入新时代，党中央更加明确坚持以人民为中心的发展思想。这就说明，我们要构建的现代化价值观念的主体只能是人民。就价值主体的需要而言，近代以来，全国人民渴望实现国家富强、民族振兴、人民幸福，渴望实现中华民族伟大复兴的中国梦。为了满足这个需要，实现这个梦想，我们党用共产主义远大理想和中国特色社会主义共同理想鼓舞斗志、凝聚人民，建设形成了社会主义核心价值体系，持续深入培育和践行社会主义核心价值观，这就是中国特色社会主义价值观念现代化的全部内容。

道德素养现代化。道德素养特指人在道德方面的内在素质，体现着一个人的道德水平和道德风貌。有学者认为人的三大基本素质由德商（MQ）和智商、情商构成，其中德商是指一个人的德行水平和道德人格品质，决定做人的能力。[1]因此，道德素养现代化是人的现代化的重要内容。根据伦理学家罗国杰教授的观点，人的道德素养主要由道德认识、道德情感、道德意志、道德信念、道德行为五个因素构成。道德素养现代化，就是在道德认识上，掌握社会主义道德观念和范畴，如善、良心、正义等，以及根据社会主义道德规范，对社会现实道德关系和行为进行道德评价；在道德情感上，从马克思主义的世界观、人生观、价值观出发，对现实生活中的道德关系和道德行为有正确的态度，从而积

[1] 高燕秋：《思想道德修养与法律基础多维立体辅学读本》，苏州大学出版社2009年版，第69页。

极地调节个人的道德行为；在道德意志上，主动克服困难履行道德义务，坚决排除各种干扰，坚持明确的道德行为方向、方式；在道德信念上，坚定追求共产主义远大理想和中国特色社会主义共同理想，努力捍卫社会主义道德规范，不惜一切代价履行自己的道德义务，这是道德素养现代化的核心；在道德行为上，不仅要实现从道德生活经验到道德信念的飞跃，而且更重要的还要实现从道德意识到道德行为的飞跃，形成履行道德义务的行为习惯，从而巩固所获得的道德意识，实现道德素养的提升。

审美追求现代化。美是人的本质力量的感性显现。马克思指出："人也按照美的规律来构造。"[1]从这一意义上说，美的创造同人的现代化可以说是相辅相成、互为因果的。西方和中国传统美学普遍认为，实现人审美追求的现代化，主要应从培育审美态度、培养审美能力和升华审美趣味三个方面着手。由于一般人都缺少主动的审美动机和能力，培养审美态度就是抛弃实用的（功利的）态度和科学的（理性的、逻辑的）态度，从主客二分的关系中跳出来。也就是说，必须"要有审美的眼光才能看得见美"。审美能力，也就是对无限丰富的感性世界和它的丰富意蕴的感受能力，包含审美直觉、审美想象、审美领悟等多方面因素的综合能力。也就是说，人在瞬间的审美直觉中情景融合，生成审美意象，产生审美愉悦，在这种审美意象的欣赏中，在这种审美愉悦的感受中，体验人生的意味和情趣。审美趣味是一个人的审美偏爱、审美标准和审美理想的总和，受到这个人的经济条件、受教育程度、成长历程、工作经历等多方面的影响，是在平时的审美活动中逐渐形成和发展的，集中体现了一个人的审美价值观。审美趣味有健康与病态、高雅与低俗、纯正与恶劣的区别，实现审美追求现代化就是培养人们健康的、高雅的、纯正的符合社会主义核心价值观的审美趣味，归根到底，是引导人们走向审美的人生，使他们的人生境界得到升华。

[1]《马克思恩格斯文集》（第一卷），人民出版社2009年版，第163页。

思维方式现代化。思维是人类特有的理性认识的活动方式。恩格斯曾经指出，每一时代的理论思维，都是一种历史的产物，在不同的时代具有非常不同的形式。[1]改革陈旧落后的思维方式，树立科学先进的思维方式，是思维方式本身发展的必然要求。破除陈旧的思维框架，创建现代的思维方式，至少要实现以下三个方面的转换：一是从封闭型思维转换为开放型思维。我国传统社会长期自给自足的小生产自然经济结构上的封闭性，形成了中华民族封闭型的思维方式，导致视野狭窄，自我陶醉、因循守旧，这显然不适应现代市场经济条件下对开放型思维方式的要求，必须主动从封闭的视野中解脱出来，在更广阔的时空内探索创新。二是从单一型转换为多维型。单一型思维往往表现为只有一个思维指导、一个思维角度、一个逻辑规则和一个思维结果。现代化的思维方式则要求由多个思维指向、多个思维起点、多个逻辑规则、多个评价标准所组成，是一种系统性思维。现代化本身就是多维、多向、多因素、多层次交织的一个复杂工程，这就要求现代化的思维方式必须是多维的、变化的、系统的。三是从保守型转换为创新型。保守型思维是用历史、传统和习惯的标准来衡量和限制未来，其根本特点在于再现性和重复性。创新型思维，就是要敢于并善于破除陈规陋习，培养超常规的思维方式。现代化本身就是对传统的挑战和超越，需要独立、自主、创造性的思维方式。

（二）文化现代化的价值追求

人是文化的主体，表现为人对自然和历史的改造和推动作用，实质是说文化对历史进程具有推动作用。因此，人的发展与进步是文化建设的内在要求，人的现代化是文化现代化的价值追求。

第一，文化价值需要通过人来实现。我们知道，文化是人在有意识

[1]《马克思恩格斯选集》（第三卷），人民出版社2012年9月第3版，第873页。

地改造世界中创造的精神成果的总和，是一个包含着意义的世界。虽然自然界和文化都能满足人的某种需要，对人来说都存在价值，但是文化与自在之物的自然界不同，它是人的创造物，是人的创造性劳动的存在形式，因此，它包含着人的劳动、人的创造力、人的精神和人的意志。自然界对人和动物是一视同仁的，而文化只对人而存在，只对人存在价值和意义，为人所理解，为人所利用。文化是人对实践对象的自我确证和肯定形式，因此，它的价值和意义只对人呈现。人类自从创造了文化以后，主要是生活在这样一个有意义的文化世界里，在文化的作用下完成了自己本质的实现，在这个过程中人一刻也没有离开过文化。人创造的文化越丰富多样，就使人离开动物越远，越对自然界有支配作用，也就越对自然界进行有意识、有目的的改造。人就是沿着文化这条桥梁，把自己渡到此岸，渡到人的世界。[1]在这个问题上，我们已经有应该记取的教训。从20世纪60年代开始的“文化大革命”，由文化领域的一系列过火的批判开始，在轰轰烈烈的运动中工厂停工、学校停课，知识分子受到批判虐待，人的灵魂严重扭曲，道德底线撕裂崩溃，文化由为了人、实现人的社会主义“先锋”，变成了整治人、批斗人的阶级斗争工具，给社会主义建设造成了严重的后果和创伤。总之，文化现代化的起点是人，文化现代化的最终目标也是人，中国文化现代化必须紧紧地把握这一根本点。

第二，新时代推进人的现代化的现实紧迫性。人的现代化不仅是社会整体现代化的重要内容，更是现代化的最终目标。西方现代化进程中片面追求经济现代化，忽视人的现代化，在人类历史上造成了惨痛的教训。在带领人民推进民族复兴进程中，中国共产党人能否充分发挥后发优势，吸收西方现代化经验，吸取西方现代化教训，少走弯路，快速实现现代化目标，关系到社会主义制度的优越性能否得到彰显，民族复兴

[1] 司马云杰:《文化价值论——关于文化建构价值意识的学说》，安徽教育出版社2011年版，第46页。

进程能否顺畅推进。进入新时代，中国的国际地位日益提高，仅用短短几十年时间就走过了发达国家几百年的工业化历程，成为世界制造业第一大国、世界第二大经济体、世界经济增长的主要动力源和稳定器，但仍处在既要进一步发展经济又要解决大量社会问题的关键时期，人民日益增长的美好生活需要和不平衡不充分的发展之间的矛盾已经成为我国社会的主要矛盾。坚持以人民为中心的发展思想，把人民利益摆在至高无上的地位，坚守底线、突出重点、完善制度、引导预期，更好地关注人民的需要，更多地满足人民的需求，朝着实现全体人民共同富裕的目标不断迈进，是今后相当长时期内中国现代化的重要任务。中国现代化是和平的现代化、包容的现代化、共赢的现代化，是更加注重人的现代化。基于这样的认识，在国际比较中，中国特色社会主义现代化道路显示出明显优越性。

（三）人的现代化的文化路径

改革开放40年来，在我国经济社会发展取得巨大成就的同时，人的现代化建设也在稳步推进。正因为如此，党的十九大在总结五年来工作时深刻指明，我们“更好地推动人的全面发展、社会全面进步”。在决胜全面建成小康社会、开启全面建设社会主义现代化国家新征程中，我们必须更好地发挥文化现代化的作用，积极推进实现人的现代化；每个公民都应该把全面发展的目的指向自身的不断追求和创造中，从人类现代文明发展成果中努力地吸收营养，自觉地发展自己、实现自己，实现自身的价值观念、道德素养、审美追求和思维方式的全面更新，展示人生的意义和价值。

第一，培育和践行社会主义核心价值观。这是培养担当民族复兴大任时代新人的使命工程。从党和政府层面培育和践行社会主义核心价值观，我们在第五章中已有论述。社会主义核心价值观从人民群众的实践中产生，人民群众是培育和践行社会主义核心价值观的主体。因此，培育和践行社会主义核心价值观是一项全民工程，需要全社会动员、共同参与。如果把培育和践行社会主义核心价值观当成官方的事，由党和政府来做，人民群众成了“看客”或者是“演员”，社会主义核心价值观就会因失去根基而成为中看不中用的摆设。只有把社会主义核心价值观的要求内化于心、外化于形，从我做起，人人为社会道德风尚向善向好转变做出贡献，社会主义核心价值观才能真正起到价值引领、促进人的现代化和社会主义现代化建设的作用。社会各界、每个成员，都必须参与进来、践行起来，这既是责任，也是义务。

第二，加强思想道德建设。我国传统文化重视道德伦理建设，但对照现代化对人的道德素养要求，还有一些先天不足。一是传统文化中的道德属于社会精英的伦理而非民众的生活伦理，其主要任务就是造就品德高尚的君子；二是在乡土社会，民众的生活伦理限于小范围的对人不对事的熟人伦理，这与现代社会所要深入实施的公民道德建设工程差别很大。现代化的推进，呼唤着我们从传统的伦理生活走向现代的生活伦理，建立和发展社会主义道德体系，构建现代公共生活伦理应当成为当前加强思想道德建设的重点。通过宣传教育、实践养成、习俗规范、环境熏陶等途径和渠道，坚持继承优良传统道德与弘扬时代精神相结合，坚持注重效率与维护公平相协调，坚持先进性与广泛性相统一，坚持公民承担社会责任与社会尊重个人合法权益相一致，正确处理个人利益和集体利益的关系，使社会主义道德体系建设能够适应我国的不同群体、不同阶层、不同职业和不同觉悟程度的要求。

第三，重视和加强美育。要抓紧解决目前对美育重视程度不够、认识上存在偏差的问题。一是正确认识美育。从社会对美育的态度来看，把德育作为美育的手段、德育是美育的一部分、美育就是艺术教育的观点有很大市场。应该说，美育和德育、艺术教育之间是有联系的，但它们之间的根本区别在于，美育是人“超越”自我的局限性，进入精神层面自由境界、实现自我升华的重要途径。美育重在培养人的一种情操、一种品格、一种境界，从而得到美的能力和美的人格；艺术教育则主要传授一些艺术知识和技巧；德育主要是为了构建社会秩序和规范，约束人们的行为和关系。二是科学实施美育。要把重视和实施美育当成一种指导思想，贯彻到教育的各个学科、各个环节，而不能简单地把美育当成一门或者几门课的任务来完成。正如有的学生对数学痴迷，喜欢体验数字世界的美一样，每一学科、每一领域都应该培养学生对美的体验。对整个社会来说，营造健康的社会文化环境，让人们去追求享受一种更有价值的人生。三是实施美育不能局限于学校教育的阶段。因为美育的目标和功能是引导受教育者追求人的完满，追求一个有意义、有价值的人生，所以美育应该伴随人的一生。

第四，提升科学素养。思维方式与智力结构有非常密切的关系。康德认为人类先验地具有时空范畴这一套认识图式，这当然是唯心主义的，但人类的认识活动，总不是从“白板”开始的，人类在长期实践中所形成的思维定式或思维方式，在智力结构中又确实具有“先验”的意义。智力结构作为主体接纳对象时的先在框架，它几乎可以等同于思维方式本身。因此，从文化层面来说，提升科学素养是改善人的智力结构和实现思维方式现代化最直接、最有效的途径。国际上通常认为科学素养有三个构成要素，一是对科学知识的了解程度，二是对科学研究过程和方法的了解程度，三是对科学、社会和个人所产生影响的了解程度。这里重点研究第一个要素。对科学知识的了解主要依靠学校教育和科学普及来完成。随着科学技术的飞速发展，终身学习已经成为必然趋势，学校教育显然无法覆盖不在校的社会群众。目前我国《科学技术普及法》已经颁布实施十多年，科普工作已走上法制化、规范化轨道，取得了良好成效，但是与发达国家相比，有些观念略显滞后，急需改进提高。比如，我们科普的内容多为一些科学常识，而发达国家主要是用通俗的方法让大众了解前沿科学知识；我们的科学家多在实验室从事科学研究，发达国家的科学家有走上街头向大众传播科学知识的职责；我们的前沿科学技术知识，多是要走实用转化的渠道才能让大众了解，而发达国家会把前沿科学技术知识渗透进电影等文化作品里向大众传播，比如美国大片《星球大战》系列等。

结　语

实现中华民族伟大复兴是近代以来中华民族最伟大的梦想。为了实现这个宏伟目标，我们党自觉肩负起推进现代化建设、完成祖国统一、维护世界和平与促进共同发展三大历史任务，把各项建设聚焦于现代化这个时代课题，开启全面建设社会主义现代化国家新征程。在民族复兴这个宏伟目标指引和现代化这个时代任务召唤下，我们党作为中国先进文化的积极引领者和践行者，自觉担负起新的文化使命，在实践创造中进行文化创造，在历史进步中实现文化进步，积极推进中国文化现代化，中华文化焕发出新时代的耀眼光辉。正是在这个意义上，只有把中国文化现代化置于民族复兴视野下进行考察才显得更有意义。

第一，中国文化现代化是民族复兴的重要内涵。从民族复兴的内容构成来看，中华民族伟大复兴不仅包括政治复兴、经济复兴，还包含着文化复兴。只有实现了文化上的复兴，中华民族伟大复兴才是完整的。从民族复兴的历史发展来看，实现中华民族伟大复兴是中华民族近代以来最伟大的梦想。从19世纪中叶到21世纪中叶，是中华民族从百年屈辱走向百年复兴的两百年。这两百年间，由先进分子和先进阶级发起的洋务运动、资产阶级改良与革命、“新文化运动”、新民主主义革命、社会主义革命和建设、改革开放等一系列救亡图存、求富求强的民族复兴之路，印证了中国文化现代化的光辉足迹。

第二，中国文化现代化的本质要求包括四个方面。鉴于对文化理解的复杂性和多元性，本书主要从精神层面理解文化的内涵，把文化看成是人们在实践中创造的精神成果的总和，是科学文化、思想文化等基本内容，知识、情感、习俗规范、信仰信念等基本要素和科学、艺术、道德、政治法律思想、哲学、宗教等基本形式的有机统一。在此基础上，从科学和技术知识、艺术和情感心理、政治法律道德思想及规范和哲学社会科学四个方面明确了中国文化现代化的本质要求，避免了因对文化理解复杂多元而造成的范围过于宽泛、内容过于庞杂等研究困难，使文化现代化的考察分析思路更加清晰。

第三，中国文化现代化在民族复兴进程中的地位作用越发凸显。党的十九大一个重大的理论贡献就是提出了习近平新时代中国特色社会主义思想，这其中一个重大创新就是把“三个自信”提升为“四个自信”，即把文化和道路、理论体系、制度一并纳入中国特色社会主义内容，标志着我们党对文化的认识越来越深入，文化的地位也逐渐得以提升。新时代，是决胜全面建成小康社会、进而全面建设社会主义现代化强国的时代，我们面临的挑战和考验更加直接。应对挑战和考验，不仅需要强大的物质力量，也需要强大的精神力量。坚定文化自信，推动社会主义文化繁荣兴盛，一方面，能够为民族复兴提供强大的凝聚力和整合力，在民族复兴宏伟目标召唤下，所有人都自觉将个人与国家、民族紧密相连，自觉维护本民族的利益，自觉维护民族复兴的大局；另一方面，能够增强中华文化的吸引力、感召力、影响力，使中华文化得到国际社会的认同、尊重、敬佩乃至追随，为推动构建人类命运共同体发挥重要作用。

第四，中国文化现代化是一个系统工程。从中国文化的资源整合上看，把中国文化现代化置于纵论古今、横贯中外的时空背景下，源自中华优秀传统文化，熔铸于党领导人民创造的革命文化和社会主义先进文化，根植于中国特色社会主义伟大实践，积极选择、吸收、融合人类一切有益文明成果，与民族复兴进程相适应，积极推进中国文化现代化。从建设社会主义现代化强国、实现民族复兴的整体工程来看，把文化作为中国特色社会主义“五位一体”总体布局的一个重要组成部分，其现代化进程内在地与经济、政治、社会、生态、党的建设等方面的现代化联系在一起，实现整体协调推进；重点要处理好中国文化现代化与全面现代化、国家治理体系和治理能力现代化、中国共产党执政方式现代化和人的现代化的关系。

参考资料

著作类：

[1]马克思恩格斯文集（第一、二、三、九卷）.北京：人民出版社，2009.

[2]毛泽东选集（第一至四卷）.北京：人民出版社，1991.

[3]邓小平文选（第一至二卷）.北京：人民出版社，1994.

[4]邓小平文选（第三卷）.北京：人民出版社，1993.

[5]江泽民文选（第一至三卷）.北京：人民出版社，2006.

[6]胡锦涛文选（第一至三卷）.北京：人民出版社，2016.

[7]习近平谈治国理政.北京：外文出版社，2014.

[8]习近平谈治国理政（第二卷）.北京：外文出版社，2017.

[9]中共中央宣传部.习近平总书记系列重要讲话读本.北京：学习出版社，人民出版社，2016.

[10]中共中央文献研究室.改革开放三十年重要文献选编（上、下）.北京：中央文献出版社，2008.

[11]中国共产党第十八次全国代表大会文件汇编.北京：人民出版社，2012.

[12]中共中央党史研究室.中国共产党的九十年.北京：中共党史出版社，2016.

[13]胡绳.从鸦片战争到五四运动（上、下）.北京：人民出版社，1997.

[14]胡绳.中国共产党的七十年.北京：中共党史出版社，1991.

[15]庄福龄.简明马克思主义史.北京：人民出版社，2004.

[16]顾海良.马克思主义发展史.北京：中国人民大学出版社，2009.

[17]安启念.马克思主义哲学中国化研究.北京：中国人民大学出版社，2006.

[18]司马云杰.文化社会学.北京：华夏出版社，2011.

[19] 司马云杰. 文化价值论. 合肥：安徽教育出版社，2011.
[20] 李德顺. 价值论. 北京：中国人民大学出版社，2013.
[21] 张岱年，程宜山. 中国文化精神. 北京：北京大学出版社，2015.
[22] 黄楠森等. 有中国特色社会主义文化研究. 济南：山东人民出版社，1999.
[23] 衣俊卿. 文化哲学十五讲. 北京：北京大学出版社，2015.
[24] 蔡俊森，陈荷清，韩林德. 文化论. 北京：人民出版社，2003.
[25] 邵汉民. 中国文化研究二十年. 北京：人民出版社，2003.
[26] 赵林，邓守成. 启蒙与世俗化：东西方现代化历程. 武汉：武汉大学出版社，2008.
[27] 李海彬. 中国文化的复兴之路. 北京：学苑出版社，2008.
[28] 郑师渠. 中国共产党文化思想史研究. 北京：中共中央党校出版社，2007.
[29] 刘永佶. 中国文化现代化. 保定：河北大学出版社，1997.
[30] 曹泳鑫，赵平之. 先进文化与现代化：中国共产党的文化历程. 上海：上海人民出版社，2005.
[31] 辛文斌. 新民主主义论与中国文化现代化. 北京：中央编译出版社，2007.
[32] 寇清杰. 中国新文化的方向. 天津：天津人民出版社，2002.
[33] 李曙新. 中国共产党哲学思想史. 北京：中共党史出版社，2003.
[34] 肖冬松. 马克思主义及其中国化研究散论. 北京：人民出版社，2016.
[35] 肖冬松. 军事文化及其建设研究散论. 北京：人民出版社，2016.
[36] 罗荣渠. 现代化新论. 增订本. 北京：商务印书馆，2004.
[37] 衣俊卿. 现代性的维度. 北京：中央编译出版社，2011.
[38] 中国科学院中国现代化研究中心. 中国现代化报告2009——文化现代化. 北京：北京大学出版社，2009.
[39] 庞朴. 文化的民族性与时代性. 北京：中国和平出版社，1988.
[40] 全国干部培训教材编审指导委员会. 社会主义文化强国建设. 北京：人民出版社，2015.
[41] 马立诚. 最近四十年中国社会思潮. 北京：东方出版社，2015.

[42]骆郁廷．精神动力论．武汉：武汉大学出版社，2003.
[43]陈序经．文化学概观．北京：中国人民大学出版社，2005.
[44]单纯．民族复兴之路．深圳：海天出版社，2001.
[45]殷海光．中国文化的展望．上海：上海三联书店，2002.
[46]殷登祥．新科技革命与中国现代化．广州：广东教育出版社，2007.
[47]许苏民．中华民族文化心理素质简论．昆明：云南人民出版社，1987.
[48]庄锡华．二十世纪的中国文艺理论．上海：上海三联书店，2000.
[49]中国政治思想史编写组．中国政治思想史．北京：高等教育出版社，2012.
[50]江荣海．中国政治思想史九讲．北京：北京大学出版社，2010.
[51]郭汉民．晚清社会思潮研究．北京：中国社会科学出版社，2003.
[52]叶朗．美学原理．北京：北京大学出版社，2009.
[53]罗荣渠．从“西化”到现代化．北京：北京大学出版社，1990.
[54]高力克．历史与价值的张力——中国现代化思想史论．贵阳：贵州人民出版社，2010.
[55]张允熠．中国主流文化的近现代转型．合肥：时代出版传媒股份有限公司，1992.
[56]罗国杰，马博宣，余进．伦理学教程．北京：中国人民大学出版社，1986.
[57]横山宁夫．社会学概论．毛良鸿，朱阿根，曹俊德译．上海：上海译文出版社，1983.
[58]冯天瑜，何晓明，周积明．中华文化史．上海：上海人民出版社，1990.
[59]吕思勉．中国大历史．北京：民主与建设出版社，2015.
[60]庄锡昌，顾晓鸣，顾云深．多维视野中的文化理论．杭州：浙江人民出版社，1987.
[61]李泽厚．中国近代思想史论．北京：生活·读书·新知三联书店，2008.
[62]李泽厚．中国现代思想史论．天津：天津社会科学院出版社，2003.
[63]黄力之．历史与实践当代问题——马克思主义文化理论研究．上海：上海人民出版社，2004.

[64]潘维，廉思．中国社会价值观30年．北京：中国社会科学出版社，2008.
[65]周文华．美国核心价值观建设及启示．北京：知识产权出版社，2014.
[66]黎德化．中国文化的现代化．呼和浩特：内蒙古人民出版社，1999.
[67]尹保云．什么是现代化：概念与范式的探讨．北京：人民出版社，2001.
[68]英格尔哈特．现代化与后现代化：43个国家的文化、经济与政治变迁．严挺译．北京：社会科学文献出版社，2013.
[69]杨凤城．中国共产党与当代中国文化发展研究．北京：中共党史出版社，2013.
[70]黄正华．科学技术哲学导论．北京：社会科学文献出版社，2008.
[71]刘旺洪，刘敏．中国公民现代法律观念．济南：山东人民出版社，1997.

期刊类：

[72]鲁献慧．中国文化现代化与马克思主义的内在相关性．河南师范大学学报（哲学社会科学版），2001，(3)：13 — 16.
[73]李宗桂．文化学建设与文化现代化．中山大学学报（社会科学版），2005，(6)：15 — 19.
[74]李建群，李武装．文化产业与中国文化现代化．山西大学学报（哲学社会科学版），2001，(5)：126 — 132.
[75]李武装．文化现代化研究述评．中共中央党校学报，2001，(3)：84 — 87.
[76]陈春常．国家现代化进程中的文化转型．理论界，2014，(4)：47 — 50.
[77]周耕，韩广富．觉醒与跨越：中国文化现代化的独立性反思．东北师范大学学报（哲学社会科学版），2015，(4)：72 — 76.
[78]陈始发．近十年来我国学术界关于文化现代化的研究述评．理论学刊，2006，(2)：105 — 108.
[79]尹德树．论马克思主义中国化与中国文化范式的转变．江苏师范大学学报（哲学社会科学版），2014，(6)：98 — 101.

[80]姚满林. 论毛泽东对中国文化现代化的贡献. 前沿，2013,（ 19 ）：4 — 6.
[81]吴恒，王钦 . 论我国文化现代化建构的长期性及方位. 理论界，2008,（ 11 ）：144 — 145.
[82]齐卫平 . 论中国共产党推动文化现代化的历史作用. 商丘师范学院学报，2005,（ 1 ）：113 — 117.
[83]吴佩芬 . 论中国共产党文化使命与文化现代化. 社会纵横，2014,（ 6 ）：5 — 7.
[84]田克勤 . 马克思主义中国化与中国文化从传统向现代的转化. 马克思主义研究，2015,（ 9 ）：97 — 102.
[85]林剑. 文化的评价及尺度. 学术月刊，2011,（ 6 ）：12 — 17.
[86]孙正聿 . 现代化与现代化问题. 马克思主义与现实，2013,（ 1 ）：18 — 21.
[87]张静，纪亚光 . 新中国六十年文化现代化的思考. 南开学报（哲学社会科学版），2009,（ 5 ）：13 — 19.
[88]谢玉亮 . 中国梦视野下的中国文化现代化. 理论月刊，2014,（ 12 ）：13 — 15.
[89]童萍 . 中国特色社会主义文化理论的哲学解析. 天府新论，2010,（ 3 ）：115 — 119.
[90]雷龙乾 . 中国文化现代化的行迹特质、价值悖论和探究进路. 甘肃理论学刊，2013,（ 6 ）：1 — 8.
[91]张谨 . 中国文化现代化的矛盾分析及解决途径. 甘肃社会科学，2010,（ 1 ）：76 — 80.
[92]张静，周三胜 . 中国文化现代化的特征. 社会科学，2005,（ 10 ）：117 — 122.
[93]何传启 . 中国文化现代化的路径图. 战略与决策研究，2009,（ 2 ）：152 — 158.
[94]李翔海 . 中国文化现代化历程的哲学省思. 中国社会科学，2002,（ 6 ）：

58—67.

[95]邹广文．东西方文化传统与人的现代化．学习与探索，1986，(4)：23—27.

[96]郝先中．科学发达：现代化建设的必由之路．人大复印报刊资料《中国现代史》，2002，(2).

[97]邹承鲁，王志珍．科学与技术不可合二为一．人大复印报刊资料《科学技术哲学》，2003，(9).

[98]季羡林．美学的根本转型．文艺评论，1997，(5)：1—5.

[99]罗嗣亮，黄寿松．中国文艺的现代转型——毛泽东文艺思想的奠基性意义．人大复印报刊资料《毛泽东思想》，2009，(6).

[100]张东刚．构建具有中国特色的哲学社会科学学科体系、学术体系、话语体系．人大复印报刊资料《社会科学总论》，2016，(4).

[101]杨清明．中国哲学社会科学演进轨迹与发展趋势．人大复印报刊资料《社会科学总论》，2016，(2).

[102]刘曙光．中国特色哲学社会科学的构建方略．北京大学学报(哲学社会科学版)，2017，(2)：6—11.

[103]钱弘道．法治精神形成六论．法治现代化研究，2017，(1)：37—51.

[104]吴敏．实践观视域下的道德评价标准探讨．法制与社会，2016，(7)：171—172.

[105]江华．论全球化对中国文化的六大挑战．人大复印报刊资料《文化研究》，2002，(10).

[106]人民论坛问卷调查中心．2010—2014年社会思潮动向调查分析报告．人民论坛，2015，(1)(上)：14—17.

[107]霍开春，杨雄．我国青年社会思潮新动向及政策建议．人大复印报刊资料《青少年导刊》，2016，(4).

[108]戴木才．社会主义核心价值观的融通之“道”．理论导刊，2017，(4)：13—14.

[109]戴木才．论社会主义核心价值观与核心价值体系的辩证关系．南昌航空大学学报（社会科学版），2011，（ 2 ）：1 — 8.

报纸类：

[110]习近平．为建设世界科技强国而奋斗——在全国科技创新大会、两院院士大会、中国科协第九次全国代表大会上的讲话．人民日报，2016-06-01（ 2 ）.

[111]习近平在庆祝中国共产党成立95周年大会上的讲话．人民日报，2016-07-02（ 2 ）.

[112]习近平在纪念孙中山先生诞辰150周年大会上的讲话．人民日报，2016-11-12（ 2 ）.

[113]李屹．肩负起新时代繁荣兴盛社会主义文艺的神圣使命．光明日报，2017-12-28（ 14 ）.

[114]徐光春．深刻领会、把握习近平新时代文化思想．光明日报，2017-11-03（ 5 ）.

[115]何传启．中国文化现代化的战略选择．学习时报，2009-05-25（ 6 ）.

[116]朱敏彦．论中国共产党领导现代化建设的基本经验．光明日报，2009-09-08（ 11 ）.

外文类：

[117]Cary Nelson and Lawren Grossberged, *Marxism and the Interpretation of Culture*, University of Illinois Press, 1998.

[118]Ronald Inglehart, *Modernization and Postmodernization: Cultural, Economic and Political Change in 43 Societies*. New jersey: Princeton University Press, 1997.

图书在版编目（CIP）数据

民族复兴视野下的中国文化现代化 / 张光山著. --重庆：重庆出版社，2019.7

ISBN 978-7-229-14191-2

Ⅰ. ①民… Ⅱ. ①张… Ⅲ. ①中华文化—现代化—研究 Ⅳ. ①G12

中国版本图书馆CIP数据核字（2019）第099568号

民族复兴视野下的中国文化现代化

张光山　著

策　　划： 华章同人

出版监制： 陈建军

责任编辑： 秦　琥　王昌凤

责任印制： 杨　宁

营销编辑： 王　良　田涌扬

装帧设计： 今亮后声 HOPESOUND pankouygu@163.com

重庆出版集团 重庆出版社　出版

（重庆市南岸区南滨路162号1幢）

投稿邮箱：bjhztr@vip.163.com

北 京 温 林 源 印 刷 有 限 公 司　印刷

重庆出版集团图书发行有限公司　发行

邮购电话：010-85869375/76/77转810

重庆出版社天猫旗舰店 cqcbs.tmall.com

全国新华书店经销

开本：787mm × 1092mm　1/16　印张：16.25　字数：200千

2019年7月第1版　2019年7月第1次印刷

定价：58.00元

如有印装质量问题，请致电023-61520678